유라시아경제연합
Eurasian Economic Union

이 책의 내용은 2007년도 정부재원(교육인적자원부 학술연구조성사업비)으로 한국연구재단의 지원에 의하여 연구되었습니다(KRF-2007-362-B00013).

이 도서의 국립중앙도서관 출판예정도서목록(CIP)은 서지정보유통지원시스템 홈페이지(http://seoji.nl.go.kr)와 국가자료공동목록시스템(http://www.nl.go.kr/kolisnet)에서 이용하실 수 있습니다.
(CIP제어번호: CIP2015011973)

유라시아경제연합

지역통합의 현실과 전망

Eurasian Economic Union:
Realities and Perspectives of the Regional Integration

한양대학교 아태지역연구센터 러시아·유라시아연구사업단 엮음

한울
아카데미

머리말

단일경제권을 유지했던 소련이 해체된 후, 이 지역의 신생 독립국들은 한편으로는 국가 건설에 매진하여 경제 관계 단절에 따른 폐해를 극복하려는 노력을 기울이면서도, 다른 한편으로는 과거부터 경제적 상호의존성이 지속된 것으로 말미암아 새로운 경제 관계를 확립해야 하는 과제에 직면했다. 지난 20여 년에 걸쳐 이 지역에서는 경제통합을 지향한 다양한 시도가 이어졌다. 일부는 독립국가연합(CIS)의 틀 내에서 이루어졌으며, 다른 것은 그 틀을 벗어나 진행되었다. 그러나 통합을 위한 제도적 틀이 취약하고 무력했기 때문에 경제적으로 주목할 만한 성과를 낳지 못했다. 이러한 상황은 구소련 지역 내 통합에 관심을 갖고 지켜본 많은 사람들을 실망과 회의에 빠지게 했다.

2007년 러시아·카자흐스탄·벨라루스가 유라시아경제공동체(EurAsEC) 내에 관세동맹을 결성하겠다는 의도를 밝혔을 때, 그것이 이전의 시도보다 나을 것이라고 믿을 만한 근거는 거의 없었다. 그러나 2010년 1월 1일 관세동맹이 결성된 후, 공동경제구역을 거쳐 유라시아경제연합(EEU)이 출범하면서 실질적인 통합 메커니즘에 대한 신뢰가 제고되고 유라시아의 경제통합에 대한 새로운 관심이 일어났다.

2015년 1월 1일을 기해 EEU가 공식 발족함에 따라 1억 8000만 명에 달하는 러시아, 카자흐스탄, 벨라루스, 아르메니아, 키르기스스탄 국민들은 새해 첫날 눈을 뜨자마자 새로운 현실을 맞이했다. 나자르바예프 카자흐스탄 대통령이 1994년에 처음으로 구상을 제기한 이래로 20여 년이 지난 뒤의 일이다. 이 기구에 러시아, 카자흐스탄, 벨라루스, 아르메니아가 가입했으며, 키르기스스탄은 올 5월에 정식 회원국이 될 예정이다.

관세동맹에서 공동경제구역을 거쳐 EEU가 출범하면서 통합의 심화와 확대가 동시에 진행되고 있다. 관세동맹 3국에 아르메니아가 추가되었으며, 키르기스스탄은 가입을 앞두고 있고, 타지키스탄도 적극적인 관심을 표명하고 있다. 우크라이나가 가입할지의 여부가 EEU의 중·장기적 발전에 중대한 영향을 미치겠지만, 바야흐로 EEU가 EU의 동방 확대 정책과 직접적인 경쟁을 벌이게 된 것이라고 볼 수 있다.

많은 사람들은 EEU 창설이 정치적 목적에서 비롯된 것이며 구소련 국가들을 지배하기 위한 러시아의 신제국주의적 수단이라고 주장한다. 이러한 주장은 러시아의 헤게모니가 역내에 '나쁜 거버넌스'를 확산시키고 민주적 기준의 하락을 야기한다는 평가와 관련되어 있다. 일부 논자는 EEU가 경제적 관점에서 볼품없는 통합 이니셔티브에 불과하며, 러시아보다 뒤떨어진 정치체제를 가진 국가들을 끌어모아 독자적인 중심을 꾸리려는 푸틴 대통령의 책략에서 나온 것이라고 주장한다. 푸틴 대통령이 유라시아 프로젝트는 소련의 복원이 아니며 여타 지역 기구와 마찬가지로 경제협력을 강화하기 위한 수단이라고 확언했는데도 아직 소련이라는 과거의 유령이 영면하지 못한 것이다.

유라시아 지역의 역사와 EEU 확대에 따른 지정학적 이해관계를 감안하면, EEU를 둘러싼 논쟁이 뿌리 깊은 편견과 진부한 논란에 빠지게 된 것은 그리 놀라운 일이 아니다. 또한 이 논쟁은 양극단의 전망으로 갈리고 있다. 한편에서는 EEU가 대수롭지 않을뿐더러 머지않아 좌절을 맛보게 될 것이라 전망하고, 다른 한편에서는 EEU가 이 지역에 대한 러시아의 의도를 실현하는 유력한 수단이 될 것이라 내다본다. 두 관점은 모두 나름의 타당성을 갖고 있다고 볼 수 있다. 만일 하나의 관점을 규범적인 잣대로 이용한다면 지금까지 진행되어온 복잡한 통합 과정에 대한 해석이 제한되거나 편향될 수 있다. EEU의 학술적인 중요성과 정치적인 파급성을 고려해서 종합적인 시각과 정교한 분석 틀, 그리고 충실한 이론을 적용한 뒤에 고찰하는 것이 대단히 중요하다. 유라시아 통합의 다양한 측면을 다룬 학술적인 분석이 서서히 이루어지고 있지만, 아직 그 발전과 전개에 대한 체계적인 분석이 충분히 제시되지 않은 상태이다.

이 책은 유라시아 통합을 탐구하는 과정에서 통합을 둘러싼 경제적·지정학적·정치적 동기에 대해 체계적이고 학제적인 분석을 시도한다. 이 책에서는 경제적 합리주의에 얽매이는 것을 피하기 위해 경제학의 각종 변인 요소를 활용해 경제통합의 효과를 분석하는 것을 삼갔다. EEU의 발전 과정을 이해하기 위해서는 이 지역의 역사적 유산과 통합의 조건, 그리고 실행의 특성에 주목할 필요가 있다. 이 책에서는 지역연구적인 통찰을 결합해서 이러한 필요를 충족시킨다. 유라시아 통합은 그동안 흔히 적용되어왔던 서구 자유민주주의와 법치(rule of law)라는 일반적인 틀을 벗어나서 추진된 상대적으로 보기 드문 사례이다.

유라시아 경제통합이 빠른 속도로 전개되고 있기 때문에 그 최종적인 형태를 분명하게 가늠하기 어렵다. 이러한 사실은 EEU에 대한 체계적인 분석을 어렵게 만들 뿐 아니라 이 책의 일부 전망적인 요소가 예기치 않은 반전을 맞이할 수 있다는 것을 의미한다. 그럼에도 이 책의 분석과 전망에 정당성을 부여하는 것은 유라시아 통합의 경제적·정치적 중요성을 평가하는 것에서 한 단계 더 나아가, 고도로 정치적인 성격을 내포하는 유라시아 통합의 구상과 실행을 비판적으로 고찰할 필요가 있기 때문이다.

이 책을 발간하는 목적은 2015년 1월 1일 자로 출범한 EEU의 배경과 전개 과정, 제도적 특징, 정치적·경제적 제약과 과제, 그리고 관련 당사국의 조건과 입장, EU와의 관계 등을 분석하고 한국의 대유라시아 정책에 대한 시사점을 얻는 것이다. 즉, EEU 출범이 어떠한 배경에서 이루어졌으며 어떠한 제도적 특징을 갖고 있는지, 이 기구의 경제적 조건과 회원국 간의 경제통합 수준은 어떠한지, 이에 가입한 관련 국가의 조건과 입장은 무엇인지, 그리고 EEU의 국제적 영향과 한국에 미치는 영향은 어떠하며 이를 어떻게 바라보아야 할 것인지를 평가하려는 것이다. 하지만 EEU와 관련해 이 책에서 다루는 주제의 범위와 분석 대상이 제한적일 수밖에 없으며 아직 충분한 평가가 이루어질 만큼의 기간이 경과했다고 할 수 없으므로, 이 주제와 관련해 향후 변화와 성과에 대한 지속적인 관심이 필요하다는 점을 밝혀둔다.

이 책은 총 3부로 구성되어 있으며, 제1부에서는 EEU 출범의 배경과 전개 및 제도적 특징, 그리고 경제통합의 현황에 대해 살펴본다. 제2부에서는 EEU에 가입했거나 가입하지 않았더라도 향후의 발전에 중요성을 갖고 있는 국가들의 입장과 조건에 대해 다룬다. 제3부에서는 EEU의 국제적 조건을 다루면서 특별히 EU와의 관련성과 차별성, 그리고 한국에 미치는 영향과 그 의미에 대해 살펴본다.

이 책은 한양대학교 아태지역연구센터가 HK연구사업의 일환으로 추진하고 있는 도서 발간 작업에 따른 성과물이다. 본 연구사업단은 1단계와 2단계에 걸쳐 유라시아와 관련된 연구 성과를 단행본으로 발간한 바 있으며, 이 책은 그러한 연구 작업의 연장선에서 EEU 출범과 유라시아 통합 움직임에 초점을 맞추어 관련 분야의 연구를 모은 것이다.

이 연구 총서를 발간하기 위해 참여 필진들은 집필자 회의와 학술발표회를 가졌고, 글의 완성도를 높이기 위해 각자 저명 학술지에 게재한 후 이를 책으로 묶었다. 약 1년이라는 기간 동안 필진들이 노력한 결과로 훌륭한 책이 나오게 된 것을 진심으로 기쁘게 생각하며, 바쁜 시간을 할애해 참여한 모든 필진들에게 감사드린다. 또한 이 책의 편집을 맡아 더욱 충실한 책이 될 수 있도록 수고해준 허유진 씨와 도서출판 한울의 관계자들에게도 감사드린다.

2015년 4월

필자들을 대표하여 김영진

차례

제2부 유라시아 지역통합의 역내 환경 — 각국의 입장과 조건

제3부 유라시아 지역통합의 국제적 환경

제1부 유라시아경제연합의 출범과 그 전망

제1장 유라시아의 지역통합
유라시아경제연합의 출범과 의미

제2장 유라시아경제연합의 성과와 한계
EU와의 비교

제3장 유라시아경제연합의 원심력과 구심력
무역과 투자

유라시아의 지역통합*

유라시아경제연합의 출범과 의미

김영진

1. 서론

소련 해체 이후 거의 모든 구소련 국가들이 1991년 12월 독립국가연합(Commonwealth of Independent States, 이하 CIS) 조약에 서명했다. 이 협정은 구소련 지역에서 시도된 일련의 통합 과정 중 최초의 움직임이었으나 이에 대해 누르술탄 나자르바예프(Nursultan Nazarbayev) 카자흐스탄 대통령은 다음과 같이 언명했다. "CIS는 객관적·주관적 이유 때문에 구소련 지역의 결정적인 통합 기구가 되지는 못했다"(Nazarbayev, 2011). CIS를 결성한 이후, 유라시아 각국은 다른 여러 가지 통합 기구를 결성하기 위해 다각적인 노력을 벌여왔다.

---

* 이 글은 ≪동유럽발칸연구≫, 38권 5호(2014년 10월), 201~230쪽에 게재된 글을 수정·보완한 것이다.

오늘날 포스트 소비에트 국가의 중심적인 이슈는 지역화·세계화 및 이에 부합하는 새로운 통합 기구를 창설하는 것이다. 소련이 해체된 후 20여 년 동안 러시아·카자흐스탄·벨라루스는 지역 협력체 결성을 위한 상대적으로 풍부한 경험을 쌓아왔다. 그러나 지금도 여전히 더욱 완벽하고 영향력 있는 기구를 건설하는 도중이라고 할 수 있다. 한편 러시아·카자흐스탄·벨라루스의 통합은 역내 필요에 따른 것으로 각 회원국의 공동 접근 필요성에 대한 인식에서 출발했다. 역내의 협력과 통합은 21세기 글로벌 발전의 주요 경향 중 하나이다. 역내 통합의 예로 유럽연합(European Union, 이하 EU), 북미자유무역협정(The North American Free Trade Agreement, 이하 NAFTA), 동남아시아국가연합(Association of Southeast Asian Nations, 이하 ASEAN), 남미공동시장(Mercado Común del Sur, 이하 MERCOSUR) 등은 각 지역 내에서 성공적으로 자리 잡고 있다(Yesdauletova and Yesdauletov, 2014: 3~4).

소련 붕괴 이후 20여 년 동안 더욱 큰 범위의 경제통합을 목표로 일부 정책이 CIS 틀 안에서 추진되었으며, 이 정책들은 모두 역내 국가 간 협력을 심화시키기 위한 수많은 제안과 프로젝트였다. 지금까지 많은 시행착오와 장애가 있었지만 마침내 통합이 목표 궤도에 들어선 것으로 보인다. 2010년 1월 1일에 결성된 러시아·벨라루스·카자흐스탄 관세동맹(Customs Union)은 세 국가 간 무역, 자본, 노동 이동에 대한 모든 장애를 제거한 것으로 경제통합을 향한 큰 걸음이 되었다(Putin, 2011). 러시아 정책결정자들은 이 획기적인 조치가 2015년에 출범한 포괄적인 지역 협력체인 '유라시아경제연합(Eurasian Economic Union, 이하 EEU)'과 '유라시아 솅겐(Eurasian Schengen)조약'[1]으로 가는 중간 역에 불과하며 다음 순서는 통화동맹이고 궁극적으로 완전한 경제통합이 이행될 것임을 시사했다(Trenin, 2011).

마침내 러시아·벨라루스·카자흐스탄은 2014년 5월 29일 카자흐스탄 아스타나에서 2015년 1월 1일을 기해 EEU를 출범시킨다는 조약을 체결했다. 이 조약을 통해 3국은 재화, 서비스, 자본, 노동력의 자유로운 이동과 에너지, 산업, 농업 및 교통 부문의 정책 조정을 보장할 것을 약속했다.[2] 블라디미르 푸틴(Vladimir Putin) 러시아 대통령은 이 조약이 강력하고 매력적인 경제 발전의 중심을 형성하고 1억 7000만 명의 인구를 아우르는 대규모 역내 시장을 창출할 것이라고 강조했다. 구소련 지역에서 유라시아 구상의 창안자임을 자처하는 나자르바예프 카자흐스탄 대통령은 EEU의 경제적 역량을 높게 평가했으며 2030년까지 회원국들의 전체 국내총생산(Gross Domestic Product, 이하 GDP)이 약 9000억 달러에 이를 것이라고 낙관적으로 추정했다(Labykin, 2014). 나자르바예프 대통령은 조약에 서명할 당시의 연설에서 EEU 회원국 시민들이 교육 서비스와 사회적 인프라를 평등하게 누리게 될 것이라고 강조했다.

그러나 성공적인 지역통합 모델로 알려진 EU가 현재 경제적·정치적 연합체로서의 존립을 위협받는 어려운 국면에 처해 있으므로 'EEU' 구상이 과연 바람직한 것인지, 성공하기 위해 어떠한 조건이 필요한지 숙고할 필

---

1 유라시아 솅겐은 EU의 솅겐조약(Schengen Agreement)을 기초로 만들어진 것으로서 3개국 국민들의 자유로운 이동을 보장하는 단계를 의미한다.

2 "Russia, Belarus, Kazakhstan Sign Eurasian Union Treaty," RIA Novosti, May 29, 2014, http://en.ria.ru/world/20140529/190216190/Russia-Belarus-Kazakhstan-Sign-Eurasian-Union-Treaty.html

요가 있다. 만약 EEU가 여태껏 교역이 어려웠던 세계 특정 지역에서 교역을 증가시키는 데 기여할 수 있다면 이 구상은 그 자체로서 가치가 있을 것이다.[3] 하지만 이 지역의 무역자유화 움직임은 세계경제에서 볼 때 대단히 좁은 특정 지역에만 혜택을 줄 것이라는 평가가 많다.

한편 통합의 범위를 유라시아 지역으로 확대하더라도 가입 대상 국가들의 생활수준에 별다른 상승을 가져오지 못할 것이라는 우려도 있다. 첫 번째, EEU에 참여할 가능성이 가장 높은 후보국들은 무역자유화 수준이 상대적으로 낮은 CIS 회원국이다. EEU에 가입해도 경제성장에 도움이 되지 않는다면, 왜 유사한 처지의 국가 간에 통합을 증가시켜야 하는가? 또 각국의 생산물 품목이 여타 잠재적 EEU 회원국들과 아주 유사하기 때문에 무역이 확대되더라도 경기 활성화 효과가 크지 않을 것이라는 우려가 있다. 탈소 시기에 CIS 회원국 간 무역은 천연자원 수출에 심각하게 편중된 경향을 보였다. EEU 중 큰 국가(특히 러시아)가 통합 증가로 더욱 큰 혜택을 얻을 가능성이 있으며, 러시아는 새로운 연합체에서 러시아의 경제력에 의존하는 여러 국가들의 수장이 될 것이다.

이 글의 목적은 EEU 구상 실현의 배경과 제약 조건 및 과제를 살펴보고 EEU가 유라시아 지역에 어떠한 잠재 효과를 미칠 것인가를 분석하는 것이다. 2절에서는 CIS에서 EEU에 이르는 발전 과정을 CIS, 유라시아경제

---

3 세계은행 사업환경순위(Doing Business Rankings)에 따르면 CIS 회원국 중 어느 국가도 '월경 무역(trading across borders)'의 용이성 면에서 상위 100위 안에 들지 못했다. 그중 아르메니아가 최고 순위(104위)였고, 마지막 순위는 우즈베키스탄(183위)으로 짐바브웨나 아프가니스탄보다 낮은 순위였다. CIS에 참여하기를 거부한 구소련 국가(발트 3국)나 가입을 철회한 국가(조지아)에 비해 월경 무역의 용이성 면에서의 결과(성과)가 훨씬 더 나쁜 것으로 판단된다(Hartwell, 2012: 3~4 참조).

공동체(Eurasian Economic Community, 이하 EurAsEC), 관세동맹, 공동경제구역(Common Economic Space: CES)을 중심으로 검토한다. 3절에서는 EEU의 제약 조건과 극복 과제를 경제적 측면, 주권 상실의 우려, 지정학적 전략이라는 측면에서 살펴본다. 4절에서는 향후 EEU의 전망에 대해 낙관론과 비관론으로 나누어 검토하고 그 발전 전략과 잠재력을 논의한다. 마지막 결론에서는 이상의 논의를 정리하고 유라시아 지역통합의 시사점과 향후 해결해야 할 과제를 간략히 제시한다.

2. EEU의 배경

1) CIS

EEU 구상은 갑자기 생겨난 것이 아니라 구소련 공간의 기존 조직을 바탕으로 한 여러 가지 통합 시도의 연장선상에서 나온 것이다. 그 최초의 토대가 된 것이 바로 CIS이다.

1991년 12월 8일, 소련 붕괴와 거의 동시에 러시아·벨라루스·우크라이나 3국이 CIS 창설에 합의했다. 1991년 12월 21일에는 발트 3국과 조지아를 제외한 11개국이 'CIS 창설 조약에 대한 의정서'와 '알마티 선언'에 조인(調印)했으며, 그로부터 5일 후인 1991년 12월 25일에는 미하일 고르바초프(Mikhail Gorbachev) 대통령이 사임하고 '소비에트 사회주의 공화국 연방'이 종언을 고했다(김영진, 2007: 186~188). 1993년에는 조지아도 가입해 'CIS 헌장'이 제정되었고, 한동안 발트 3국(에스토니아·라트비아·리투아니아)을 제외한 모든 구소련 구성국이 CIS에 가입했다. 그러나 2009년에 조지아가 CIS에서 공식적으로 탈퇴했다.[4] CIS는 구소련을 구성했던 15개국 중 발트 3국을 제외한 대부분의 국가가 가입한 정치·경제공동체이지만, EU와는 달리 소련이라는 거대한 국가의 붕괴와 함께 창설되었다는 점에서 그 특수성을 찾아볼 수 있다.

CIS의 본부는 벨라루스 민스크에 있으며 국가연합 기능을 수행하는 것만을 목적으로 하지는 않는다. 이 조직의 실질적인 목적은 소련을 대신하는 새로운 지역통합체가 되는 것이 아니라, 소련 해체의 혼란을 최소화하는 것이었다고 할 수 있다(Libman, 2011: 3~9).

2000년대 후반 구소련 지역의 국가들 간에 갈등이 표출되었다. 러시아와 벨라루스의 관계는 푸틴이 집권한 이후 크게 악화되었고 러시아와 조지아, 그리고 러시아와 우크라이나 관계에 많은 문제가 발생했다. 조지아의 정치 지도자들은 CIS를 탈퇴할 것이라고 수차례 공언했으며, 러시아 내에서도 명백히 비효율적인 이 조직을 러시아가 제일 먼저 떠나는 편이 낫다는 제안도 있었다. 2008년에 발발해 5일 만에 종결된 러시아와 조지아(두 CIS 회원국들) 간 5일 전쟁은 회원국 간의 가장 기초적인 수준의 충돌마저 막지 못한 조직의 무능을 드러낸 사건이었다. 이 전쟁 이후 조지아는 결국 CIS에서 탈퇴했다.

현재 CIS는 비공식적인 지도자 포럼의 기능조차 상실한 것으로 보이며,[5] CIS 회원국의 관심 분야 또한 기능적 협력의 특정 영역(전기, 철도, 항

4 우크라이나는 앞의 CIS 창설 조약에 대한 의정서에 비준하면서도 1993년 1월 22일에 채택된 CIS 헌장에는 비준하지 않았다. 그러나 여기서는 회원국으로 분류했다.

5 CIS 회원국 간 정상회의에 참석하는 CIS 회원국들의 수가 매년 감소하고 있다.

공)과 인도주의적 문제로 좁혀지고 있다. 그 예로서 2000년대 후반에는 CIS 회원국 중 7개국이 인도주의적 협력을 위한 정부 간 기금을 설립했으며,[6] 이 기금은 문화와 과학 분야의 공동 사업을 위한 자금으로 쓰이고 있다. 이에 따라 더욱 실질적인 경제협력과 정치협력 기능은 별도의 소지역 통합, 특히 EurAsEC에 기대게 되었다.

2) EurAsEC

모든 구소련 국가들은 독립을 선언하고 첫 10년 동안, 즉 1990년대에 국민경제의 기틀을 확립해야 하는 과제에 직면했다. 이 국가들은 한편으로는 자국의 자원을 기반으로 하고 다른 한편으로는 외국의 지원(투자와 자문을 포함)에 기대어 세계 공동체에 진입하려는 목표를 세웠다.

나자르바예프 대통령은 1994년에 구소련 국가들 간 유라시아연합(Eurasian Union, 이하 EAU)을 창설할 것을 제의했으나 당시에 여타 CIS 회원국으로부터 폭넓은 지지를 얻지 못했다. 오랫동안 지속되었던 엄격한 중앙집권적 통제에서 벗어난 지 얼마 안 된 신생 독립국들은 심화된 지역통합에 얽매이기보다 새로 펼쳐진 기회의 창을 이용하는 데 한껏 고무되어 있었기 때문이다(Yesdauletova and Yesdauletov, 2014: 5).

그러나 점차 이 국가들은 새로운 환경에서 독자적으로는 성공적인 발전을 꾀할 수 없다는 결론에 도달하게 되었고, 인접한 국가를 비롯해 더욱

---

6 현재 러시아, 아르메니아, 벨라루스, 카자흐스탄, 키르기스스탄, 타지키스탄, 우즈베키스탄, 아제르바이잔이 회원국으로 참여하고 있다.

〈표 1-1〉 CIS 회원국과 지역통합

	영토	인구	GDP	EurAsEC	관세동맹	공동 경제구역	자유 무역조약	WTO 가입 연도
	1000km^2 (%)	100만 명 (%)	10억 달러	2000년	2010년	2012년	2011년	
러시아	17,098.2 (77.5)	142.9 (51.4)	1,462	가입	가입	가입	가입	2012
벨라루스	207.6 (0.9)	9.5 (3.4)	54	가입	가입	가입	가입	
카자흐스탄	2,724.9 (12.4)	16.4 (5.9)	146	가입	가입	가입	가입	
키르기스스탄	199.9 (0.9)	5.5 (2)	4.6	가입	가입		가입	1998
타지키스탄	143.1 (0.7)	7.6 (2.7)	5.6	가입			가입	
우크라이나	603.5 (2.7)	45.6 (16.4)	137.9	옵서버			가입	2008
몰도바	33.8 (0.2)	3.6 (1.4)	5.8	옵서버			가입	2001
아르메니아	29.8 (0.9)	3.3 (1.2)	9.4				가입	2003
우즈베키스탄	448.9 (2.0)	28.2 (10.1)	39.0	가입				
아제르바이잔	86.6 (0.4)	9.1 (3.3)	51.8					
투르크메니스탄	491.2 (2.2)	6.7 (2.2)	-					

주: GDP는 2010년 평균 환율로 환산한 결과이다.
자료: Статистика СНГ(2011).

강력한 국가(러시아)와 관계를 형성해야 할 필요성을 느꼈다. 구소련 구성 국가 간 기존의 경제적 유대가 파괴되고 다수 회원국 간의 모든 연결이 더 이상 존재하지 않았기 때문에 1990년대 후반에 이르러서 역내 통합의 필요성이 대두되었던 것이다. 소련 붕괴 후 이 국가들은 소련 경제 해체로 인해 경제 발전에 유용한 유산을 거의 계승하지 못했다. 중앙아시아에서 일부 통합 시도가 있었지만 성공하지 못했다(김영진, 2008: 299~305). 이에 따라 CIS 회원국들은 '더욱 좁은 범위에 초점을 맞춘 새로운 조직'을 창설했다(Zabortseva, 2012). 군사 영역에서는 집단안보조약기구(Collective Security Treaty Organization: CSTO)를, 경제 영역에서는 EurAsEC 및 상하이협력기구(Shanghai Cooperation Organization: SCO)를 결성한 것이다.

CIS 틀 내에서 실질적인 통합 기구로 창설된 조직은 EurAsEC이었다. 관세동맹이 결성되기 전까지 EurAsEC은 21세기에 들어 가장 수준 높은 통합을 이룬 기구였다. 러시아, 카자흐스탄, 벨라루스, 키르기스스탄, 타지키스탄 5개국이 이 기구의 창설 조약에 서명했으며 2000년 10월 10일 카자흐스탄 아스타나에서 출범했다.

2003년 EurAsEC은 국제연합(United Nations: UN)에서 옵서버 지위를 얻었으며 "이는 EurAsEC을 구소련 지역의 중요한 행위 주체로 승인한다는 의미를 갖고 있었다"(Yesdauletova and Yesdauletov, 2014: 6). EurAsEC은 경제문제와 무역문제를 해결하고 모든 회원국의 이해관계를 중재하는 유효한 메커니즘으로 기능했으며 나자르바예프 대통령의 유라시아 지역통합 구상을 현실에 구체적으로 구현한 조직이 되었다.

3) 관세동맹

다음 단계는 EurAsEC의 틀 내에서 러시아·벨라루스·카자흐스탄을 초기 참가국으로 하여 관세동맹을 설립하는 것이었다. 러시아·벨라루스·카자흐스탄은 2007년 10월 EurAsEC에서 내세운 경제통합의 목표를 달성하기 위해 새로운 관세동맹 설립조약[7]을 체결했다. 이 3개국은 이미 양국 간 조약을 통해 대부분의 상품에 대해 무역자유화가 시행되고 있었으므로 그 다음 단계인 관세동맹의 설립이 비교적 용이하다는 판단을 내렸기 때문이다. 다만 무역이 자유화되었다 하더라도 러시아의 주력 수출품인 석유와 천연가스 및 광물자원은 예외가 되었는데, 이것은 나중에 벨라루스와의 분쟁을 야기했다. 이 조약은 러시아에서 2008년 10월 27일, 벨라루스에서 2008년 7월 9일, 카자흐스탄에서 2008년 6월 24일 비준되어 2010년 1월 1일에 발효되었다.

관세동맹을 설립할 때 준비 단계를 포함해 3개의 단계가 설정되었다. 2009년 12월 31일까지는 준비 단계로 각국 내에서 관세동맹 조약의 비준 및 관련 조직의 시험 운영을 비롯한 기반을 마련하는 단계이다. 그다음 단계는 제1단계로서 2010년 1월 1일부터 6월 30일까지 3개국 공통관세율을 도입하고 관세동맹의 실제 운용을 개시하는 단계이다. 제2단계는 2010년 7월 1일부터 2011년 6월 30일까지 세관 행정 및 통관 업무 전반에 대한 회원국 공통의 규칙을 정한 조약인 '관세동맹 법전'[8]의 시행 등을 중심으로 관세동맹의 운용을 더욱 본격화하는 단계이다.[9] 이에 따라 실제적으로

---

7 "Договор о создании единой таможенной территории и формировании таможенного союза," октября 6, 2007, http://www.tsouz.ru/Docs/IntAgrmnts/Pages/D_sozdETTiformTS.aspx

8 실질적으로 국가 간 조약이지만 "таможенный кодекс"에 따라 '법전'으로 번역될 수 있다. "Таможенный кодекс Таможенного Союза," апреля 16, 2010, http://www.tsouz.ru/Docs/Kodeks3/Pages/default.aspx

2011년 7월 1일부터 역내 3국 간 통관절차가 폐지되고 관세동맹에 필요한 모든 조치가 시행되었다.

EurAsEC 웹사이트에서는 "가까운 미래에 EurAsEC 내 관세동맹과 공동경제구역을 창설해 EurAsEC이 지역통합을 가속화하는 기구가 되도록 하고, 기존의 경제적 잠재력을 각국 국민의 생활수준을 높이는 데 효과적으로 이용할 수 있도록 할 것이다"라고 밝히고 있다.[10] 러시아·벨라루스·카자흐스탄은 타지키스탄이나 키르기스스탄에 비해 더욱 강한 경제적 잠재력을 갖고 있다. 구소련 국가들은 EU의 모델에 따라 새로운 기구를 설립하기로 결정했다. 독일과 프랑스가 유럽 통합의 양 기관차였던 것과 마찬가지로 러시아·벨라루스·카자흐스탄은 유라시아 통합의 근본적인 중핵 역할을 할 것이다. 나자르바예프 대통령은 "관세동맹의 거시경제적 효과가 짧은 시간 내에 가시화되었으며 2011년 전반기에 총무역량이 1/3 정도 증가했고, 카자흐스탄에서 러시아로의 수출이 60% 증가, 벨라루스로의 수출이 2.3배 증가했다"고 말했다(Nazarbayev, 2011).

4) 공동경제구역

2011년 11월 18일 드미트리 메드베데프(Dmitry Medvedev) 러시아 대통령과 나자르바예프 카자흐스탄 대통령, 그리고 알렉산드르 루카셴코

---

9 2009년 관세동맹위원회 결정 제23호에 의한 것이다. "Об основных этапах формирования единой таможенной территории таможенного союза," мая 18, 2009, http://base.garant.ru/2570216/#1001

10 Website of the EurAsEC, http://evrazes.com/

(Aleksandr Lukashenko) 벨라루스 대통령은 '유라시아 경제통합에 관한 선언'을 채택하고 '유라시아 경제집행위원회(Eurasian Economic Commission) 협약'에 서명했다. 이에 따라 2012년 1월 1일 공동경제구역이 출범했으며 세계무역기구(World Trade Organization, 이하 WTO)의 기준과 규정에 따라 운영하고 원칙적으로 역내의 재화, 서비스, 자본, 노동력의 자유로운 이동을 보장할 것을 약속했다. 이것은 EU의 통합 과정 중 1985년에 체결된 '셍겐조약'에 상응하는 단계라고 할 수 있다.

관세동맹 3개국은 공동경제구역을 출범시킴으로써 EEU를 위한 조건을 갖추게 되었다. 2011년 10월 당시 러시아의 총리였던 푸틴은 「유라시아의 새로운 통합 프로젝트: 오늘 시작하는 미래」라는 제목의 논문(Putin, 2011)에서 각국 정부가 더욱 효과적이고 수준 높은 지역통합으로 나아갈 준비가 되어 있다고 주장했다.

공동경제구역의 출범과 함께 설립된 유라시아 경제집행위원회는 소련 해체 후 구소련 지역에서 창설된 최초의 초국가기관(국가 간의 협정에 따라 설치되어 각종 결정권과 집행권을 가진 기관을 의미함)이자, 향후 EAU 창설을 향한 로드맵의 제일보라고 할 수 있는 대단히 중요한 조직이다. 유라시아 경제집행위원회는 공동경제구역의 주요 감독 기관으로 다양한 경제활동 분야에 걸쳐 강력한 권한을 가진다. 관세 분야뿐 아니라 공동의 거시경제 정책, 에너지 정책, 통화정책 분야, 그리고 국가 조달이나 노동 이민 문제도 권한에 포함된다. 위원회의 핵심은 각 회원국의 부총리급 3명으로 구성된 이사회이며, 실무를 담당하는 것은 집행 사무국(Board)으로서 각국당 3명으로 그 수가 정해져 있다.[11]

또한 유라시아 경제집행위원회는 공동경제구역에 공통 통화를 도입하는 것도 목표로 삼는다. 빅토르 흐리스텐코(Viktor Khristenko) 유라시아 경제집행위원회 의장에 따르면, 2015년 이후에는 공통 통화 도입에 관한 협상이 시작될 것이라고 한다.[12] 그러나 공통 통화를 도입하기 위해 참가국의 통화·금융정책을 조정할 필요가 있는 데다, 최근 EU의 유로 위기만 보더라도 공통 통화 도입의 실현 가능성이 불투명하다.

2015년 1월 1일에 출범한 EEU에 현재 러시아, 카자흐스탄, 벨라루스, 아르메니아가 가입했으며, 키르기스스탄은 올 5월에 정식 회원국이 될 예정이다. 또한 타지키스탄도 향후 참가할 의향을 표명했다. 그리고 향후 정치 통합을 포함한 EU형의 EAU로 발전시킬 것을 계획하고 있지만 현시점에서 목표 연도는 설정되어 있지 않다.

3. EEU의 제약 조건

1) 경제적 측면의 문제

2012년 1월 1일에 출범한 공동경제구역은 점차 경제적 문제와 자본, 서비스, 이주 인구의 역내 국가 간 이동에 관한 협상 창구를 마련할 것이다. 공동경제구역의 주요 목적은 재화, 자본, 서비스, 그리고 인구의 자유로운

---

11 “Евразийские комиссары получат статус федеральных министров,” *Известия*, ноябрь 17, 2011, http://www.izvestia.ru/news/507125

12 “В Евразийском союзе появится единая валюта,” *Известия*, ноябрь 18, 2011, http://www.izvestia.ru/news/507241

이동을 보장하는 것이다. 또한 출신 국가와는 상관없이 경생을 촉진하고 기업인과 투자자를 위한 동등한 조건을 확립하는 것을 목적으로 한다.[13]

공동경제구역은 EAU로 이행하기 위한 견고한 기반을 구축하는 것을 목표로 한다. 참가국들은 이미 공동경제구역을 결성하기 위한 17개의 협정을 채택했으며 2012년부터 5년 이내에 초국가적(supranational) 기구(유라시아 관세동맹위원회 또는 유라시아 경제집행위원회를 의미함)가 175개의 국가적 기능을 수행하게 될 것이다. 러시아 전략연구소의 국제 프로젝트 책임자인 유리 솔로조보프(Yuri Solozobov)는 다음과 같이 지적했다. "무엇보다 러시아·벨라루스·카자흐스탄은 자국의 미시경제 지표를 조정해야 한다. 여기에는 대외 채무, 인플레이션, 역내 관세, 그리고 유사한 다른 요소 등이 포함된다"(Solozobov, 2011). 다음 단계는 자본과 노동의 자유로운 이동을 제공하는 것과 관련될 것이다. 그다음 '유라시아 트로이카(러시아·벨라루스·카자흐스탄)'는 자연독점의 규제를 조화시키고 공통의 철도운임 스케줄을 마련하기 위해 국가정책을 변화시켜야 한다. 더 나아가 3개국은 석유 및 가스 운송에 대한 단일 요금 체계를 마련해야 한다.

공동경제구역 창안자들은 향후 이 기구가 EAU로 발전할 것이며 EU의 모델을 따를 것이라고 강조했다. 물론 두 지역 기구는 몇 가지 차이를 보이는데, 특히 발전 속도가 그러하다. 1950년 유럽에서 프랑스와 서독은 석탄·철강 산업이라는 한 가지 영역에서 처음으로 조정을 시작했다. 그로

13 유라시아개발은행(EDB) 통합연구센터(Centre for Integration Studies)의 책임자인 비니쿠로프(Eugene Vinikurov)가 지적하듯이, "공동경제구역은 비즈니스 거래의 모든 단계에서 국내의 규제를 축소하고 궁극적으로 철폐할 것이며, 기술적 규제와 표준을 철저히 정비하도록 할 것이다"(Vinikurov, 2012: 14).

〈표 1-2〉 세계 GDP에서 주요 경제지역과 국가가 점유하는 비율(2010년, 미 달러 환산)

국가·지역	CIS	CIS 중 EEU	EU 27개국	ASEAN	캐나다	미국	중국	일본	인도	브라질
%	3.1	2.7	25.4	3.0	2.5	22.9	9.1	8.7	2.7	3.3

자료: UN National Accounts Main Aggregates Database, http://unstats.un.org/unsd/snaama/

부터 1년 후인 1951년 4월에 벨기에·프랑스·서독·이탈리아·룩셈부르크·네덜란드가 연합해 유럽석탄철강공동체(European Coal and Steel Community: ECSC)를 설립하는 '파리조약'에 서명했다. 이것이 6개국을 포괄하는 석탄 및 철강에 대한 확대 공동시장의 출발이었다. 이 단계에서 이룬 주요한 성과는 석탄 및 철강에 대한 관세 및 품질 규제를 철폐한 것이다.[14]

서방이 러시아의 EEU 구상을 경제적이라기보다 정치적인 것으로 바라보는 이유 중 하나는 러시아를 포함한 CIS가 세계경제에서 차지하는 비중이 상대적으로 작기 때문이다(김병호, 2012: 111~118). 여기서 현재 공동경제구역을 구성하는 3개국(러시아·벨라루스·카자흐스탄)과 참여 가능성이 높은 키르기스스탄과 타지키스탄이 EEU에 가입한다고 가정하고, 세계경제에서 차지하는 경제력의 규모를 살펴보기로 한다.

우선 EEU의 경제 규모를 2010년 기준 미 달러 환산 GDP로 보면 〈표 1-2〉와 같다. 여기서 CIS 전체의 GDP는 거의 ASEAN과 같은 규모이며 CIS 중 EEU을 보면 인도에 필적하는 것으로 나타난다. 그러나 통합의 모델로 삼고 있는 EU와는 약 8배의 차이가 난다.

그러나 자원 측면에서 보면 러시아와 카자흐스탄이라는 자원 대국이

14 Website European Union, http://europa.eu/index_en.htm

포함되기 때문에 그 영향력을 속단할 수 없다. 사실상 2009년의 석유 채굴량[가스콘덴세이트(gas condensate)를 포함]을 보면 CIS 전체 국가가 전 세계 채굴량의 16%를 차지하고, EEU 3개국(러시아·카자흐스탄·벨라루스)만 하더라도 14.3%를 차지함으로써 석유수출국기구(OPEC)의 바로 다음 순위에 올랐다. 또 천연가스 채굴량에서도 세계 제1위인 러시아에 더해 카자흐스탄이 추가되기 때문에 당연히 세계 최대의 점유율(19.7%)을 차지한다(Статистика СНГ, 2011). 그러나 앞으로 셰일가스(shale gas)의 개발이 급속도로 진행되면 이 분야에서 EEU의 영향력은 축소될 것이다.

다음으로 무역 규모를 살펴보자. EEU 국가에서 중요한 것은 역외 국가와의 무역이다. 그러나 역외무역의 주역은 러시아이며 러시아의 최대 무역 상대국은 EU(독일, 네덜란드)와 중국이다. CIS 회원국 중에는 우크라이나가 1위, 벨라루스가 2위, 카자흐스탄이 3위를 차지하지만 그 비중은 작다. 특히 2012년 러시아의 무역 규모 순위에서 중국이 1위를 차지했고 그 중요도가 매년 증가하고 있다.

이상과 같은 사실은 푸틴이 논문(Putin, 2011)에서 EAU의 생산 잠재력에 대해서는 별로 언급하지 않고 오히려 EAU가 "유럽과 역동적인 아시아 태평양 지역의 효과적인 '연결점'의 역할을 수행한다"는 점을 강조한 배경일 것이다.

EEU 각국의 언론은 CIS 내에서 양자 무역 관계가 성공적으로 발전하고 있다고 발표한다. 카자흐스탄은 러시아와 돈독한 무역 관계를 맺고 있고 러시아는 우크라이나 및 벨라루스와 그렇다는 식이다. 이는 어느 정도 통합을 뒷받침하는 토대가 존재한다는 것을 시사한다. 그러나 제3국에 수출하는 원료가 수출품의 대부분을 차지하며, 이는 러시아도 마찬가지다. 사실상 러시아는 대외무역의 중심 방향을 역외 국가로 전환해왔다는 면에서 CIS 회원국 중 선도적인 위치에 있다. 러시아는 CIS 회원국들이 자국의 대외 관계에서 우선순위에 있다는 주장을 공공연히 표명하지만 이러한 선언 뒤에 행동이 따르는 것은 아니었다.[15]

경제통합 과정을 복잡하게 만드는 것은 관세이다. 러시아의 관세율은 카자흐스탄이나 벨라루스의 관세율보다 더 높게 설정되어 있다. 쿨리(Alexander Cooley)가 지적했듯이, 자유주의자들은 유라시아 통합을 "러시아의 품에 카자흐스탄을 가두어 잠재적으로 카자흐스탄의 WTO 가입을 지연시키는 것"으로 보았다(Cooley, 2012: 62).

2) 가입국의 주권 문제

지역통합은 의심할 나위 없이 현 국제 정세의 일반적인 추세이다. 세계 시장이 점점 더 세계화되고 있다는 점에서 유라시아 국가들은 이러한 지배적인 흐름을 무시할 수 없다. 위기에 처한 유럽의 상황을 감안하면 EEU는 경제적인 장애를 극복할 필요가 있다. EEU 회원국의 대규모 역내 시장은 서구의 경제 위기가 EEU 국가로 확산되는 것을 막는 수단을 제공할 것이다.

한편 세계시장에서 수요가 없는 제품일지라도 구소련 영토 내에서는 성공적으로 판매될 가능성이 있다. 또한 구소련 국가들은 서로가 필요로

---

15 러시아가 선호하는 방향은 서구 국가다. 주요 수출품을 더 높은 가격에 판매할 수 있고 지불이 제때 이뤄지며 수출의 대가로 받는 제품의 품질이 더 낫기 때문이다.

하는 노동력을 주고받는다. 국가 간 이주에 대한 공식 통계는 구소련 국가 3개국(러시아·벨라루스·카자흐스탄)이 서로 얼마나 의존하는지를 보여준다. 중앙아시아에서 이루어지는 대부분의 이주는 주로 러시아와 카자흐스탄을 목적지로 한 것이다. 오늘날 이 두 가지 요인(노동과 이주)은 논란의 여지없이 통합의 필요성을 뒷받침하는 논거가 된다.

그러나 통합 과정은 금융정책의 조정을 둘러싸고 어려움에 빠지기도 한다(Mikheev, 2006). 실제로 기업 활동을 하면서 법과 규정의 현격한 차이에 직면한 사람들은 각국의 통화 운용 차이가 단일시장 창설에 가장 큰 장애로 대두될 것이라 주장한다. 모든 구소련 국가들은 독립을 선언한 이후, 1990년대 중반에 독자적인 통화를 채택했다. 독자적인 통화는 주권의 강력한 상징이었다. 교역 운용과 다른 모든 금융거래 시에 CIS 회원국들은 국제관행에 따라 자국의 통화를 미 달러로 바꾸는데, 이에 따라 CIS 회원국들은 모든 역내 거래를 미 달러와 국내통화(예를 들면 러시아 루블, 벨라루스 루블, 카자흐 텡게)로 실행해야 할 필요가 있다. 또한 각국은 독자적인 관세율을 갖고 있으며, 회계 처리에서의 이러한 모든 차이는 각종 절차와 거래를 지연시키는 요소로 작용한다. 따라서 공동경제구역을 결성한 국가들 간에 각국의 독자 통화는 더욱 심각한 문제가 되었다.

경제통합의 시점과 속도, 추진 과제 외에 커다란 논란이 벌어지고 있는 분야는 초국가적 기구의 설립과 관련된 문제다. 초국가적 기구가 설립되면 대외무역을 실행하고 국내 생산을 관리하는 것에 대한 회원국 정부의 권한이 축소될 것이다.

EEU 창설국들은 새로운 통합 조직, 특히 초국가적 기구를 EU의 모델에 따라 건설하려고 한다. 그 실현을 위한 첫 단계로 2012년 7월 1일, 관세동맹위원회(Commission of the Customs Union)를 대체하는 유라시아 경제집행위원회가 설립되었다. 유라시아 경제집행위원회는 이사회(Council of the Commission)와 사무국으로 구성된다. 이사회는 관세동맹과 공동경제구역 내 통합 과정의 전반적인 규정을 결정하며, 사무국은 집행 기구로 활동하면서 추가적인 통합을 위한 계획을 실시·관리하는 역할을 한다.

2012년 말에 이미 유라시아 경제집행위원회는 관세정책 영역에 한정되지 않는 170개 이상의 기능을 갖고 있었다. 따라서 이 기구는 3개국의 수입관세에 기초해 조성될 예산의 적립과 할당, 기술 법규의 승인, 위생·검역 기준, 교통·운송 문제의 규정, 에너지, 산업 및 농업 보조금, 국가 조달, 노동 이주, 통화정책, 금융시장 등에 대한 권한을 갖게 될 것이다.

그리고 점차 중요한 모든 문제는 유라시아 경제집행위원회의 수중으로, 다른 말로 하면 초국가적 기구의 수중으로 넘어갈 것이다. 이 위원회는 각국 정부의 산하에 속하지 않고 결과적으로 각국 정부는 자체 권한의 상당 부분을 이 기구에 넘겨주게 될 것이다.

그러나 유라시아의 초국가적 기구가 자칫 소련의 부활을 의미하는 것이 아니냐는 우려의 소리도 있다. 이에 대해 푸틴은 2011년 11월 한 신문의 기고문에서 "과거에 이미 폐기된 것을 복제하는 것은 순진한 짓"이라고 밝히면서 "소련의 재건에 대한 논의는 존재하지 않는다"고 주장했다. 그러나 러시아 지도자의 확언에도 불구하고 전문가들뿐 아니라 일반 국민조차 진정한 평등이 가능할 것인지에 대해서는 확신하지 못하고 있다. 그러므로 전략적 파트너십을 위해 회원국 간에 평등한 조건을 창출하는 것은 EEU 프로젝트를 성공적으로 시행하기 위해 반드시 필요하다.

3) 지정학적 측면의 문제

가까운 장래에 EAU로 변화하게 될 공동경제구역은 경제적인 목표뿐 아니라 전략적인 목표를 갖고 지역의 국제 관계에 영향을 미칠 것이다. 또한 새로 통합된 지역 블록의 창설은 '지정학적 맥락에서의 변동'을 야기할 것이다.

EEU의 3개 회원국이 체결한 문서에서 각 회원국은 동등하다고 선언되었지만 현실적으로 볼 때 불균등한 동맹이 될 것이 분명해 보인다. 러시아는 EEU의 다른 어떤 회원국보다 영토·인구 규모 면에서 훨씬 더 크고 군사력 면에서 훨씬 더 강력하다. 또한 러시아는 규모와 군사력 면에서 향후 다른 EEU 참가국을 모두 합친 것을 능가할 것이다. 이런 불균형은 정치적 동맹을 결성할 경우 더욱 두드러질 것이다. 실질적인 불균형 및 문서상의 내용과 발현의 차이는 앞으로 관세동맹에 위협을 가하는 요소가 될 수 있다.[16] 〈표 1-3〉은 인구 및 경제 조건에서 관세동맹 및 공동경제구역 참가국 간의 중대한 차이를 보여준다.

러시아는 영토와 인구 규모 면에서 관세동맹과 공동경제구역을 주도한다. 또한 러시아의 군사적·정치적 비중은 카자흐스탄과 벨라루스를 훨씬 능가한다. 그러므로 현재와 미래의 통합 기구에서 EEU는 회원국 간의 동등한 동맹이 되기 어려울 것이다. 이 초국가적 기구의 창설은 러시아와 다른 두 국가 간의 관계에 긴장을 야기할 수 있다. EEU 창설국들은 이 새로

16 움랜드(Andreas Umland)는 다음과 같이 강조한다. "무엇보다 우선 러시아와 나머지 회원국 간에 군사적인 불균형이 존재할 뿐 아니라 근본적으로 지리적·인구적 차이가 존재한다"(Umland, 2011).

〈표 1-3〉 공동경제구역 3개국의 주요 경제지표

	러시아		카자흐스탄		벨라루스	
	2012년	2013년	2012년	2013년	2012년	2013년
인구(1000명)	143,178	143,500	16,791	17,036	11,128	11,195
GDP(100만 달러)	2,017,471	2,096,777	203,517	231,876	63,615	71,709
GDP 증가율(%)	3.4	1.3	5.0	6.0	1.7	0.9
환율(미 달러 대비)	30.84 (루블)	31.84 (루블)	149.11 (텡게)	152.13 (텡게)	8,336.90 (루블)	8,880.05 (루블)

자료: World Bank(2012).

운 동맹이 EU의 경험에 기초해 건설될 것이라고 주장하지만 초국가적 수준에서 의사결정이 어떻게 이루어질 것인지에 대해서는 의문이 존재한다. 독일은 EU 회원국 가운데 지배적인 위치를 차지하고 있는데, 이는 독일이 EU에서 가장 큰 인구 규모를 자랑하며 경제적으로도 가장 강력한 국가이기 때문이다. 그러나 군사 영역에서는 독일이 다른 유럽 국가들을 능가하지 못한다(Yesdauletova and Yesdauletov, 2014: 14). 움랜드(Umland, 2011)는 새로 출범하는 EEU에서 이와 같은 관리가 이루어질 가능성에 대해 의문을 제기한다.

EEU 창설의 또 다른 목표는 중국의 영향력을 축소시키는 것이다. 라뤼엘(Marlene Laruelle)과 페루즈(Sebastein Peyrouse)에 따르면 "중국이 이 지역의 주요 무역 상대국으로 부상함에 따라 러시아는 중앙아시아 경제에 대한 통제권을 사실상 상실했으며, 일부 탄화수소 수출품과 민수 원자력 부문에 대한 통제권만 장기간에 걸쳐 지속될 것으로 보인다"(Laruelle and Peyrouse, 2013: 19). 중국은 이 지역뿐 아니라 세계에서 가장 역동적인 개도국이다. 중국의 대중앙아시아 정책의 주요 목표는 에너지와 무역이다.

중국은 미국조차 능가하는 세계 최대의 에너지 소비국이다. 중국은 마치 거대한 용처럼 중앙아시아 국가들을 자국의 정책 궤도로 끌어들이고 있으며 영향력 있는 지역 기구인 상하이협력기구가 중국의 정책 도구로 쓰이고 있다. 러시아는 중국의 영향력을 상쇄시킬 수 있는 동맹을 결성하려는 의도를 갖고 있는 것이다.

4. EEU의 전망과 발전 방향

러시아 전문가들 사이에서도 EEU 구상의 향후 전망에 대해 크게 낙관론과 비관론의 두 가지 관점으로 나뉜다. 또한 공동경제구역이 회원국의 경제와 정치체제에 미친 효과에 관한 서구 학계 및 정책 관련 학술지에 실린 연구 결과들을 보더라도 그 추정 결과 간에 현저한 차이가 있음을 알 수 있다. EEU 전망에 대해 낙관적으로 보는 관점에도 그 전제에 따라 적지 않은 차이가 존재하지만, 이 글에서는 EEU 구상에 대한 견해를 크게 낙관론과 비관론으로 구분해 각각의 주장을 검토하겠다.

1) EEU의 전망에 대한 논란

(1) 낙관론

모스크바대학교 구소련 사회정치 과정 정보·분석연구센터의 알렉세이 블라소프(Aleksey Blasov) 소장은 '유라시아 경제통합에 관한 선언'이 새로운 통합으로의 공식적인 출발이며 "장차 정치적·군사적 연합이 될 수도 있다"고 말했다. 또한 "카자흐스탄 지도자가 유라시아 총회(통일의회의 원형)와 EEU 상공회의소에 대해 언급하는 것도 무의미한 것이 아니며, 개인적으로는 2015년에 유라시아 의회의 기초가 마련될 가능성을 배제하지 않는다"고 말했다.[17] 한편 CIS 회원국의 경제학자들은 관세동맹과 공동경제구역 회원국의 총 GDP가 2030년까지 2.5% 성장할 것으로 전망하고 있다(Blockmans et al., 2012: 19).

일부 전문가는 EEU가 세계경제의 단일 중심 또는 일극적(unipolar) 특성을 변화시킬 것이라고 주장한다. 모스크바의 유라시아 커뮤니케이션센터[18] 소장 알렉세이 필코(Aleksey Pil'ko)는 EEU가 두 가지의 거대한 과제(grand tasks)를 가지고 있다고 주장한다. 첫째는 소련 붕괴 후에 사라진 경제적 유대를 재구축하는 것으로, 공동경제구역과 공통관세 국경의 틀에서 기업 활동에 유리한 환경을 조성하는 것이다. 둘째는 현 세계경제의 단극적인 정향을 변화시키는 것이다. EEU는 글로벌 행위자가 되어 회원국의 이해관계를 효과적으로 보호할 수 있을 것이다.[19]

EEU 구상의 실현 가능성을 부정하지는 않지만 그 실현을 조건부로 여기는 견해도 있다. 러시아 과학 아카데미 경제연구소의 루슬란 그린베르

---

17 "Декларация о создании ЕАС является прорывом, считают эксперты," РИА Новости, ноябрь 18, 2011, http://ria.ru/economy/20111118/492104872.html

18 EEU의 주요 사건을 보도하고 유라시아 이슈에 대한 토론 포럼의 역할을 하기 위해 러시아 투데이(Russia Today)의 국제정보국과 남북(North-South) 정치학 센터가 공동으로 '유라시아 커뮤니케이션 센터'를 설립했다(Kornilov, 2014: 2).

19 "Эксперт: ЕАЭС изменит моноцентричный характер мировой экономики," РИА Новости, мая 29, 2014, http://ria.ru/economy/20140529/1009897390.html#ixzz338XlKyos

그(Ruslan Grinberg) 소장은 "러시아가 너무 크기 때문에 CIS 내에서 통합의 범위를 더욱 확대하게 되면 '규모의 장애'에 직면하게 될 것"이라고 주장한다. 따라서 '호혜적(give and take)' 형태의 통합이 되기 어려우며 러시아가 부담하는 형태가 아니면 성공할 수 없다는 것이다. 예브게니 프리마코프(Yevgeny Primakov) 러시아 전 총리도 "러시아·벨라루스·카자흐스탄 3개국이 어렵게 만들어낸 현재의 상황이 혼란에 빠지기 전에 나머지 국가가 가입을 위한 기준에 얼마나 부합할 수 있는지에 (EEU의 향후 진전에 대한) 모든 것이 달려 있다"고 말했다.[20]

일부 EEU의 지지자들은 EU의 제도를 적용해야 할 모델이라고 주장한다.[21] EU의 모델에 기초하게 될 EEU의 또 다른 장점은 유라시아 국가 그룹의 회원국이 EU의 현재 회원국보다 훨씬 덜 이질적이라는 사실이다. 러시아·벨라루스·카자흐스탄은 현재 EU 회원국들보다 정치적·사회적·문화적으로 많은 공통점을 지닌다. 비록 (이슬람교와 같이) 다른 종교적 가치를 가진 국가도 있지만, 대부분 공통의 언어를 사용하며 소련의 붕괴가 있기까지 한 세기 이상 단일 연방국가의 구성원이었다. 지배적 가치와 규

20 "Евгений Примаков назвал условия для успеха Евразийского союза," Известия, ноябрь 24, 2014, http://www.izvestia.ru/news/507752

21 이러한 입장이 시사하는 바는 그들이 환영하는 시장이 경제동맹(economic union)에서 지배력을 갖게 되면, 시장은 스스로의 논리적 발전 과정을 통해 EEU를 신자유주의적 세계 체제로 유도해 갈 것이기 때문에 대안적인 사회 시스템의 발전은 이루어지지 못할 것이라는 점이다. EEU는 지역 블록에 참여한 국가들이 아니라 글로벌 시장이 이끄는 신자유주의 세계 체제에서 또 하나의 경제지역이 될 것이다. 유라시아주의의 문화적·사회적 구성 요소는 시장에 편입되고, 이러한 변형에서 유라시아주의는 서방에 위협이 되지 않으며, 사실상 그것은 CIS의 재정식화를 통해 각국을 참여시키는 방법이다(Lane, 2014: 4~5).

범적 측면뿐 아니라 제도적 측면에서도 동일한 배경을 가지고 있다. 또한 이 국가들은 국가 후생(state welfare)을 지지하며 개인적 책임보다 집단적 책임을 우선시한다. 그리고 EU 회원국과 달리 러시아·벨라루스·카자흐스탄은 서로 간에 전쟁을 치른 적이 없다. 그들은 이중적인 가치를 가진 일부 회원국[예를 들어 초대서양주의(transatlanticist)인 영국]에 의해 분열되지 않는다. 따라서 일부 유라시아 지역통합을 지향하는 사람들이 EU를 통합의 모델로 고려하는 이유를 이해할 수 있다. 현재의 심각한 문제와 혼란에도 불구하고 EU는 국민국가의 통합을 심화시키는 긍정적인 경제적 위업의 한 사례로 널리 칭송된다.

(2) 비관론

한편 EEU 실현에 대한 비관적인 견해도 있다. 한 예로 카네기 국제평화재단 모스크바 센터의 드미트리 트레닌(Dmitry Trenin) 소장은 "경제동맹이 정치동맹으로 이행하게 되면 카자흐스탄이나 벨라루스는 반대할 것이다. 우크라이나가 가입할 가능성이 화제가 되고 있지만 우크라이나 내에서는 러시아에 흡수되는 데 대한 반발이 크다. 키르기스스탄과 타지키스탄의 가입도 논의되고 있지만 러시아가 큰 부담을 져야 한다"고 말했다.

다른 분석가들은 관세동맹의 장기적 효과에 대해서도 비판적이다. 비나스 디 소사(L. Vinhas de Souza)에 따르면 EurAsEC 내 관세동맹은 GDP를 감소시키는 틀이며 "부정적인 무역 전환 효과가 긍정적인 무역 창출 효과를 명백히 압도"해서 모든 회원국의 역외무역 위상이 약화될 것이다(Vinhas de Souza, 2011). 그는 가능성 있는 통합 시나리오 세 가지를 분석한 후, 참여국들이 에너지 부문에서 전체적인 조화를 이룰 때에만 부작용이 완화될 수 있다고 주장한다. 오슬룬드(Anders Åslund)는 "EEU가 경제적·정치적 통합을 가져올 가능성은 매우 낮으며 벨라루스와 카자흐스탄이 러시아에서 분리되고 그로 인해 러시아 정부가 큰 손실을 입을 것"이라고 지적한다. 또 그는 EEU가 EU나 미국과 같은 경제 최강국 리그에 가입할 수 없을 것이라고 단언한다. 그는 EEU의 GDP가 EU GDP의 1/5에도 미치지 못하며 중국 GDP의 1/3보다 작을 것으로 예측한다(Åslund, 2012).

비관론적 견해는 대체로 EEU가 경제적 고립 상태로 전락하는 경로를 따를 것이라고 본다(Lane, 2014: 5). 대다수 서구 비판론자들 특히 EU 비판론자들이 이러한 견해를 보이는데, 국가 주도의 경제동맹은 결국 국가를 고립과 보호주의로 이끌게 되고 경제적 쇠퇴와 정치적 약화를 가져올 것이라고 주장한다. 또 그들은 그것이 EEU 회원국들을 혁신과 발전으로부터 차단할 것이라고 주장한다.[22] 이러한 입장에 있는 다른 논자는 러시아 지도자들의 순수하지 못한 의도를 강조하는데, 유라시아주의는 서방에 대한 반대와 그러한 반대에 대한 정당화라고 본다. 그들은 그것이 잘못된 경제적 대안, 즉 서방을 배제한 경제블록화를 정당화할 뿐 아니라 러시아의 세력을 확대하고 구소련을 재건하려 한다고 주장한다.

그러나 이는 러시아·벨라루스·카자흐스탄의 정치적 옹호자들이 내세우는 유라시아주의를 잘못 이해한 것으로 보인다. 구소련을 재건하려 한다는 주장은 유라시아주의 사상에서 근거를 찾을 수 없으며 푸틴을 비롯한 유라시아주의 주창자들의 의도를 확대 과장한 결과로 판단된다. 더욱

22 이런 논의는 마거릿 대처(Margaret Thatcher)가 고르바초프 집권 시기에 주장했던 것이다. 즉, "신자유주의 모델에 대한 대안은 존재하지 않는다"는 것이다.

이 정치적 행동은 지정학적 이해관계 및 정책적 관점에서도 해석되어야 하는데, 유라시아 통합 과정의 정치적·경제적 효과에 대한 이와 같은 서로 다른 평가를 고려할 때 앞으로 EEU의 구축 과정과 EEU 회원국의 경제 발전의 실제 변화를 면밀히 검토하는 것이 필요하다.

2) EEU의 전략과 과제

소련의 해체는 처음으로 세계 정치체제를 미국 중심의 일극 체제로 변화시켰다. 그 후 지역 블록화가 증가하고 좀 더 다극적인(multi-polar) 체제로 변화되었다. 세계적인 무역 장벽의 제거와 정치의 탈영역화가 '세계화'의 역동적인 특징으로 받아들여지는 반면, 지역적인 협력 형태가 국제적인 정치·경제조직의 주요 구성 요소가 되었다. 2014년 1월 31일 기준, 총 377개의 지역무역협정이 시행되고 있고 이 협정들은 세계 전체 무역량의 절반 이상을 망라한다. EEU 프로젝트는 CIS 회원국의 경제적·도덕적 쇠퇴를 가져온 신자유주의 세계화에 대한 대응으로 볼 수 있다. 또한 이는 세계의 정치·경제에서 더욱 일반적인 추세가 되고 있는 지역화를 향한 움직임의 일부이다(Lane, 2014: 3~5).

창설국들이 선언했듯이 EEU가 글로벌 질서의 다른 행위자에게 개방된다면 국제적인 중력의 새로운 중심이 될 수도 있다. 이와 관련해 CIS 연구소(CIS Countries Institute) 콘스탄틴 자툴린(Konstantin Zatulin) 소장은 EEU 조약에 대해 논평하면서 이 기구에 대해 전도유망한 전망을 언급했다. 그는 특히 미국과 EU가 러시아와 그 파트너 국가에 제재를 가할 동안, EEU는 가입을 원하는 다른 국가에 개방적인 태도를 취했다고 말했다

(Kornilov, 2014: 3).

여기서 중요한 문제는 세 국가만으로 이뤄진 EEU가 과연 효과적인 경제적 기초를 갖출 수 있을 것인지 여부다. ≪포브스(Forbes)≫가 선정한 2014년 세계 2000대 기업의 기준으로 보면 2014년에 벨라루스는 단 하나의 기업도 없었고(Forbes, 2013). 카자흐스탄의 경우 3개의 기업이 등재되어 있으며(석유 회사 1개, 은행 2개), 러시아는 28개 기업이 등재되어 있었다(광업회사 7개, 석유·가스 기업 7개, 은행 3개). 반면 브라질은 25개 기업이 선정되었고, 인도는 54개 기업, 중국은 목록에서 첫 번째, 두 번째, 세 번째, 아홉 번째 순위 기업을 포함해 149개 기업이 등재되어 있어 모든 국가를 능가했다.

EEU가 존립 가능한 대안적인 지역 경제블록으로 자리 잡기 위해서는 중국을 비롯한 여타 브릭스(BRICs: 브라질·러시아·인도·중국) 국가와의 협력이 반드시 필요하다. 2011년에 브릭스 국가들은 구매력평가지수(PPP)로 측정했을 때 세계 GDP 중 23%를 차지했다(Laidi, 2012: 616). 또한 이 국가들은 EEU의 가치관(7장 참조)과 잘 조화된다. 자키 라이디(Zaki Laidi)의 말을 인용하면 브릭스 국가는 "주권국가 옹호자들의 동맹을 형성한다. 또 대립적인 구상이나 전혀 다른 세계관을 기반으로 반서구 정치동맹을 결성하려는 것은 아니지만, 경제적·사회적으로 점점 더 상호 의존적이 되는 현재의 세계에서 독자적인 사고와 국가 주도의 행동을 견지하는 데 관심을 갖고 있다"(Laidi, 2012: 614~632). 지역 블록이 성사되면 러시아, 인도, 중국은 거대한 내부 시장뿐 아니라 상당한 제조업과 군사력을 갖게 된다. 2012년에 이르러 중국은 미국을 대신해 세계의 주요 무역국으로 성장했으며 이미 연구·개발에 광범한 역량을 투입하고 있다. 이 국가들은 지역적인 유대를 강화함으로써 세계 금융 위기로부터 악영향을 최소화할 수 있을 것이다.

EEU의 조건과 전망을 둘러싼 논쟁은 구체적인 결과가 드러나기 전까지 지속될 수밖에 없다. 논쟁이 계속됨에 따라 현행 통합의 또 다른 주요 요소, 즉 통합의 가치가 제시되고 논의되어야 한다. EEU는 새로운 통합의 가치에 대한 이념적 관점을 제시할 수 있어야 하며, 그것이 EEU의 성공을 위한 필연적인 조건이 될 수밖에 없다. 그렇지 못할 경우 EEU는 1차적인 경제적 성취를 달성하기도 전에 실패하고 몰락할 것이다. 따라서 EEU 회원국 간에 공통 가치를 활용하고 추구할 수 있는가가 당장 눈앞에 보이는 이익보다 더욱 중요하다(Kornilov, 2014: 3).

5. 결론

국제화된 세계에서 국제조직의 역할은 계속 커지게 될 것이다. 소국뿐만 아니라 많은 주요국 또한 이런저런 큰 국제조직에 가입해왔다. 미국과 서유럽 국가 같은 대국조차 자국의 대내외 정책을 더욱 큰 통합 블록의 틀 내에서 실행해왔다. 구소련 국가 또한 소련 해체 이후 20여 년 동안 유사한 조직을 결성하기 위해 각종 노력을 경주했지만, 대부분의 경우 성공적인 결실을 거두지 못했다. CIS 회원국의 지도자들은 새로운 지역 구조를 개선시키기 위해 여타 국가들의 경험에서 학습하고 이로부터 교훈을 얻었다. 그러나 더욱 야심적이고 실제로 더욱 진척된 EEU의 경우, 그 실현을 가로막는 낡은 장애와 새로운 장애가 가로놓여 있다.

유라시아 지역통합에 대한 각종 장애는 부분적으로 현재의 경제적 조건에서 비롯된다. 이 지역의 모든 국가의 경제는 구조 변화와 생산 다각화, 그리고 대외무역의 범위 확대 등을 꾀할 필요가 있는데, 현재는 통합 기구의 역내 시장이 아니라 서쪽이나 동쪽의 시장을 지향하고 있다.

두 번째 장애는 정치적 문제로, 주로 신생 독립국의 주권 문제와 관련된다. 초국가적 기구의 창설은 구소련 지역을 새로운 형태로 전환시키게 될 것이다. 창설 당시 선언된 목표는 경제적인 것일지라도 새로운 정치조직으로 이행하는 것이기 때문이다. 러시아에 비해 규모가 작은 카자흐스탄과 벨라루스는 의사결정 과정에 참여하는 데 상당한 제약을 받겠지만, 대내외 정책에서 스스로의 권리와 권한을 유지하기 위해 합심해 노력할 것이다.

세 번째 장애 또는 과제는 지정학적인 문제와 관련된다. EEU는 역내의 헤게모니 국가인 러시아를 중심으로 작동할 수밖에 없을 것이다. EEU가 역내에서 영향력이 상대적으로 훨씬 작은 소국들을 회원국으로 포섭하는 한, 러시아의 영향력은 증가할 수밖에 없을 것이다. 한 회원국이 다른 두 회원국을 합친 것보다 훨씬 많은 자원과 인구를 보유하고 있다면 상호 간의 불평등은 불가피하다. 따라서 지역통합은 이런 삼각형에서 불균등한 한 면, 즉 러시아의 이해관계에 더욱 기여하게 될 수 있다.

지역통합은 적지 않은 장애에 직면해 있지만 구소련 국가들에게 장점도 크다고 할 수 있다. 러시아가 영향력을 발휘해 구소련 국가들을 어느 정도 통합 움직임에 참여시키고 그것을 유지하는 것은 가능하지만, 각 국가가 자발적으로 참여하고 각자 혜택을 받는 지역통합체가 되지 않는 한 미래의 발전은 기대할 수 없을 것이다. 따라서 EEU를 통한 지역통합을 성공시키기 위해서는 역시 구소련 국가 각국의 정치적·경제적 수준을 제고해야 할 필요가 있으며 각 국가가 스스로 혜택을 인식해 통합에 참가하는 것이 전제가 되어야 한다. 지금까지 구소련 지역에서 여러 지역통합 기구가 만들어졌지만, 그것들은 상호 배타적인 것이 아니다. 지역화된 각 프로젝트를 발전시키고 중첩되는 프로젝트를 다시 네트워크화해서 지역통합이 여러 겹으로 중첩되게 함으로써 더욱 깊은 통합을 실현할 수 있을 것이다. 즉, 작은 지역통합의 발전은 더욱 큰 지역통합의 성공으로 이어질 수 있는 조건이 된다.

한편 구소련 지역통합은 러시아 정책에 많은 부분을 의존하고 있다. 2012년에 대통령직에 복귀한 푸틴은 취임 전부터 'EEU'를 내거는 등 '근외 국가(near abroad)'와의 외교를 중시하는 동시에 지역통합의 심화를 목표로 하고 있으며, 이와 동시에 아시아를 중시하는 대외 정책 방향을 표명해왔다. 취임 직후 블라디보스토크에서 개최된 APEC 회의에 대해 푸틴이 관심을 보인 것은 그러한 정책의 표현이라고 할 수 있다.

구소련 국가는 지금까지 러시아와 서방 사이에서 딜레마에 빠져 있었지만 최근 중국이 구소련 지역으로 진출하려는 경향이 두드러지면서 중앙아시아에서는 에너지 협력 등을 기반으로 한 중국의 영향력이 커지고 있다. 앞으로 중앙아시아 국가들은 러시아와 중국 사이에서 선택을 강요받을 가능성도 높다.

| 참고문헌 |

김병호. 2012.「유라시아연합의 정체성과 실현가능성: 향후 설립에 따른 정치·경제적 효과를 중심으로」. ≪러시아연구≫, 22권 1호, 99~132쪽.

김영진. 2007.「포스트 소비에트 공간에서의 지역통합: EurAsEC을 중심으로」. ≪중소연구≫, 31권 3호, 185~209쪽.

_____. 2008.「중앙아시아의 지역통합: 기회, 제약성, 전망」. ≪슬라브학보≫, 23권 3호, 299~327쪽.

Blockmans, S., H. Kostanyanet and I. Vorobiov. 2012. "Towards a Eurasian Economic Union: The Challenge of Integration and Unity." *CEPS Special Report*, 75.

Cooley, Alexander. 2012. *Great Games, Local Rules: The New Great Power Contest in Central Asia*. New York: Oxford University Press.

Gleason, Gregory. 2003. "The Reintegration of Eurasia: Functional Theory and Inter-state Policy Coordination." Paper Prepared for the Panel 'The European Union and Post-Communist Space'.

Hartwell, Christopher A. 2012. "Towards a Eurasian Union: Opportunities and Threats in the CIS Region." *IEMS Emerging Market Brief*, Vol. 12, No. 5, pp. 1~35.

Ivanter, V. et al. 2012. "The Economic Effects of the Creation of the Single Economic Space and Potential Accession of Ukraine." in E. Vinokurov(ed.). *Eurasian Integration Yearbook 2012*. Almaty: Eurasian Development Bank.

Kornilov, Alexander. 2014. "The Eurasian Union: New Horizons and New Questions." *BILGESAM Analysis/Caucasus*, 1143.

Laidi, Zaki. 2012. "BRICS: Sovereignty Power and Weakness." *International Politics*, Vol. 49, No. 5, pp. 614~632.

Lane, David. 2014. "Eurasian Integration: A Viable new Regionalism?" *Russian Analytical Digest*, No. 146, pp. 3~7.

Laruelle, Marlene and Sebastein Peyrouse. 2013. *Globalizing Central Asia: Geopolitics and the Challenges of Economic Development*. Armonk, New York: M. E. Sharpe.

Libman, Alexander. 2011. "Commonwealth of Independent States and Eurasian

Economic Community." *First International Democracy Report*. Centre for Studies on Federalism.

Lukin, Alexander. 2014. "Eurasian Integration and the Clash of Values." *Survival: Global Politics and Strategy*, Vol. 56, No. 3, pp. 43~60.

Sevim, Tuğçe Varol. 2013. "Eurasian Union: A Utopia, a Dream or a Coming Reality?" *Eurasian Journal of Business and Economics*, Vol. 6, No. 12, pp. 43~62.

Solozobov, Yuri. 2011. "Eurasian Union: from idea to practice(Evrazijskij Soyuz: ot idei k praktike)." *Geopolitika*, No. 13, pp. 15~25.

Vinhas de Souza, L. 2011. "An Initial Estimation of the Economic Effects of the Creation of the EurAsEC Customs Union on Its Members." Washington, D.C.: World Bank.

Wiśniewska, Iwona. 2013. "Eurasian Integration: Russia's Attempt at the Economic Unification of the Post-Soviet Area." *OSW Studies*(Centre for Eastern Studies), No. 44, pp. 5~41.

Yesdauletova, Ardak and Aitmukhanbet Yesdauletov. 2014. "The Eurasian Union: Dynamics and Difficulties of the Post-Soviet Integration." *TRAMES*, Vol. 18, No. 1, pp. 3~17.

Zabortseva, Yelena. 2012. "From the 'Forgotten Region' to the 'Great Game' Region: on the Development of geopolitics in Central Asia." *Journal of Eurasian Studies*, No. 3, pp. 168~176.

Статистика СНГ. 2011. "20 лет Содружеству Независимых Государств (1991~2010)." Москва.

온라인 자료

Åslund, Anders. 2012. "Putin's Eurasian Illusion Will Lead to Isolation." Moscow Times. http://www.piie.com/publications/opeds/oped.cfm?ResearchID=2148 (검색일: 2014.12.15).

EurAsEC. http://evrazes.com/

Eurasian Economic Community. http://www.evrazes.com/en/about/(검색일: 2014. 12.15).

European Union. http://europa.eu/index_en.htm

Forbes. 2013. http://www.forbes.com/global2000/list/

Labykin, Alexander. 2014. "Эффект на 900 миллиардов(Effect na 900 milliar dov)." http://expert.ru/2014/05/29/prityagatelnyij-tsentr-ekonomicheskogo-razvitiya/

(검색일: 2014.12.15).
Mikheev, Sergei. 2006. "Постсоветское пространство: элиты против интеграции(Post-Soviet space: elites are against integration)." http://www.apn.kz/publications/article7698.htm(검색일: 2014.12.15).
Nazarbayev, Nursultan. 2011. "Евразийский Союз: от идеи к истории будущего(Eurasian Union: from idea to the history of the future)." Известия. http://izvestia.ru/news/504908(검색일: 2014.12.15).
Putin, Vladimir. 2011. "Новый интеграционный проект для Евразии－будущее, которое рождается сегодня(The new integration project for Eurasian－a future that is born today)." Известия. http://izvestia.ru/news/502761#ixzz1s03GRcgw(검색일: 2014.12.15).
Trenin, Dmitri. 2011. "Russia's Eurasian Integration." *Japan Times*. http://www.japantimes.co.jp/text/eo20111109a1.html(검색일: 2014.12.15).
Umland, Andreas. 2011. "Why Russia-led post-Soviet integration has little prospects." academia.edu. http://www.academia.edu/1157293/Why_Russia-led_Post-Soviet_Integration_Has_Little_Prospects(검색일: 2014.12.15).
UN National Accounts Main Aggregates Database. http://unstats.un.org/unsd/snaama/
Vinikurov, Eugene. 2012. "The Custom Union and the Single Economic Space: Toward the Eurasian Economic Union." *Eurasian Integration Yearbook 2012*. http://www.eabr.org/e/research/publications/IntegrationYearbook/IntegrationYearbook2012/index.php?id_4=307(검색일: 2014.12.15).
World Bank. 2012. http://data.worldbank.org/indicator/

제2장

유라시아경제연합의 성과와 한계*

EU와의 비교

성원용

1. 서론

동유럽 국가들의 체제 전환에 이어 소련이 해체된 뒤 어언 23년이라는 세월이 흘러 유라시아 대륙에 본격적인 지역경제공동체의 등장을 알리는 새로운 반전(反轉) 드라마가 시작되었다. 2014년 5월 29일 러시아의 푸틴, 카자흐스탄의 나자르바예프, 벨라루스의 루카셴코 대통령이 EEU 설립에 서명했고 2015년 1월 1일부로 EEU가 출범했다.

EEU 구상은 갑자기 생겨난 것이 아니라 중단되지 않고 지속된 경제통합 과정의 산물이다. 그것은 소련 해체 이후의 CIS를 토대로 한 것으로, EurAsEC, 관세동맹, 공동경제구역 등으로 이어지는 일련의 통합 연장선

* 이 글은 ≪아태연구≫, 21권 4호(2014), 111~140쪽에 실린 논문을 수정·보완한 것이다.

상에 있다(김영진, 2014). 1990년대 말까지 유라시아 역내 통합은 CIS의 틀 내에서 지역 공동 관심사에 대한 매우 느슨한 형태의 협의체에 근근이 머물렀으나, EurAsEC의 출범(2000년)을 계기로 구성 국가 간 이해관계를 중재하는 메커니즘이 작동하고 여러 조직이 출범했다(하유정, 2001; 김영진, 2007). 이후 이어진 관세동맹(2010년)과 공동경제구역(2012년)을 통해 상품, 서비스, 자본, 노동력의 자유로운 역내 이동을 보장하기 위한 지역경제통합으로의 실질적인 진전이 시작되었다.

이제 EEU 결성은 유라시아 경제통합의 진화 과정에서 가장 중요한 전기가 될 것이다. 2010년 7월 1일 역내 세관 통관절차를 폐지함으로써 관세동맹의 설립 과정을 마친 러시아·벨라루스·카자흐스탄 3국은 2015년 EEU라는 거대 시장의 형성을 알리며 새로운 '지역공동체'의 출범을 계기로 경제협력을 더욱 확대·심화시켜 나갈 것이다. 또한 CIS 회원국 중 아르메니아도 EEU에 가입했으며 키르기스스탄도 향후 가입 의사를 밝히고 있어 단일시장의 규모가 더욱 확대될 것으로 기대된다. EEU 출범은 단순한 관세 인하를 넘어 산업 간 연계와 산업에 대한 통합을 가속화하는 데 결정적인 계기를 제공할 것이다. 장기적으로는 유로존(Eurozone)과 같이 단일 통화를 사용하는 것도 고려하고 있다.[1] 바야흐로 유라시아 대륙에 지정학

---

1 아직 단일 통화 도입에 대한 의견은 분분하다. 러시아는 역내 경제통합을 재건하기 위해서 단일 통화의 도입이 불가피하다는 입장이고 향후 5~10년 내에 이 문제가 확실히 매듭지어질 것이라고 보고 있다. 하지만 여타 EEU 회원국들은 이에 대한 반대의 뜻을 굽히지 않고 있다. 이처럼 회원국 간 견해가 첨예하게 부딪히는 것은 서로에 대한 인식의 차이가 크기 때문이다. 일단 러시아는 구소련 지역의 경제통합을 통해 자연스럽게 그 중심 역할을 하게 될 러시아의 부활을 도모하겠다는 생각이지만, 다른 회원국들은 이를 '구소련 부활'을 위한 사전 포석이 아닌가 하는 의혹의 눈초리로

적 대변화가 시작된 것이다.

1990년대 이후 이른바 '역사의 종말'과 '문명의 충돌'이라는 담론을 전위(前衛)로 유라시아를 거침없이 종횡무진하며 활동하던 서방으로서는 가히 충격에 휩싸일 만한 사건이 아닐 수 없다.[2] 이언 브레머(Ian Bremmer)는 러시아의 '국가자본주의(state capitalism)'가 서구의 자유시장경제(free-market economy)에 심각한 위협이 될 것이라고 경고했다(Bremmer, 2011). 이것은 결국 유라시아 공간을 지배하는 '프레임 경쟁'에서 서구의 자유주의가 후퇴하고 있음을 반증하는 것이 아닌가? 그렇다면 EEU 출범은 또 어떻게 인식되고 있을까? 일부 서방 국가에서는 러시아가 주도하는 새로운 '제국'의 탄생이 눈앞에 다가온 것으로 인식하는 분위기가 역력하다. 단순히 경제 이데올로기적 담론과 프레임의 문제가 아니라 구체적이고 실제

바라보면서 러시아의 '야심'을 경계하는 태도를 견지하고 있다. 또한 여타 회원국들이 단일 통화 도입에 반대하는 이유는 상황적인 요인과도 결코 무관하지 않다. 최근 우크라이나 사태 이후 서방의 대러시아 경제재제로 러시아 국내 경기가 장기 침체 국면에 들어가고 루블의 폭락이 발생하는 이 상황에서 섣불리 단일 통화를 도입할 경우, 자칫 개별 국가들의 경제 발전도 발목을 잡힐 수 있다는 경계심이 작동하고 있는 것으로 보인다.

2 프랜시스 후쿠야마(Francis Fukuyama)는 자유주의의 승리를 통해 인류 문명의 발전이 궁극점에 도달했다고 말하며, 승리감에 도취되어 더 이상 자유주의를 넘어선 역사의 발전은 없을 것이라고 환호성을 터뜨렸다. 조금 양상은 다르지만 새뮤얼 헌팅턴(Samuel Huntington)은 '문명의 충돌'이라는 대결 구도를 설정해 새로운 도피처를 통해 문제를 해결하려고 했다. 후자가 전자와 다른 점은 문명의 다원주의를 인정한다는 것뿐이었고, 둘 다 서구의 몰락에 대한 한 치의 의구심도 갖지 않았다. 그들은 바야흐로 일극 체제의 도래에 대한 자족감에 빠져 서구 사회의 기저에 흐르고 있는 모순과 위기를 보려고 하지 않았다. 서구 문명과 가치(자유주의)에서 강고함과 완전무결함을 보면서도 그것 또한 새로운 문명 전환을 위해 해체되고 사멸할 수밖에 없는 거대한 문명적 순환 구조의 일부분이라는 것을 자각하는 지성계의 목소리는 들리지 않았다.

적인 시장 공간의 문제로 그 위협의 성격이 전화(轉化)된 것이다. 한편 유라시아 관세동맹 등 지역통합체가 EU에 대적하는 지역통합체로 발전할지에 대한 의문도 여전히 가시지 않고 있다(Shumylo-Tapiola, 2012). 일부 사람들은 유라시아의 관세동맹 자체가 경제적 동기에서 출발한 것이 아니라 푸틴의 정치 전략적 야욕에서 비롯된 것이기 때문에 한발 더 나간 EEU 통합체는 실현 불가능하다고 전망하고 있다(Emerson, 2014.8.14).[3] 과연 유라시아 지역의 경제공동체 결속은 가능한가? 유라시아는 다시 서방과 갈등 관계가 될 것인가?

아직 선뜻 결론을 내리기가 쉽지 않다. 유라시아 공간의 단일시장 구축을 향한 벡터의 전환은 명확해 보이지만 해결해야 할 과제 또한 적지 않기 때문이다. 가장 우선적으로는 EEU 구성국의 문제가 있다. 키르기스스탄의 경우 2014년 말까지 EEU 가입을 목표로 EEU 및 관세동맹 가입에 앞서 조정비용·기회비용에 대한 지원을 EEU 측에 요청했다.[4] 아르메니아는 2014년 10월 10일 벨라루스의 민스크에서 개최된 EEU 최고 위원회 정상회의(Supreme Eurasian Economic Council's Summit)에서 EEU 가입 협약에 공식적으로 서명한 바 있다.[5] 한편 아제르바이잔은 아직까지 EEU나 EU

---

3 한편 미국 헤리티지 재단의 로버츠 등(Roberts et al., 2013)은 "EAU는 소비에트 시기 세계관이 형성되고 이 지역을 과거로 돌리려는 지도자들이 밀고 있는 하나의 반서구 문명 프로젝트(anti-Western civilization project)다"라고 언급하고 있다.

4 키르기스스탄은 2011년에 관세동맹 가입 의향을 표명한 이후, 자국 경제에 미칠 부정적 영향에 대한 우려로 EEU 가입을 수차례 연기해왔다. 그러나 키르기스스탄은 러시아와 카자흐스탄에 대한 높은 정치적·경제적 의존도를 고려해 최종적으로 EEU 가입을 결정한 것으로 보인다. 알마즈베크 아탐바예프(Almazbek Atambayev) 키르기스스탄 대통령은 국가지속가능개발위원회 회의에서 "국가의 안정성을 유지하기 위해서는 EEU 가입 외에 다른 선택의 여지가 없다"고 밝혔다(윤지현, 2014).

에 가입할 계획이 없는 것처럼 보인다. 아제르바이잔의 경우 지역통합 운동의 방향이 유라시아의 중심을 향하기보다는 EU 쪽을 더 바라보고 있는 듯하며, 아직까지는 풍부한 지하자원을 바탕으로 독자적인 경제 발전을 모색할 수 있다는 자신감이 더 큰 것 같다.

우크라이나의 경우는 더 특별하다. 당초 우크라이나는 EEU와 EU 사이에서 소위 '줄타기'를 해왔다. 우크라이나는 유럽으로의 통합을 원하며 EU와 경제협력을 추진해왔으나 EU가 탈러시아 경제권에 대한 보상을 거부하자 EU와의 협력협정 체결이 무산되었다. 이에 러시아는 천연가스 공급가의 인하, 국채 매입 등 대규모 경제 지원을 약속하면서 EU와의 경제협력이 무산된 우크라이나를 EEU에 참여시키기 위한 방안을 고민해왔다. 그 이유는 누구에게나 명확했다. 우크라이나는 인구가 약 4400만 명으로 비교적 큰 소비 시장을 가진 국가로서 EEU의 확장과 운영을 위해서는 회원 가입이 절실하다. 그러나 주지하듯이 크림반도 사태에 뒤이은 분쟁이 악화되면서 우크라이나의 EEU 가입은 점점 불투명해 보인다. 현재 서방과 러시아가 상호 갈등하는 국면도 어느 시점에 이르면 마무리되겠지만 우크라이나가 EU와 EEU 사이에서 쉽게 선택하기는 어려울 것으로 보인다. 그렇다면 당분간 우크라이나가 없는 EEU로 출발해야 하는 것인가? 과연 얼마나 효과적인 지역통합체가 될 것인가?

---

5 "Membership Treaty Signed: Armenia formally accedes to Eurasian Economic Union." *Armenianow*, октября 10, 2014, http://www.armenianow.com/news/57522/armnia_eurasian_economic_union_membership_deal
2015년 1월 2일부로 아르메니아의 EEU 가입이 발효되었다. 아르메니아는 2015년 말까지 준회원국으로서 2022년까지 단계적으로 기존 회원국인 러시아, 카자흐스탄, 벨라루스와 단일관세를 적용받게 된다.

이 글은 이러한 문제의식을 바탕으로 현재까지 진행된 EEU 출범의 성과와 한계를 평가해려고 한다. 지금까지 국내외에서 유라시아 공간의 지역통합에 대한 연구는 많이 진행되었다. 초기의 연구들은 CIS의 틀 내에서 구소련 공화국 간 통합 과정을 추적하면서 경제통합의 전제 조건, 가능성 및 문제들을 연구하는 데 집중했고(Рязанов, 1996; 이재유·이재영, 1998; Sakwa and Webber, 1999), 이후 관세동맹과 공동경제구역 등이 출범한 뒤에 교역과 투자 등 여러 측면에서 실제로 어떠한 경제적 효과가 발생했는지 분석했다(황지영·Shadikhodjaev, 2009; 이재영 외, 2011; Глазьев, 2011; 강명구, 2013; Idrisov and Taganov, 2013.10.25). 대다수의 연구는 유라시아 경제통합을 구심력과 원심력이 공존하는 매우 불안정한 실체로 파악했다는 데 방법론적 특징이 있으며, 이러한 방법론적 접근은 EEU의 전망과 관련된 연구 경향에서도 그대로 지속되었다(박지원, 2013; 이상준, 2014; Быков, 2014). 리브만(Либман, 2005), 오비덴코바(Obydenkova, 2011) 등에 의해 기존 연구 성과에서 아쉬웠던 점들이 부분적으로 다루어졌으나 경제통합의 성공을 전망하는 것과 관련해 제도적·기능적·조직적 측면에 대한 조명이 상대적으로 경시되었다.

이러한 배경에서 이 글은 EU와의 비교를 통해 EEU 출범에 담긴 의의와 한계는 무엇인지를 제도적 측면에 맞추어 분석하고자 한다. 지역통합체로서 EEU를 전망하는 분석에서 EU와의 비교는 필수적이다(Буторина, 1999). 왜냐하면 지역통합체로서 EEU가 이미 출발 단계에서부터 EU를 전거로 삼았기 때문이다. EU는 지역통합의 과정과 완성을 보여주는 표본으로서 EEU의 모델이자 이념적 기초를 제공한다. 따라서 현재까지 이룩한 EEU의 성과와 한계, 그리고 발생하는 문제점과 그 해결 방안을 명확하게 인식하기 위해서는 방법론적으로 EU와 EEU를 비교적 관점에서 평가하는 것이 중요하다.

그러나 EEU의 출범에는 EU와 근본적으로 다른 측면들이 내포되어 있다. 그것은 무엇보다 단순한 개체의 통합 운동이 아니라 단일한 주체가 해체된 뒤 다시 통합으로 나아가는 과정이라는 점이다. 다시 말해 재건 과정이라는 특징을 기억해야 한다. 여기에는 역사적으로 실재했던 '소련'이라는 경제 공간이 남긴 물질적·정신적 유산, 그리고 그것의 해체가 가져온 사회적·경제적 파장과 이에 대한 인식, 지역통합의 불가피성을 규정짓는 현재의 조건 등이 복합적으로 작용한다. 이 글에서는 이 문제들에 주의를 기울이면서 EU와 대비해 EEU의 성과와 한계를 밝히려 한다. 특히 이 글은 제도와 조직 운영으로서 EEU의 특징을 살펴볼 것이다. EEU의 조직 구조가 아직 완성되지 않았으며 본격적인 운영 경험도 존재하지 않기 때문에 이에 대한 평가는 한시적이고 제한적일 수밖에 없다. 따라서 EEU 출범에 앞서 작동된 관세동맹과 공동경제구역에 기초해 EEU에서 실현될 조직 구조와 역할, 의사결정과 운영 방식을 EU와 비교·평가해보고자 한다.

2. 지역통합의 출발 조건 비교

지역통합 관점에서 볼 때 EEU는 EU와 상당한 차별성을 갖는다. 여러 가지가 고려될 수 있지만 이 글에서는 블록만스 등(Blockmans et al., 2012)의 분석에 기초해 유사한 측면과 상이한 측면을 검토할 것이다.

가장 우선적으로 검토할 사항은 지역통합체를 구성하는 개별 회원국이

〈표 2-1〉 EEC와 EEU의 기본 조건 비교

	EEC(1957)	EEU(2010)
회원국	서독, 프랑스, 이탈리아 및 베네룩스 3국(벨기에, 네덜란드, 룩셈부르크) 6개국	러시아, 카자흐스탄, 벨라루스 3개국
면적 (1000km²)	전체: 1,173 프랑스: 547 이탈리아: 301 서독: 248 베네룩스 3국: 77	전체: 20,033 러시아: 17,100 카자흐스탄: 2,725 벨라루스: 208
인구 (시장 규모)	1억 6,700만 명 3개 대국(서독, 프랑스, 이탈리아) 3개 소국(벨기에, 네덜란드, 룩셈부르크)	1억 6,780만 명 러시아: 1억 4,190만 명 카자흐스탄: 1,640만 명 벨라루스: 950만 명
최대 국가의 인구 비중	서독: 32%	러시아: 84%
GDP 대비 최대 국가의 비중	서독: 43%	러시아: 88%

자료: Blockmans et al.(2012: 5).

출발선상에서 가지고 있는 특징, 그리고 회원국 사이의 상호 관계에서 나타나는 균형과 불균형의 문제이다. 여기서 1957년 '로마조약' 체결을 계기로 1958년부터 발족한 유럽경제공동체(European Economic Community, 이하 EEC)의 지표에 근거해서 현재 관세동맹 상태에 들어선 EEU 체제와 어떠한 측면에서 차별성을 가지고 있는지 검토해본다.

가장 우선적인 비교 대상은 지역통합체 단위별 규모이다. 〈표 2-1〉에서 볼 수 있듯이 지역통합 과정이 시작되는 초기 단계에 EEC의 인구는 약 1억 6700만 명이었다. 한편 EEU 출범에 앞서 결성된 관세동맹을 기준으로 산정된 수치에 따르면 EEU의 인구 규모는 약 1억 6780만 명이기 때문에 인구 규모상으로 둘의 차이는 거의 없다. 문제는 지역통합의 공간적 규모가 비교할 수 없을 정도로 큰 차이를 보인다는 것이다. EEU가 EEC의 무려 17배에 달한다. 또한 EEU는 지역통합에 참여하는 회원국 간 규모의 차이가 EEC보다 극명하다. 다른 국가와 비교할 수 없을 정도로 러시아가 절대적으로 '크고' '강하고' '높은' 비중과 역할을 담당하고 있다. 러시아는 전체 인구의 84%, 면적의 85%를 차지한다. 대다수 전문가들은 유라시아 국가들이 구소련의 역사적 경험을 공유하고 있다는 '공통성'보다 여러 측면에서 국가 간 '다양성(diversity)'이 현저하게 나타난다는 사실을 지적한다(Obydenkova, 2011: 94). 이와 함께 결코 간과할 수 없는 특징은 바로 극명한 '불균형성'이다. 한 국가가 다른 구성국들을 모두 합한 것보다도 월등히 높은 비중을 차지하는 이러한 '비대칭 상태'는 여타 회원국들에게 몇 가지 우려를 불러일으킬 수밖에 없다. 대다수가 예상할 수 있듯이 시장 규모가 큰 '러시아'에 과도하게 힘이 쏠릴 수 있으며, 바로 이러한 상황은 향후 지역통합을 건설하는 과정에서 상호 신뢰를 구축하는 데 장애 요인이 될 수 있다.

다음은 경제통합체를 구성하는 국가 간 경제 중심지(economic center) 간 거리가 얼마나 떨어져 있는가의 문제이다. EEC의 경우 파리·프랑크푸르트 간의 거리는 573km, 프랑크푸르트·암스테르담 간의 거리는 438km인 데 반해 EEU의 경우 구성 국가들의 경제 중심지 간 거리가 약 2배에서 많게는 5배이다. 경제 중심지 사이의 지리적 원격성은 그만큼 경제 교류에 추가적인 운송 비용이 지출될 수 있다는 것을 의미한다. 따라서 EEU의 경우 상대적으로 더 많은 운송 비용이 소요될 수밖에 없다는 논리가 가능하고, 교통 인프라 개선 등 상당한 수준의 비용이 국경 통과 비용에 추가

〈표 2-2〉 지역 교역 집중도 및 세계 교역에서의 참여 지표(2001년/2006년)

(단위: %)

지역통합체	비중						지역 교역의 집중도 지표		세계 교역에서 각 지역의 실질 참여 지표	
	각 지역의 총교역 대비 역내교역		세계 교역 대비 역내교역		세계 총생산 대비 역내 GDP					
	2001	2006	2001	2006	2001	2006	2001	2006	2001	2006
CIS	26.0	21.5	1.7	2.8	1.3	2.7	15.0	7.7	1.3	1.0
EurAsEC	16.1	12.2	1.4	2.5	1.1	2.3	11.3	4.9	1.3	1.1
EU 27개국	65.0	63.9	38.2	39.9	27.7	30.7	1.7	1.6	1.4	1.3
EU 15개국	59.3	56.8	36.0	34.8	26.3	28.7	1.7	1.6	1.4	1.2
NAFTA	46.2	41.4	22.3	17.7	37.0	32.2	2.1	2.3	0.6	0.6
MERCOSUR	16.7	14.9	1.7	1.8	3.2	3.2	9.6	8.3	0.6	0.6

자료: Гурова и Ефремова(2010: 111).

될 것이라는 전망이 지배적이다.[6]

다음은 지역통합에 참여하는 국가 간 경제협력이 얼마나 긴밀한 상태인가의 문제이다. 주지하다시피 카자흐스탄과 벨라루스의 교역 관계는 매우 미약하며, 사실상 EEU 교역의 기본적인 양상이 러시아를 중심축으로 해서 벨라루스·러시아, 카자흐스탄·러시아 관계가 양 날개를 펼친 형태라고 할 수 있다. 통상적으로 경제통합이란 시장의 공간적 확대를 통해

---

6 러시아의 모스크바와 카자흐스탄의 아스타나 간 도로 운송 거리는 약 2700km이다. 이러한 문제 제기가 일견 타당성이 있어 보이지만 실상 장거리 운송은 철도가 주된 운송 수단이 될 수밖에 없으며 상대적으로 철도운송 시설은 모스크바를 중심축으로 건설되었기 때문에 EEU가 되었다고 해서 특별한 비용 증대를 유발하지는 않을 것이라는 전망도 가능하다. 또한 현재 CIS 권역 내에서 복잡한 국경 통관절차 때문에 소요되는 시간 지연 등 엄청난 비용을 고려한다면 추후 관련 시설을 현대화하는 비용은 전반적인 시설 현대화의 측면이 강하지 통합에 따른 비용이라고 보기는 어렵다.

기존의 국가 간 경제 관계를 더욱 확대·심화하는 것이라 할 수 있는데, 현재의 상태만 놓고 보면 경제 관계 그 자체가 '러시아'를 매개로 연계되는 양상으로 전개되고 있다.

분석 대상을 CIS 회원국 전체로 확대해도 상황은 비슷하다. 국가 간 상호작용을 긴밀하게 하는 실질적인 동력을 알려면 전후방 산업 간 연계 네트워크를 가진 가공 산업이 얼마나 발전되어 있는지, 또 그것이 교역에서 어떤 비중을 차지하는지를 살펴보면 된다. 발트 3국을 제외한 구소련 공화국의 경우 2004~2006년에 GDP에서 가공 산업이 차지하는 비중은 국가별로 7~32% 범위에 위치할 정도로 낮았고, 2006년 기준으로 수출에서 기계 및 설비류가 차지하는 비중은 국가별로 1~22% 범위에 분포하고 있다.[7] 국가별 차이가 매우 클 뿐만 아니라 전반적으로 그 지표가 낮다는 것은 반대로 무역구조가 자원 수출 중심이라는 것을 말하며 역내교역 발전의 잠재력이 상대적으로 미흡하다는 것을 보여주는 것이다.[8] 〈표 2-2〉에서 보듯이 각 지역의 총교역 대비 역내교역의 비율이 EU의 경우에는 역내교역 비중이 약 60%에 달하는 반면, CIS의 경우에는 고작 20%를 넘어서는 정도에 불과하고 그마저도 1990년대 이후부터 지속적인 감소 경향을 보이고 있다.[9]

그렇다면 이제 지역통합체 '중심국'이 과연 어느 정도나 여타 구성국들

7 Жуков и Резникова(2007: 95)의 Таблица 1. 참고.

8 전체 무역 대비 자원 수출 비중이 50%를 넘는 국가는 아제르바이잔(95%), 카자흐스탄(76%), 러시아(66%), 투르크메니스탄(71%) 등 총 4개국이다(이상준, 2014).

9 1995년 34%이던 역내교역 비중이 2000년에는 28%, 2005년에는 22.5%, 2010년에는 21.8%로 계속 하락했다(Шумский, 2011: 94).

과 긴밀한 교역관계를 갖고 있는가의 문제가 남게 된다. 이런 측면에서도 EEU는 EEC와 차별성을 갖는다. 1956년 서독의 EEC 회원국 수출 비중은 전체의 29.4%를 차지했다. 반면 러시아의 경우 EU와 APEC 국가들과의 교역 비중은 점차 증가하는 데 비해 CIS 회원국과의 비중은 감소하고 있다. 러시아의 총교역에서 CIS의 비중은 1990년대 초에 대략 60%에서 2000년에 19%로 하락했고 세계경제 위기가 발생한 2008년에는 14.9%까지 추락해 이듬해 14.6%를 유지했다. 한편 러시아의 수출과 수입에서 CIS의 비중은 2008년 러시아의 수출과 수입에서 각각 15%, 13.7%를 유지하고 있고 CIS 중 EurAsEC 구성 국가(벨라루스, 카자흐스탄, 키르기스스탄, 타지키스탄)와의 교역은 러시아 전체 교역의 8%를 넘지 않는다(Косикова, 2010: 40). 결국 이로부터 '중심국'인 러시아가 유라시아 지역통합을 강화해야 할 경제적 동기나 배경이 취약한 것 아니냐는 주장이 제기될 수 있다. 2009년 러시아의 전체 수출 구조를 살펴보면 연료, 에너지 등 원자재 수출이 주를 이루고 있고 기계류를 비롯한 제조업 품목은 매우 낮은 반면, 상대적으로 CIS권과의 수출에서 기계류 등이 높은 비중(13%)을 차지하고 있다. 제조업 제품 수출 규모만 놓고 보면 CIS권으로의 수출액이 교역 1위 지역인 유럽을 앞선다. 이런 이유로 결국 러시아가 관세동맹을 통해 제조업 제품의 수출 비중을 증대해 자국 경제의 다변화를 이루려 한다고 해석하는 경우도 있다.

자본, 노동 등 생산요소의 이동 측면에도 위와 같은 비대칭과 불균형의 문제는 매우 심각하게 나타난다. 2010년 후반까지 전체 외국인 투자에서 CIS 회원국의 투자 누계 비중은 벨라루스가 44.2%, 카자흐스탄은 2.2%, 러시아는 고작 0.2%에 불과했다. 반대로 자본수출이라는 관점에서 비교해보면 전체 대비 CIS 국가 투자 비중은 러시아의 경우 4.4%, 카자흐스탄 10.9%, 벨라루스 90.7%였다(이상준, 2014). 벨라루스의 경우 전적으로 러시아 자본 투자에 의존하고 있는 반면, 카자흐스탄은 러시아를 포함한 CIS권보다는 서구 자본 유입에 대한 관심이 더 큰 것으로 확인된다. 한편 2009년 노동력이 부족한 러시아로 유입된 인구 중 벨라루스인의 비중은 고작 2%인 데 반해 카자흐스탄인의 비중은 14%였다(Blockmans et al., 2012: 8).[10] 생산요소의 이동 측면에서 평균적으로 이러한 비율은 과거 EEC 출범 초기와 비교하면 꽤 높은 수준에 도달해 있는 것으로 평가된다.

지역통합을 촉진하기 위해서는 경제적 측면의 유인이 있어야 하고, 이것은 개별 국가들의 역내 시장 의존도가 상당 수준에 도달했을 때 지역통합으로 나가기 위한 합리적인 논거가 될 수 있다. 이러한 측면에서 볼 때 EEU 회원국 간 상품 교역에서 나타나는 경제 관계의 낮은 긴밀도는 지역통합에 부정적인 영향을 미칠 것으로 판단된다. 현재 러시아의 교역 구조에서 CIS보다 EU가 더 중요한 비중을 차지한다고 볼 때 EEU 출범에 잰걸음으로 다가서는 러시아의 행동은 사실 '순수한' 경제적 이해관계보다는 '종합적이고 전략적인' 이해관계에서 출발한 것임을 인정해야 한다.

이처럼 낮은 경제적 긴밀도가 구조적인 것이라면 문제가 되겠지만 사실 체제 전환이라는 특정한 시기의 현상에 불과한 것이며, 과거 견고했던 경제(산업)적 연관 체계가 복구된다면 극복하지 못할 근본적인 장애 요인

---

10 러시아의 외국인 노동인구 유입 구조에 큰 변화가 일어났다. 2005년에는 과거부터 가장 큰 노동력 공급국이었던 우크라이나를 제치고 중국이 1위를 차지했다. 한편 2007년에는 우즈베키스탄이 약 20%의 비중을 차지하며 1위로 급부상했고 타지키스탄이 그다음 순위로 올라섰다.

도 아니다. 지역통합을 심화하는 과정에서 상대적으로 낮은 경제 긴밀도의 문제는 회원국 간 상호 보완적 교역 구조에 의해 경감될 수 있는 것이다. 예를 들어 앞의 〈표 2-2〉에서 보듯이 CIS와 EurAsEC의 역내교역 비중은 2001년에서 2006년 사이에 감소했고 교역 집중도는 EU와 NAFTA보다는 매우 높은 수준이나 역시 감소 추세를 보이고 있다. 한편 교역 그룹으로서 CIS와 EurAsEC의 잠재력(교역 구조의 상호 보완성)을 높이 평가한다 해도, 반대로 이것은 현재의 교역 구조를 고착화하는 결과를 초래할 수도 있다. 그에 따라 중장기적으로는 교역 구조를 고도화하려는 회원국들의 격렬한 저항에 직면할 수도 있기 때문에 지역통합으로 나아가는 촉진 요인이 되기는 어렵다.

3. 지역통합 형성 조건 비교

여기에서 언급한 형성 조건이란 지역통합 과정이 어떠한 원리와 방법으로 실행되고 있는지를 살펴보는 것이다. 주로 그것은 국가 간에 합의된 공동경제정책이 과연 공동시장에서 어떻게 실행되고 있는지, 또 개별 국가의 단위를 넘어선 초국가적 제도나 기구의 권한이 얼마나 잘 행사되고 있는지 등으로 그 지역통합 운영의 효율성 측면을 평가하는 것이다.

통상적으로 공동경제정책과 관련된 문제들은 두 가지 차원에서 검토된다. 하나는 역내무역자유화 및 공동관세정책이며 다른 하나는 비관세장벽(Nontariff Barriers: NTBs)의 철폐이다.

현재 관세동맹 회원국 간에는 부분적으로 반덤핑(反dumping), 상계관세, 세이프가드 등 무역구제 조치, 그리고 공중도덕, 인간·동물·식물의 생명 및 건강, 환경, 문화가치 등을 위한 보호조치를 제외한 나머지 모든 부문에서 관세 및 수량 제한을 철폐하는 자유무역을 실시하고 있다. EEC의 경우 이 조치가 1968년 7월 1일에 실시되어 사실상 무역자유화까지 10여 년의 시간이 걸렸지만 EEU의 경우에는 약 2년 만에 실현된 것이다. 러시아와 벨라루스 간 석유 수출입에 대한 통상 마찰이 존재하기는 했으나 이 문제도 현재는 협상을 통해 해결된 것으로 보인다.[11]

그다음은 제3국의 공동무역정책에 관한 문제이다. 관세동맹은 2010년 1월 1일부터 대외공동관세(Common External Tariff: CET)를 시행하고 있다. EU의 경험에서 보듯이 통상적으로 공통관세의 설정은 하나의 관세 체계에서 또 다른 관세 체계로 전환하는 것이기 때문에 회원국 사이에 서로 다른 대외 경제정책과 이와 관련된 정치적·경제적 이해관계를 조정하는 문제가 등장하기도 한다(김세원, 2004: 184). 관세동맹의 경우 CET의 도입에 따라 관세동맹에서 각국의 관세율이 조정되었다. 전체적으로 러시아와 벨라루스는 약 25% 정도 관세율이 인하되었고 카자흐스탄의 경우 20% 이상 관세율이 인상되었다(Blockmans et al., 2012).

아직까지 공동무역정책은 완전한 수준에 도달하지 못하고 있는데, 그것은 일부 수입 상품에 대해 상당한 수준까지 공통관세와 상이한 관세를

---

11 벨라루스가 러시아에서 수입한 원유를 유럽으로 다시 수출하거나 정유된 가공 제품을 수출하면서 통상 마찰이 발생했다. 러시아가 대벨라루스 원유·석유제품 수출에 수출세를 부과하자 벨라루스가 반발한 것이다. 결국 양자 협상 끝에 2011년 1월부터 러시아는 벨라루스 국내 소비용 석유를 수출세 없이 수출하고 벨라루스를 경유해 석유를 수출할 경우에는 벨라루스가 수출세를 징수해 러시아에 납부하는 것으로 합의해 분쟁을 해결했다(이재영 외, 2011: 91~92).

부과할 수 있는 예외적 조치를 허용하기 때문이다. 따라서 현 단계에 부여된 과제는 첫째, 현존하는 CET 예외 조항을 폐지하면서 공통관세율을 일치시켜가는 것이며 둘째, 러시아의 WTO 가입 이후 관세동맹의 공통관세를 다자 무역 규범 및 관세동맹 관할 분야에 해당되는 러시아의 WTO 약속 사항과 일치시켜가는 것이다.[12]

이처럼 역내무역 활성화를 제한하는 양적 제한이나 관세를 줄여나가는 데는 단기간 내에 일정한 성과를 달성한 것처럼 보이지만 비관세장벽 철폐와 관련해서는 많은 난관이 있는 것으로 보인다. 사실상 본질적으로 중요한 문제는 비관세장벽의 철폐이다. 그래서 대다수 연구자들은 CIS 역내에 비효율적인 통관절차, 취약한 인프라, 낡은 제도와 규제 등 현존하는 다양한 비관세장벽들이 제거되지 않는다면 실질적인 관세동맹의 성과를 달성하기 어렵다는 평가를 내리고 있다. 과거 EEC의 경우에도 이와 같은 비관세장벽을 제거하기 위해 크게 다음과 같은 세 가지 방식의 노력을 기울였다. 첫째, 로마조약 10조에 따라 무역 절차를 최소화하기 위한 행정적 협력 방법을 집행위원회의 권한으로 결의한다. 둘째, 유럽공동체법원(European Court of Justice)의 특별규정에 의해 비관세장벽을 철폐해나갔다. 셋째, 단일유럽법(Single European Act)에 규정된 조치 등에 따라 비관

12 관세동맹 중 어느 한 국가가 가장 먼저 WTO에 가입하면 그 시점부터 그 국가의 WTO 약속 사항은 모두 관세동맹 법제의 일부가 된다. 공통관세는 WTO 협정문이 다르게 규정하지 않는 한 그 국가의 양허관세를 초과하지 않는다. 그다음 WTO에 가입한 국가의 경우 이 국가의 양허관세와 첫째 국가의 양허관세 사이에 차이가 발생하면, 서로 협의해 양허관세 조화를 위해 여타 WTO 회원국과 협상을 개시한다. 관세동맹의 공통관세가 이 협상을 통해 조화된 관세율을 초과하지 않는다(이재영 외, 2011: 111).

〈표 2-3〉 EEC와 EEU의 집행위원회 기능 비교

기능	EEC의 유럽집행위원회	EEU의 유라시아 경제집행위원회
입법 (법규 제정)	• 법적 구속력 - 규정(regulation) - 지침(directive) - 제도 지침(framework directive) - 결정(decision) • 공동행위: '압력'의 성격 - 권고(recommendation) 및 의견(opinion): 결의(resolution), 의사전달(communication) 의견(opinion) 등 - 통지(notice) - 기구 간 협약(inter-institutional agreement) - 협정(convention)	- 관세동맹 및 공동경제구역의 범위 내에서 경제통합을 위한 제안 발의 - 관세동맹의 규정 채택(직접 효력을 갖는 법규로서 회원국 내 법규로 바로 적용) - 결정(decision)·권고(recommendation)
행정	- 공동체 법규의 준수 여부에 대한 감시 - 회원국이 공동체 법규를 지키기 않을 경우에 유럽 법원에 제소 - 정부 간 분쟁 조정	- 법규의 집행을 감시 - 법규 위반을 법원에 제소할 수 있는 자유재량권(discretionary power)
예산	- 자체 예비 예산 초안(preliminary draft budget) (수입/지출) 작성 및 이사회 제출 - 예산 집행 - 특정 기금(유럽농업지도보증기금, 유럽지역개발기금, 유럽사회기금 등)의 지출 결정	- 자체 예산 구상과 계획 - 불명확한 예산 절차
대표	- 공동 정책(예: 공동 농업 및 무역정책)의 테두리 내에서 EU를 대표 - 조약이 위임한 권한 범위 내 대역외 협상 창구(EU와 제3국 간 협정 체결의 당사자로 참여) - EU의 고유 권한이며 동시에 회원국의 권한에도 속하는 안건들이 혼합된 경우에는 회원국 대표들과 공동으로 협상 참여	- 회원국과 제3국에서 대표 - 최고 유라시아 경제집행위원회가 제3국과의 협정 체결권을 인정

세장벽을 철폐하는 노력이 진행되었다.

과연 CIS 역내에도 이와 같은 노력이 진행될 수 있겠는가? 이 질문에 대한 답은 현재 EEU 기구들이 과연 EU와 같이 초국가적 조직과 기구로서 부여된 권한을 얼마나 효과적으로 관철할 수 있는지, 또 기능적인 측면에서 조직이 그것을 담보할 수 있게끔 효율적으로 구성되고 운영될 수 있는지의 문제와 직결된다. 이러한 측면에서 EEC와 유라시아 집행위원회 비교는 큰 의미를 갖는다.

결론적으로 〈표 2-3〉에서 보는 바와 같이 두 기구의 권한과 역할을 입법, 행정, 예산, 대표 등으로 나누어 비교해보면 기능적 측면에서 유라시아 경제집행위원회가 유럽집행위원회(European Commission)보다 그 권한과 역할이 상당 부분 제한되어 있는 것을 알 수 있다.

유라시아 경제집행위원회의 권한과 역할을 정확히 이해하기 위해서는 EEU 전체 조직에서 이 기구가 갖는 위상을 정확하게 파악하고, 이 집행위원회의 인적 구성과 기능을 좀 더 세분화해서 검토해야 한다. 현재 EEU의 관세동맹과 공동경제구역의 기구는 〈그림 2-1〉과 같다.

유라시아 경제 공간의 초국가적 집행 기구로서 유라시아 경제집행위원회는 기본적으로 유럽집행위원회를 모델로 해서 만들어졌다. 이것은 크게 이사회와 집행 사무국의 조직으로 구성된다.

먼저 회원국의 부총리급으로 구성된 이사회가 있다. 이 회의는 EEU의 통합 과정을 감독하고 유라시아 경제집행위원회의 전반적인 관리를 책임지며, EEU 예산안, 조직 구성원의 정원 및 자격 요건 등을 승인함으로써 이 위원회를 감독한다. 또한 통관 협력, 교역 및 유라시아 통합 발전에 관한 사안을 검토하고 정례적으로 EEU의 중요 사안에 대한 토의를 진행하

〈그림 2-1〉 관세동맹과 공동경제구역의 기구

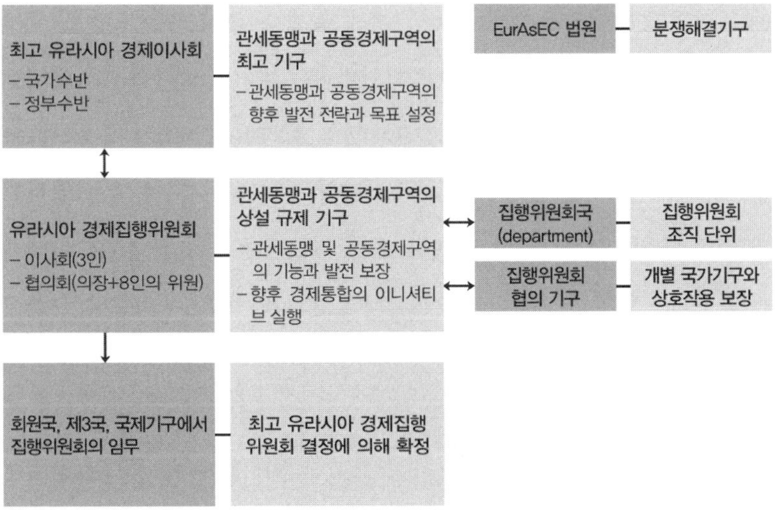

자료: Shumylo-Tapiola(2012: 8).

며 회원국의 재계 대표들과 회합을 갖기도 한다.

또 다른 하나는 의장을 포함한 총 9명의 위원(commissioner)으로 구성된 협의회(board)이다. 각 회원국은 3명의 위원을 협의회에 선임하고 9명의 위원은 최고 유라시아 경제집행위원회에 의해 4년 연임으로 지명된다(의장은 제외). 위원들은 각 회원국에서 연방장관의 지위를 갖는다.

유라시아 경제집행위원회의 집행 기구인 협의회는 조약의 집행을 감독하고 연차 진행 보고서를 제출하며 권고를 개진한다. 또한 회원국 간 분쟁을 조정하고 예산을 집행하며 유라시아 경제집행위원회의 부서들과 회원국 수반을 상호 연결하는 역할도 한다. 유라시아 경제집행위원회는 위원들이 지도하는 여러 부서를 두고, 부서의 직원들은 회원국의 인구 비례에 따라 러시아인 84%, 카자흐인 10%, 벨라루스인 6%로 구성된다. 협의회는 관세만이 아니라 거시경제, 경쟁 규제, 에너지 정책, 금융정책 등에 대해 결의하고 정부조달 및 노동 이주 통제 등의 정책도 다룬다.

집행 기구로서 유라시아 경제집행위원회는 이처럼 이사회와 협의회로 구성되어 있는데 둘 사이의 기능, 권한 및 역할 배분이 아직은 모호하다는 것이 지배적인 견해이다. 또한 의사결정의 원칙도 이사회는 유럽집행위원회의 원칙을 준용해 '1국·1위원·1표' 체제를 적용하지만 결정은 합의제를 따른다. 반면 협의회는 만장일치제 또는 사안에 따라 가중 다수결제(Qualified Majority Voting System: QMV)를 따르는 등 의사결정 절차가 복잡하고 위계적인 이원 체제(two-tier system)를 유지하고 있다. 이것은 하나의 의사결정 구조로 단일화된 유럽집행위원회와는 근본적으로 다른 점이라고 할 수 있다. 경제통합을 진척시키기 위해서는 특히 비관세장벽 철폐와 경쟁 정책 분야에서 독립적이고 적극적인 정책 운영이 필요한데, 이처럼 의사결정 과정이 복잡하면 정책 집행의 효율성을 제고하기가 쉽지 않을 것으로 판단된다.

기능적인 측면에서 볼 때 유라시아 경제집행위원회는 EU의 유럽집행위원회에 비해 다분히 행정적 기능에 치우친 측면이 있다. EU의 경우 유럽집행위원회는 행정부와 같은 집행 기능을 담당하면서도 법 제정을 위한 제안을 거의 전담하는 등 강력한 법규 제정권을 갖는다. 그러나 유라시아 경제집행위원회는 이 기구가 법적 구속력을 갖는 결정을 내릴 때 새로운(파생적인) 법규를 제정할 수 있도록 하고 있지만, 다른 한편으로는 이것이 국가 간 위원회(Interstate Council)의 결정과 현행 법규에 의해 제약되기도 한다.[13] 아직은 EEU의 제도 구축이 초기 단계이기 때문에 규제 권한과 관련된 갈등과 분쟁을 해결할 수 있는 효율적인 상태에 있지 못한 것도 그 원인이 된다.

문제는 그런 행정적 기능조차 EU에 비해 약하다는 것이다. 2011년 유라시아 경제집행위원회조약 6조에는 유라시아 경제집행위원회가 관세동맹과 공동경제구역의 법적 기초를 형성하는 국제조약을 집행하고 준수 및 감시해야 함을 행정적 기능으로 규정했다. 하지만 실제로 이와 같은 집행과 감시를 할 수 있는 기제는 매우 취약하다(Blockmans et al., 2012: 14).

예산과 관련된 부문에서 유라시아 경제집행위원회 기능의 제한은 더 뚜렷하게 나타난다. EU는 경제통합을 추진하는 과정에서 소요되는 지출을 충당하기 위해 '공동체 예산'으로 불리는 독자적인 예산을 운영하고 있다. EU의 경우 자체 재원이 초기에는 회원국의 분담금으로 충당되었으나, 그 후 공동 정책의 채택과 함께 자동적인 수입원이 확대되었다.[14] 한편 EEU의 경우 자체 재원은 공통관세 수입의 비율에 따라 회원국의 기여분으로 확보한다. EU는 1988년에 들로르 일괄 제안(Delors Package)에 따라 재정 전망(financial package)이라는 예산 제도를 도입하고 있는데, 이것은 지출 부문의 불확실한 전망을 지양하고 예산 규율을 확립하며 예산 절차를 개선하려는 데 그 목적을 둔다. 이에 따르면 연간 재정지출에 대해

---

13 예를 들어 유라시아 경제집행위원회가 경쟁 정책 및 국가 독점 규제 정책과 관련된 활동을 강화하기 위해 회원국 해당 기관에게 유포가 제한된 기밀 정보와 자료를 제외한 모든 필요한 정보를 제공할 것을 요청할 수 있다. 그러나 만일 그것이 러시아 국영 전략 기업에 관한 정보나 자료일 경우에는 제약을 받는다. 러시아 대통령령 자국 기업의 대외 경제활동에 있어 국익 수호에 관한 조치를 담고 있는데 국영 전략 기업에 관한 정보가 기밀 자료로 분류되어 제출을 거부할 수 있기 때문이다.

14 EU의 자체 재원은 과세 수입을 비롯한 극히 제한적인 행정 수입과 함께 농산물 부과금, 공통관세, 회원국 내 부가가치세 및 회원국의 GNP 기여분으로 구성된다.

사전에 한도(ceiling)를 설정하고[15] 중요 지출 대상 부문도 농업 부문, 구조 조정, 역내 공동 정책, 역외 정책, 회원국 확대 및 행정 비용 등으로 엄격하게 제한하고 있다. EU의 예산 제도는 여전히 예산 절차가 너무 복잡하고 재정 연방주의(fiscal federalism) 측면에서 많은 문제점이 있지만, 유럽의회의 예산심의권과 최종 의결권을 통해 건전한 재정 운영이 이루어질 수 있는 토대를 마련해놓고 있다. 반면 EEU의 유라시아 경제집행위원회는 자체 예산안을 수립하고 있으며 최고 유라시아 경제이사회(Supreme Eurasian Economic Council)에 의해 승인될 경우에만 집행할 수 있다. 이는 사실상 집행위원회에 위임된 지출 권한이 상당히 제약되어 있다는 것을 의미한다. 명시적으로는 조약이 집행위원회의 지출을 제한하지도 않고 있어 재정 운영의 건전성을 확보하는 것도 문제시된다. 게다가 아직까지 예산 규모를 정하는 예산 절차도 불명확한 상태로 남아 있다.

다음 대표성의 문제에서도 유라시아 경제집행위원회의 기능이 제한적이다. 명시적으로는 회원국과 제3국에서 관세동맹을 대표한다고 하지만, EU처럼 공동 정책(예: 공동 농업 및 무역정책)의 테두리 내에서 EU를 대표하고 조약이 위임한 권한 범위 내에서 제3국과의 협정을 체결할 수 있을 정도의 강력한 주체로서의 권한을 인정받지 못하고 있다. 명시적으로는 유라시아 경제집행위원회가 그러한 주체로 인식될 수도 있지만 그러한 권리 행사는 실제로 최고 유라시아 경제이사회의 인정을 통해서만 가능하도록 규정되어 있다. 이것은 EEU의 거버넌스(governance)와 의사결정 과정이 EU와 다르기 때문이다.

15 회원국 GNP 대비 1.27%

끝으로 유라시아 경제집행위원회의 권한 중 감독 기능에 대한 문제가 남아 있다. 지역통합을 원활하게 진행하기 위해서는 초국가적 규제가 얼마나 효율적으로 관철되느냐가 관건이 될 수 있다. 이런 측면에서 EEU의 경우에도 EU와 유사한 감독 기능과 절차가 규정되어 있다. 그 과정을 압축하면 아래와 같다. 예를 들어 특정 회원국이 국제조약이나 집행위원회 결정을 위반하는 사례가 발생할 경우 집행위원회 협의회는 투표를 통해(2/3 찬성) 해당 회원국에게 합리적인 기간 내에 위반 사항을 제거할 것을 통지한다. 이때 해당국이 이를 준수하지 않으면 협의회는 이 안건을 다시 집행위원회의 이사회에 회부한다. 그래도 해당국이 집행위원회 이사회의 결정을 따르지 않는다면 협의회는 이 안건을 EurAsEC 법원에 제소하고 이를 집행위원회 이사회와 최고 유라시아 경제이사회에 통지한다.

대체로 위와 같이 다단계로 진행되는 복잡한 절차 등을 종합적으로 고려해볼 때 현재의 감독 체제는 EEU 회원국에게 초국가적 성격을 가진 조약 및 집행위원회 결정을 위반할 수 있는 여지를 많이 제공하는 것처럼 보인다. 또 그것을 준수해야만 하는 유인도 별로 없는 것처럼 보인다. 게다가 EurAsEC 법원에 제소될 경우 법원이 해당국에 어떠한 처벌을 부과할지의 문제도 아직 명확하지 않은 듯하다.

4. 지역통합 거버넌스 비교

여기에서는 지역통합 과정의 거버넌스 측면에서 지역통합 구조가 기능적으로 제대로 작동되고 있는지의 여부를 검토한다.[16] 가장 큰 관심 사항

〈그림 2-2〉 관세동맹과 공동경제구역의 의사결정 과정

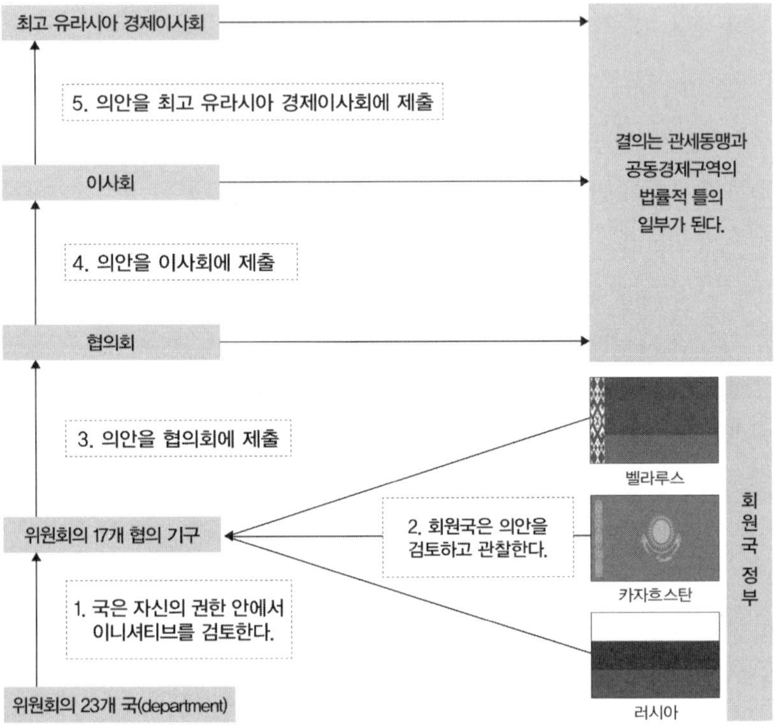

자료: "Eurasian Economic Union." http://en.wikipedia.org/wiki/Eurasian_Economic_Union

은 의사결정의 과정과 관련된 문제이다. 핵심은 초국가성(supranationality), 즉 각국의 주권에 속하던 정책 부문을 공동체로 이전하고 법적 구속력(legal binding force)을 갖는 공동체 법규가 과연 어느 정도까지 개입할

16 지역통합 과정의 측면을 실질적으로 검토하기 위해서는 지역통합에 따른 경제적 효과, 특히 교역 패턴에 어떠한 변화가 발생했는지를 중심적으로 고려해야 하지만 이것은 이 글의 연구 범위를 넘어서는 주제이다. CIS의 교역 패턴에 대해서는 이드리소프 등(Idrisov and Taganov, 2013.10.25)을 참고하기 바란다.

수 있느냐의 문제와 연관된다. 일단 대다수 논자들은 EU가 초국가적 기구의 법적 권능을 새로운 정책 분야에까지 확장시키려는 신기능주의의 입장을 견지하고 있다고 본다. 반면 현재까지의 EEU는 주로 정부 간 협력주의(intergovernmentalism) 거버넌스 방식에 의존하는 것으로 평가하고 있다. EEU 회원국들은 집행위원회의 자문 기구와의 컨설팅을 통한 정책 형성의 초기 단계는 물론, 최고 유라시아 경제이사회를 통한 의사결정 과정에도 참여한다.

최고 유라시아 경제이사회는 EU의 유럽이사회(European Council) 또는 EU 정상회의와 마찬가지로 회원국의 국가원수나 정부수반으로 구성된다. 차이점이라면 EU 정상회의는 입법 권한이 없고 단지 EU의 일반적인 정치 지침을 결정하고 결의를 채택하는 최고 정치기구(supreme political authority)인 반면, 최고 유라시아 경제이사회는 관세동맹 및 공동경제구역의 향후 발전 전략과 목적을 정하는 역할을 맡는다는 것이다. 그래서 사실상 통합 과정을 총괄하는 최상위 기관이라고 할 수 있다. 그런 측면에서 볼 때 최고 유라시아 경제이사회는 EEC의 주요 의사결정 기구인 각료이사회(Council of Ministers)에 해당된다고 볼 수도 있다.

유럽연합이사회(Council of the European Union) 또는 컨실리움(Consilium)이라고도 표기하는 각료이사회는 이사회 회원국의 각료 1명씩으로 구성된 최고 의사결정 기구로서 집행위원회의 제안에 따라 최종적으로 공동체 법규를 제정하고 예산을 확정하는 권한을 갖는다. 각료이사회는 EU 공동체 조약의 법률상 부속으로 기능하는 규정, 규칙, 지침, 결정 등을 의결하는 역할을 한다. 또한 EU의 예산 운용과 편성권을 가지고 있으며 유럽의회가 그 감독 기능을 수행한다. 이렇게 보면 유사점도 많지만 최고

〈표 2-4〉 EEC와 관세동맹·공동경제구역의 의사결정 구조 비교

주체	EEC	관세동맹과 공동경제구역
의사결정 기구	• 각료이사회: 주요 의사결정 기구 • 안건에 따른 의사결정 방식: 만장일치제, 단순 다수제, 가중 다수결제 시스템	• 최고 유라시아 경제집행위원회가 절차, 예산, 직원, 위원회 부서를 승인함 • 의사결정 방식은 만장일치제를 따름
집행위원회	• 집행위원회: 제안 발의, 의사결정과 집행 권한 행사 • 조약의 공동 이익을 실현하기 위해 독립적으로 유럽 통합을 주도	• 집행위원회: 결정 및 권고 • 집행위원회가 통합의 주요 방향에 관한 제안을 최고 유라시아 경제집행위원회에 제출, 승인 받음
협의 기구	• 순수한 자문기관 • 생산자와 이해관계자로 구성된 자문위원회(ECSC 조약, 경제사회위원회 등)	• 회원국의 최우선 사항이 위원회의 제안에 반영될 수 있도록 회원국과 위원회 간 소통 촉진 역할을 함
의회	• 집행위원회의 제안 준비 과정에서의 의견을 전달하고 필요한 경우에 각료이사회의 최종 결정 이전에 수정을 요구함(자문 역할) • 국제경제무역과 관련된 권고나 의견 개진 • 1979년 이후 각 회원국 내에서 실시한 직접·보통·평등선거에 의해 직접 선출	• 역할 없음
법원	• EC 조약·관련 법규의 해석, 공동체 법규와의 상충 여부 또는 분쟁 해결 • EU 내 개인도 제소권(locus standi)을 가짐	• 관세동맹 법의 해석, 공동체 법규와의 상충 여부를 감시 • 개인의 제소권은 제한됨

자료: Blockmans et al.(2012)을 기초로 필자 수정.

유라시아 경제이사회는 EU의 각료이사회가 유럽위원회에 미치는 권한보다 더 강력한 권한을 유라시아 경제집행위원회에 행사할 수 있다는 점에

서 차이가 있다. 달리 말해 EEC의 의사결정 절차는 초국가적 거버넌스 방식에 유리한 반면, 유라시아 경제집행위원회는 조약에 따른 법규와 정책 집행에 좀 더 집중하고 있다고 볼 수 있다.

유라시아 경제집행위원회의 협의 기구는 회원국과의 소통과 참여를 촉진하기 위해 회원국의 전문가 대표들로 구성된다. 이들은 회원국의 이해관계와 관련된 안건을 위원회의 이사회에 제출해 채택되도록 하는 역할을 한다. 반면 집행 기구의 협의 기구(consultative bodies of high authority)는 단지 자문 기능만을 가지며 생산자, 이해관계자, 노동자로 구성된다. EEC와 관세동맹 및 공동경제구역의 의사결정 구조를 비교하면 〈표 2-4〉와 같다.

현재 의사결정과 관련해 EU와 EEU 사이에 두드러지게 나타나는 차이점은 유라시아 경제 공간에서 공동체 의회의 역할이 없다는 것이다. EU의 경우 유럽의회는 집행위원회의 제안 준비 과정에서 의견을 전달하고 필요한 경우 각료 이사회의 최종 결정 이전에 자문 역할로서 수정을 요구할 수도, 국제경제통상과 관련된 권고나 의견을 개진할 수도 있다. 유럽의회는 1979년 이후 각 회원국 내에서 실시한 직접·보통·평등선거에 의해 선출된 의원으로 구성된다. 당초 로마조약에 따르면 공동체 법규의 채택은 집행위원회의 제안이 있어야만 가능했는데 마스트리흐트조약에 와서는 유럽의회도 제안 발의권을 갖도록 허용하고 있다. 의사결정 절차도 초기에는 집행위원회의 발의에서 각료이사회의 결정에 이르기까지 협의 절차(consultation procedure)만 존재했으나, 단일 유럽법의 채택과 마스트리흐트조약 이후에 공동 작업 절차(co-operation procedure), 공동 결정 절차(co-decision procedure) 및 동의 절차(assent procedure)가 추가되었다(김세원, 2004: 117~119). 이것은 한마디로 유럽의회의 권한이 확대·강화되는 경향을 보여주는 것이며, 그 근본적인 취지는 유럽 내 민주적 의사결정 체제 강화에 있다고 보인다.

일부에서는 아직 EEU에 위와 같은 역할을 하는 공동체 의회가 없기 때문에 유라시아의 지역통합 과정이나 제도에 민주적 책임 원칙이 관철되지 않고 있다고 비판한다. 장기적으로는 어떤 방식으로든 회원국의 의회가 지역통합 제도 건설 과정에 참여하고 자신의 역할을 담당하는 시기가 올 것이라고 전망한다. 그러나 더욱 근본적인 문제는 단순히 의회가 지역통합 과정에 참여하느냐 마느냐의 문제가 아니다. 그보다 EEU 기구들 간에 의회가 과연 어떠한 권한과 역할을 부여받을지, 그리고 그들과의 관계가 어떻게 설정될지에 있다. 전문가들은 EU 내 유럽의회의 권한이 아직까지도 크게 제한되어 있다고 평가하는데, EEU의 경우에는 그 역할을 확대·강화하는 것이 결코 쉽지 않을 것으로 판단된다. 근본적으로 이러한 상황을 변화시키기 위해서는 회원국 각각의 의회가 EEU의 집행위원회와 최고위원회에 맞서 대항하거나 공동 결정(co-decision)하는 권한을 가져야 한다. 그런데 중앙행정부의 권한이 전통적으로 강하고 개인의 리더십에 상당히 의존하는 이 지역의 정치 문화를 고려한다면, 이러한 과정이 결코 순탄하지만은 않을 것이라고 전망할 수 있다.

5. 결론

2015년 1월 1일부로 EEU가 출범했지만 중·장기적으로 안착되고 확대될지의 여부는 여전히 불투명하다. 대다수가 동의하듯 유라시아 지역에는 지역통합의 관점에서 볼 때 여전히 분열과 통합의 상반된 힘이 공존하고 있다. 또한 주어진 물적·객관적 요인과 함께 통합 과정에서 나타나는 상황적 요인, 그리고 이에 대처하는 국가 지도자의 리더십 등 상호작용에 따라 운동의 방향이 자주 바뀔 수 있기 때문이다.

앞에서 살펴본 바와 같이 현재 EEU를 주도하는 것은 러시아이고 그 중심에 푸틴 대통령이 있다. 서방의 논자들은 현재의 EEU 출범이 경제적인 동기나 유인이 작용한 것이 아니라 푸틴이 표방하는 '강대국 러시아'의 이념을 실현할 수 있는 공간지배 전략으로서 'USSR 2.0' 프로젝트성에 가깝다고 본다. 따라서 회원국이 책임을 분담하고 권한을 위임하려는 의지가 담보되지 않는 상태에서 진행되는 경제통합은 그 성공을 낙관할 수 없을 것이라고 주장한다.

그러나 다른 한편으로 보면 EEU의 출범을 순수한 경제적 관점에서 관찰하거나 전망해서는 안 된다는 것을 의미한다. 비대칭적 구조의 중심에 있는 러시아가 통합 운동의 '중심'에 있는 한 여타 회원국들에 대한 물적 지원을 감수해야만 회원국의 확대와 지지가 가능할 것이다. 문제는 이러한 행동이 경제적 합리성의 관점에서 비효율적이라 할지라도 유라시아 공간 지배의 지정학적 관점에서는 '불가피한 선택'이 될 수 있다. 현재 러시아가 추진하는 대외 정책의 우선순위나 지정학적 전략 구도를 놓고 판단해볼 때 EEU를 초기에 구축해야 한다는 목표는 확고해 보인다. 한국으로서는 이러한 기조를 정확하게 인식해야만 향후 러시아가 EEU에 대해 견지할 태도와 전략적 입장을 정확하게 이해할 수 있을 것이다.

지역통합을 성공적으로 달성하기 위해서는 제도적인 측면에서 거버넌스의 효율적인 작동이 필요하다. EU와 EEU를 비교해본 결과 EEU의 거버넌스 구조와 의사결정 체계에서 EU가 추구하는 초국가성의 원칙이 아직 매우 미비하게 작동되고 있었고, 정부 간 협력주의가 주된 기조를 유지하는 것으로 보였다.

| 참고문헌 |

강명구. 2013.「관세동맹이 카자흐스탄에 미치는 경제효과 연구」. 고재남 외.『전략지역 심층연구 논문집 3: 중앙아시아·몽골』. 대외경제정책연구원.

김세원. 2004.『EU경제학』. 박영사.

김영진. 2007.「포스트 소비에트 공간에서의 지역통합: EurAsEC을 중심으로」. ≪중소연구≫, 31권 3호, 185~209쪽.

_____. 2014.「유라시아 지역통합의 이상과 현실: CIS에서 유라시아연합(EAU)까지」.『유라시아 지역통합과 유라시아연합(EAU)』. 한양대학교 HK 러시아·유라시아연구사업단 2014년 제4차 국내학술회의 자료집 6호(APRC Proceeding Series, 2014. 9.24).

박지원. 2013.「CIS 경제통합에서 러시아의 역할: 개발도상국간 경제협력에서 강대국의 경제적 구심력」. ≪슬라브학보≫, 28권 1호, 109~149쪽.

이상준. 2014.「유라시아경제연합의 원심력과 구심력: 무역과 투자를 중심으로」.『유라시아 지역통합과 유라시아연합(EAU)』. 한양대학교 HK 러시아·유라시아 연구사업단 2014년 제4차 국내학술회의 자료집 6호(APRC Proceeding Series, 2014.9.24).

이재영·Sherzod Shadikhodjaev·박순찬·황지영. 2011.『CIS의 경제통합 추진현황과 정책시사점: 관세동맹을 중심으로』. 대외경제정책연구원.

이재유·이재영. 1998.「CIS 경제통합 과정과 전망」. ≪중소연구≫, 22권 4호(겨울), 171~196쪽.

하유정. 2001.『유라시아경제공동체(EEC)의 출범과 CIS 경제통합의 전망』. 대외경제정책연구원.

황지영·Shadikhodjaev, S. 2009.「러시아·카자흐스탄·벨라루스 관세동맹 설립과 WTO 가입 전망」. ≪KIEP 지역경제포커스≫, Vol. 3. No. 3(09-30호), 1~8쪽.

Blockmans, S., H. Kostanyan and I. Vorobiov. 2012.12. "Towards a Eurasian Economic Union: The Challenge of Integration and Unity." *CEPS Special Report*, No. 75.

Bremmer, Ian. 2011. *The End of the Free Market: Who Wins the War Between States and Corporations?* New York: Portfolio.

Galiakberov, Adel and Adel Abdullin. 2014. "Theory and Practice of Regional Integration Based on the EurAsEC Model(Russian point of view)." *Journal of Eurasian Studies*, Vol. 5, Issue. 2, pp. 116~121.

Idrisov, Georgy and Boris Taganov. 2013.10.25. "Regional Trade Integration in the CIS Area." *MPRA(Munich Personal RePEc Archive).*

Mkrtchyan, Arevik. 2013. "Trade impact of non-tariff trade costs. An Assessment of the Customs Union of Russia, Belarus and Kazakhstan." *Economics Education and Research Consortium Working Paper*, No. 13/14E.

Obydenkova, A. 2011. "Comparative regionalism: Eurasian cooperation and European integration. The case for neofunctionalism?" *Journal of Eurasian Studies*, Vol. 2, Issue. 2, pp. 87~102.

Roberts, James M. et al. 2013.11.26. "The Eurasian Union: Undermining Economic Freedom and Prosperity in the South Caucasus." *The Heritage Foundation Special Report*, No. 148.

Sakwa, R. and Mark Webber. 1999. "The Commonwealth of Independent States, 1991~1998: Stagnation and Survival." *Europe-Asia Studies*, Vol. 51, No. 3, pp. 379~415.

Shadikhodjaev, Sherzod. 2008. "Eurasian Economic Community(EurAsEC): Legal Aspects of Regional Trade Integration." *KIEP Working Paper*, 08-05, pp. 1~79.

Shumylo-Tapiola, O. 2012.10. "The Eurasian Customs Union: Friend or Foe of the EU?" *The CARNEGIE Papers.*

Буторина, О. 1999. "Интеграция СНГ." *Свободная мысль*, No. 6, pp. 43~54.

Быков, А. 2014. "Евразийская интеграция, ее перспективы и возможности." *Российский экономический журнал*, No. 1. pp. 24~39.

Глазьев, С. 2011. "Реальное постсоветской экономической интеграции: итоги создания и перспективы развития таможенного союза Белоруссии, Казахстана и России." *Российский экономический журнал*, No. 6. pp. 56~81.

Гурова, И., М. Ефремова. 2010. "Потенциал региональной торговли СНГ." *Вопросы экономики*, No. 7, pp. 108~121.

Жуков, С. и О. Резникова. 2007. "Экономические взаимосвязи на постсоветском пространстве." *Вопросы экономики*, No. 8, pp. 93~103.

Косикова, Л. 2010. "Экономическая политика России в постсоветском регионе." *Российский экономический журнал*, No. 1, pp. 39~57.

Либман, А. 2005. "Экономическая интеграция на постсоветском

пространстве: институциональный аспект." *Вопросы экономики*, No. 3, pp. 142~ 156.
Рязанов, В. Т. 1996. "Возможности и перспективы экономической интеграции в СНГ." в кн. В. Т.Рязанов(Под ред.). *Интеграционные процессы в странах СНГ*. СПб: Издательство С. – Петербурского университета.
Шумский, Н. 2011. "Содружество независимых государств: первые двадцать лет." *Вопросы экономики*, No. 12, pp. 90~101.

온라인 자료

윤지현. 2014. "키르기스스탄, 유라시아경제연합(EEU) 가입 임박." ≪EMERiCs 주간이슈 분석≫, http://www.emerics.org/eurasia/newsbrief/weekly.do?action=detail&brdctsno=149996(검색일: 2014.11.19).
Emerson, Michael. 2014.8.14. "When is a customs union not a customs union?" http://www.ceps.eu/print/9577(검색일: 2014.11.25).
Eurasian Economic Union. http://en.wikipedia.org/wiki/EurasianEconomic_Union
European Union. http://europa.eu
"Membership Treaty Signed: Armenia formally accedes to Eurasian Economic Union." http://www.armenianow.com/news/57522/armenia_eurasian_economic_union_membership_deal(검색일: 2014.11.14).
Евразийская экономическая комиссия. http://www.eurasiancommission.org

제3장

유라시아경제연합의 원심력과 구심력*

무역과 투자

이상준

1. 서론

모든 경제통합은 정치적인 현상이다. 러시아·벨라루스·카자흐스탄은 정치적인 결정에 따라 EEU를 형성했다. 경제통합은 경제적으로 공동의 이해관계를 가진 국가 간 상품 및 생산요소의 자유이동을 보장하기 위한 것으로, 관세 및 비관세장벽을 제거하는 등 여러 조치를 취함으로써 광역시장을 형성하게 한다. 각 회원국은 경제통합을 통해 큰 시장의 경제적·기술적 이익을 향유하고 궁극적으로 후생 증진 효과를 얻을 것으로 기대한다. 따라서 정치적으로 경제통합이 형성되었더라도 그것이 계속 유지될지는 회원국의 상호 이익을 창출하는 경제적 구조에 따라 결정된다. 만일 경제통합이 회원국에게 차별 없이 경제적으로 균등한 기회를 제공하

* 이 글은 ≪러시아연구≫, 24권 2호, 246~269쪽에 게재된 글을 수정한 것이다.

고 각국의 효율성을 제고시키는 더 큰 공동시장 영역을 제대로 제공하지 못한다면, 경제통합은 형성되지 못하거나 아니면 형성되었다 하더라도 장기적으로는 해체의 길을 걷게 될 것이다.

러시아가 주축이 된 EEU 역시 대외적 위상을 높이려는 러시아의 전략적인 선택에 의해 빠르게 형성되고 있다. 이 글은 EEU의 출범에 대해 다음과 같은 질문에 답을 구하는 형식으로 논거를 전개하려 한다.

첫째, 정태적인 측면에서 EEU의 바탕이 되는 구심력이 회원국 간에 존재하는지의 여부이다. 구심력은 이주, 교역, 재정, 운송, 정보 등 회원국 간에 상호작용하는 기타 수많은 기능들로 인해 회원국 간의 경제적 의존도가 높아지는 것을 의미한다. 이는 관련된 경제적 투입과 산출을 엄밀하게 계산해야 정확하게 판단할 수 있다. 하지만 경제적인 것 못지않게 언어, 민족 등 문화적인 매력과 친밀도로 표현되는 긍정적인 요인, 그리고 외부 위협이라는 부정적인 요인도 구심력을 결정하는 데 중요한 기능을 한다. 그러나 이 연구에서는 경제적인 지표에 의존해 EEU의 회원국과 잠재적 회원국 간 구심력을 파악할 것이다.

둘째, 소련이라는 동일한 제도적 유산을 공유했지만 체제 전환 과정을 거치면서 유라시아 국가들의 제도적 차이가 커졌다는 점이다. 제도적 차이가 나타난 원인은 지정학적 위치, 부존 요소, 국민들의 합의 등 다양하다. 개방화된 세계 체제에서 다양한 국가가 교류를 통해 통합하는 경향뿐 아니라 분산하는 경향도 커지고 있다. 경제연합이라는 하나의 시장으로 출범하게 되면 국가 간 원심력은 줄어든다. 그러나 아직 EEU 가입을 결정하지 않은 국가 입장에서는 경제연합이 야기하는 구심력 못지않게 비회원국가와 상호작용으로 생겨나는 원심력도 클 수밖에 없다. 원심력은 경제적인 상호작용뿐 아니라 경제 외적인 현상에 의해서도 생겨날 수 있다. 마찬가지로 이 글에서는 무역과 투자를 중심으로 경제적인 측면에 초점을 맞출 것이다.

따라서 이 글은 자본, 투자, 무역, 이주라는 물리적인 요인들을 먼저 파악하고자 한다. 이를 위해 EEU의 구심력을 살펴보고 러시아가 적극적으로 가입시키려는 우즈베키스탄, 아제르바이잔 등 현재는 역외국이나 잠재적인 회원국과의 경제적 관계도 파악하려 한다.

동태적인 측면에서 볼 때 유럽 통합이 EU로 발전하는 데 30년 이상 걸린 것과 달리, 유라시아 관세동맹이 출범한 지 2~3년 만에 경제연합으로 출범할 수 있었던 이유가 무엇인지, 또 이를 발전시키기 위해 어떤 정책들이 필요한지에 대한 분석도 진행하고자 한다.

2. EEU의 특징

사회주의 붕괴 이후 수많은 구소련 국가들은 민간 부문 육성과 더불어 자본주의 체제도 구축하기 시작했다. 국영기업은 사유화되었고 민간 부문의 경제적 비중도 커졌으며 일부 사유화된 기업들이 대기업으로 성장하기도 했다. 또 석유와 천연자원을 토대로 경제성장을 이룩하기도 했다. 그러나 자본주의 체제가 형성되고 개방화되는 과정에서 다음과 같은 어려움이 발생했고 몇몇 국가들은 이러한 어려움을 극복하기 위해 EEU에 참여하게 되었다.

세계적인 차원에서 발생한 문제로는 첫째, 소련 해체 이후에 출현한 신생국가들이 개방된 자본주의 세계 질서 속에서 서구의 세력 및 자본과 무차별적인 경쟁을 벌이게 된 것이다. 많은 기업이 준비되지 않은 채 국제시장에 노출되면서 한계 기업으로 내몰리게 되었다. 특히 구소련 국가 대부분이 국가 건설도 동시에 진행해야 하는 상황이었기에 제도 정비에서 동구권 국가에 비해 상대적으로 불리했다.[1] 러시아를 포함한 CIS 회원국들은 국제통화기금(International Monetary Fund, 이하 IMF)과 WTO 체제를 통해 시장경제체제를 받아들였으나, 이러한 조치를 선택했는데도 체제 전환 초기에 극심한 경제 침체를 경험할 수밖에 없었다.

둘째는 체제 전환과 세계화가 동시에 진행되면서 세계 체제의 변동성이 개별 국가의 경제적 위기로 연결되는 현상이 발생한 것이다. 더욱이 2008년에 발생한 세계 금융 위기와 극복 과정에서 미국이 보여준 경제정책은 유라시아 신생국가들의 경제에 부정적인 영향을 끼쳤다. 물론 개방 정도에 따라 피해와 영향이 다르게 나타났다. 1945년 이후에 형성된 자본주의 세계경제 질서는 끊임없이 위기를 경험했으며 2008년에 세계경제 위기를 맞았다. 세계경제 위기의 원인이 글로벌 불균형에 있는데도 불구하고 현재의 세계 체제는 글로벌 교역의 심각한 불균형을 해소할 수 있는 방안을 찾지 못하고 있다. 또한 그 때문에 지역화가 점차 심화되는 추세이다. 2014년 1월 31일 기준으로 583개의 지역무역협정이 선인되었으며 이 중 377개는 이미 발효되었다. 전체 무역에서 지역무역협정에 따른 무역 규모가 절반을 넘어선 지 오래다.[2] 이와 같은 움직임이 구소련 지역에서

---

1 소련에 편입되기 전에 나름의 국가 체제를 가졌던 나라는 러시아와 발트 3국이다.

2 이러한 지역협정에 참여해 이해관계가 맞는 다른 국가와 경제협력을 추진하는 것이 세계의 다른 국가와도 제도상의 조화를 쉽게 이루어 궁극적으로 세계화를 달성하는

도 형성된 것은 자연스러운 현상이다.

CIS 회원국들만 가진 특성도 있는데, 첫 번째는 소련 해체 이후 이 지역에 위치한 국가들 사이에 통합의 동력과 움직임이 지속적으로 나타난 것이다. 비록 계속 체제 전환을 하면서 서로 다른 제도가 이식되고 자리매김해 나가고 있지만, 소련 시기에 만들어진 제도적 유산이 남아 있어 여전히 많은 동질성을 가지고 있으며, 이는 러시아 주도의 경제통합을 용이하게 만들었다. 구소련 유라시아 국가 간 협력의 움직임은 앞서 언급한 신자유주의 개혁 프로그램이 남긴 상흔을 치유하기 위한 시도로서, 이 지역 국가들의 정치적·사회적 운동이 대외적으로 표출된 것이다. 〈표 3-1〉은 체제 전환 이후에 CIS 회원국 간 체결된 양자 자유무역협정(Free Trade Agreement, 이하 FTA) 현황이다.

한편 러시아와 일부 국가를 제외한 대다수 국가들은 저발전 상태에 놓이게 되자 국가 발전에 도움이 될 다양한 움직임을 모색하게 되었고 선진국들과의 협력이 절대적으로 필요해졌다. 하지만 역외 국가들과의 협력에서 받을 수 있는 혜택은 크지 않다. 예를 들어 무역을 위한 시장 개방은 경제 발전에 중요하지만 미국과 EU가 주는 혜택은 제한적이다. 무엇보다 자원을 제외한 분야에서 미국과 EU 시장에 경쟁력을 가지고 진출할 수 있는 유라시아 국가의 기업들이 많지 않다. 또 중앙아시아지역경제협력체(Central Asia Regional Economic Cooperation: CAREC), 유럽·캅카스 아시아 교통 회랑(Transport Corridor Europe-Caucasus-Asia: TRACECA) 등을 통

중요한 디딤돌이 될 것이라는 낙관적인 시각도 있다. 하지만 이러한 기대가 현실로 달성되기 위해서는 이미 출범한 다양한 경제통합체들이 블록화되지 않고 점차적으로 공간을 확장할 수 있는 동력이 계속적으로 확보되어야 할 것이다.

〈표 3-1〉 CIS 회원국 간 양자 FTA 체결 연도

	ARM	AZE	BEL	GEO	KAZ	KYR	MOL	RF	TAJ	TUR	UKR	UZB
ARM				1998	2001	1994	1993	1993		1996		
AZE				1996	1997		1995	1992		1996	1995	1996
BLR							1993	1996	1998		1996	1993
GEO					1999		1998	1994		1996	1996	1995
KAZ						1995	1995	1992				1997
KYR							1995	1993			1998	1998
MOL								1993		1993	1995	1995
RF											1993	1992
TAJ											1993	1992
TURK												1996
UKR												1994
UZB												

범례: ARM: 아르메니아, AZE: 아제르바이잔, BLR: 벨라루스, GEO: 조지아, KAZ: 카자흐스탄, KYR: 키르기스스탄, MOL: 몰도바, RF: 러시아, TAJ: 타지키스탄, TURK: 투르크메니스탄, UKR: 우크라이나, UZB: 우즈베키스탄.

자료: www.wto.org

해 중앙아시아 지역과 캅카스 지역을 관통하는 교통 및 에너지 회랑 건설과 무역 원활화 조치들이 진행되고 있지만 중앙아시아 국가들이 경쟁력을 확보하기 위해서는 자본과 기술 유입이 필요하다. 러시아는 역외 선진국과 비교해 제도, 문화, 과학기술, 역사적 연관성 면에서 비교 우위를 가지고 있으며 제도, 자본, 기술 유입의 기회를 유라시아 국가에 용이하게 제공할 수 있다.

이러한 EEU 형성 요인들은 세계경제의 구조적인 문제로 촉발된 것도 있지만 CIS 회원국의 특징으로 인한 것도 있다. 요약하자면 EEU는 유라

시아 국가의 내부적인 특성과 세계경제의 특징이 교호(交互)적으로 작용해 만들어진 결과물이다. 한편 푸틴은 소련의 해체가 준비되지 않은 사건이었다고 말했다. 그는 강한 러시아를 부활시키기 위해 구소련 지역을 다시 묶을 수 있는 경제통합체를 적극적으로 추진하고 있다. EEU는 강한 러시아의 부활로서 추진되고 있는 것이다.

3. EEU의 구심력과 원심력

EEU가 경제통합체로서 성립되고 발전하기 위해서는 회원국 간 경제적 연결에 의한 구심력뿐 아니라 개별 국가의 정책이 가지는 수렴성, 보완성 등이 필요하다. 전반적으로 다른 경제통합체와 비교해 CIS 회원국 간 역내무역 규모는 남아시아지역국가연합(South Asian Association for Regional Cooperation, 이하 SAARC)보다는 높지만 그 이외의 경제통합에 비해서는 낮은 것으로 분석되고 있다(〈그림 3-1〉 참조).

EEU의 잠재적 회원국인 CIS 국가들의 무역구조를 보면 GDP 대비 무역의 비중이 크게 증가했음을 확인할 수 있으며 전체 무역에서 CIS 회원국의 비중이 최대 55%에서 최소 15%로 나타난다. 자원 빈국을 제외하면 무역에서 자원이 차지하는 비중이 예상대로 높은 비중을 차지하고 있다(〈표 3-2〉 참조).

EEU는 이러한 추이에 변화를 줄 수 있을 때 비로소 의미를 가질 것이다. 유라시아 대륙의 중심에 위치한 중앙아시아 국가들은 내륙국(land-locked country)이라는 취약한 지리적 변수에 의해 무역과 투자가 영향을

〈그림 3-1〉 유라시아 국가의 역내무역 비중 비교(2008)

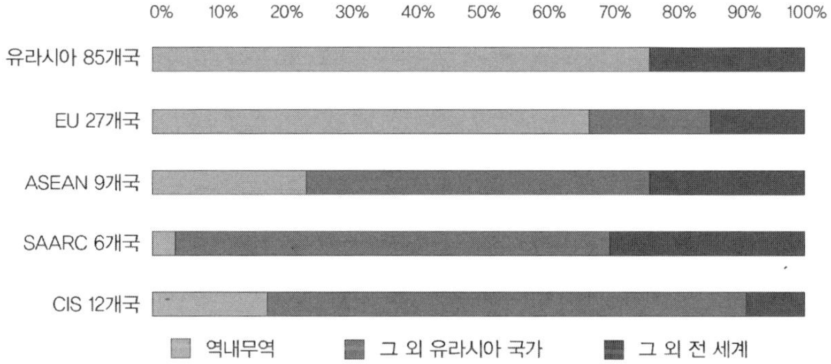

자료: Vinokurov(2013: 11)에서 재인용.

〈표 3-2〉 CIS 회원국 무역구조

(단위: %)

	주요 상대국 무역 비중			전체 무역 대비 자원 수출	GDP 대비 무역 비중
	CIS	중국	EU		
아르메니아	30	9	31	31	74.35
아제르바이잔	16	3	42	95	79.35
벨라루스	55	4	25	29	158.94
카자흐스탄	26	17	47	76	77.94
키르기스스탄	52	15	8	8	149.16
몰도바	36	6	45	1	127.86
러시아	15	9	47	66	51.58
타지키스탄	-	34	6	4	-
투르크메니스탄	-	21	20	71	-
우크라이나	40	5	29	13	110.21
우즈베키스탄	-	16	16	24	-

자료: EDB Integration(2012).

받을 수밖에 없다. 내륙국이기에 개별 국가의 의지나 효율성과 상관없이 인접한 이웃 국가와의 물리적 장벽, 관세 및 비관세장벽, 경제 제도의 차이 등으로 제약을 받기 때문이다. 그 결과, 수입 가격 상승과 수출 소득 감소라는 이중적인 부담을 안게 된다.

EEU에 가입했거나 가입을 희망하는 국가들은 세계경제로의 통합에 지정학적 요인과 관련한 애로 사항을 가지고 있다. 먼저 중앙아시아의 남쪽에 위치한 이란, 이라크, 아프가니스탄, 파키스탄 등은 분쟁 지역으로서 중앙아시아 국가들이 남쪽을 경유해 세계시장으로 접근하는 데 제약 요소가 되고 있다. 인도 시장이 존재하지만 아직 경제적으로 발달된 상태는 아니다. 동쪽에 위치한 중국의 신장 위구르 지역과 몽골은 남쪽 지역보다 정치적으로 안정적이고 경제적으로도 풍요롭지만 중앙아시아 국가들과 큰 차이를 보인다고 할 수는 없다.

다만 최근 중국이 서부 대개발 정책과 신실크로드 구상을 통해 중앙아시아의 에너지와 교통 회랑 개발에 큰 관심을 보인다는 점은 긍정적인 요인이다. 세계은행과 주요 국제개발기구들이 중앙아시아 교통 및 에너지 회랑에 적극적으로 참여하면서 이 지역의 물리적 장벽을 해소하려는 노력도 커지고 있다(〈표 3-3〉 참조). 이러한 교통 및 에너지 회랑들은 중국과 유럽을 연결해 유라시아 대륙을 하나의 대륙으로 연결하는 것을 목적으로 한다.

중국에서 시작해 중앙아시아 지역을 관통하는 교통 및 에너지 회랑이 캅카스 지역을 통과해 러시아를 우회할 수도 있고, 러시아와 이미 연결된 기존의 인프라를 보완하거나 병행해서 활용할 수도 있다. 중앙아시아 국가들에게 러시아와의 물리적 장벽을 먼저 제거하는 것은 다른 국가와 교

〈표 3-3〉 중앙아시아의 새로운 가스 파이프라인

구간	길이	용량
카자흐스탄 구간 (우즈베키스탄－중국)	1,300km	1단계 연간 4.5Gm³ 2단계 연간 40Gm³ (2013년 이후)
투르크메니스탄 구간 (투르크메니스탄－우즈베키스탄)	188km	수출 용량 연간 30Gm³ (2009년)
우즈베키스탄 구간 (우즈베키스탄－카자흐스탄)	530km	수출 용량 연간 30Gm³ (2010년)
TAPI (투르크메니스탄－아프가니스탄－파키스탄－인도)	1,680km	연간 30Gm³ (계획)

자료: Locatelli and Rossiaud(2013: 18).

류하거나 세계시장에 통합되는 것보다 용이하다.

캅카스 3개국(아르메니아·아제르바이잔·조지아)은 중앙아시아 5개국(우즈베키스탄·카자흐스탄·키르기스스탄·타지키스탄·투르크메니스탄)과 지정학적인 이해관계가 다르다. 공해로 나갈 수 있는 바다를 가지고 있다는 점에서 조지아가 유라시아 경제통합에 참여할 유인은 적다. 또한 조지아를 경유해 유럽과 직접적인 연결이 가능한 아제르바이잔의 경우에도 동기부여가 약하다. 반면 내륙국인 아르메니아는 터키, 아제르바이잔과 오랫동안 갈등 관계였으며 남쪽으로 이란과 접경하고 있다는 점에서 EEU에 참여할 가능성이 높다. 이러한 점에서 지정학적으로 아제르바이잔의 가입 여부가 더욱 중요해진다. 최근 푸틴 대통령은 아르메니아가 이미 가입한 유라시아 관세동맹에 아제르바이잔도 가입할 것을 적극적으로 요구하고 있는 것으로 알려졌다.

EU와 접경한 벨리루스, 우크라이나, 몰도바 역시 시정학적 위치와 역사성에 따라 다른 입장을 가진다. 벨라루스는 EU로의 접근이 용이한 지정학적 위치에 있지만 오래전부터 형성된 러시아와의 역사적 관계로 인해 이미 관세동맹에 참여하고 있었으며 EEU 참여도 순탄하게 진행되고 있다. 반면 몰도바는 지정학적으로 EU로의 접근이 용이하고 역사적으로도 루마니아와 연결되어 있다는 점에서 EEU 참여에 대한 동기가 약하다. 크림반도 및 동부 지역 사태로 러시아와 심각한 갈등을 겪고 있는 우크라이나 역시 EU로의 접근이 상대적으로 용이하고 공해로 접근이 가능하다는 점에서 여전히 EU와 EEU 사이에서 등거리 외교를 벌일 가능성이 있다. 물론 최근의 내전 양상으로만 판단한다면 우크라이나는 EEU 대신 EU와의 협력을 강화할 것이다.[3]

한편 구소련 국가들은 세계경제로의 통합에도 편차를 보인다. WTO 가입 현황을 보면 키르기스스탄, 조지아, 몰도바, 아르메니아, 우크라이나, 러시아, 타지키스탄은 WTO에 가입했고 아제르바이잔, 벨라루스, 카자흐스탄, 투르크메니스탄, 우즈베키스탄은 WTO에 아직 가입하지 않았다(〈표 3-4〉 참조). 유라시아 국가들은 세계경제통합에 차이를 보이고 있으며 개별 국가가 가진 부존 요소, 지리적 위치 때문에 역내 또는 역외 국가와의 협력 정도에도 차이를 보인다. 러시아는 이러한 상황을 활용해 구소

3 EEU 가입을 주저하는 국가들은 공교롭게도 모두 분쟁 지역을 가지고 있다는 공통점이 있다. 우크라이나 크림반도는 이미 러시아에 합병되었고 도네츠크와 루간스크는 분리 독립을 선언했다. 몰도바 내 트란스니스트리아 역시 독립을 선언한 상태이며, 조지아 내 남오세티야와 압하지야도 독립을 선언했다. 아제르바이잔 내 나고르노-카라바흐(Nagorno-Karabakh) 자치공화국 역시 아제르바이잔에서 사실상 독립한 상태이다.

〈표 3-4〉 구소련 국가의 WTO 가입 현황

	국가	가입 시기
WTO 회원국	키르기스스탄	1998년 12월 20일
	조지아	2000년 6월 4일
	몰도바	2001년 7월 26일
	아르메니아	2003년 2월 5일
	우크라이나	2008년 5월 16일
	러시아	2012년 8월 22일
	타지키스탄	2013년 3월 2일
WTO 비회원국	아제르바이잔	
	벨라루스	
	카자흐스탄	
	투르크메니스탄	
	우즈베키스탄	

자료: www.wto.org

련 국가들과의 협력을 강화하고자 한층 높은 수준의 제도적 통합으로 역내교역을 활성화하려 한다.

유라시아 관세동맹이 본격적으로 실행된 2009년과 대비해 2011년의 유라시아 관세동맹국 간 무역 규모는 70% 정도 성장했다. 하지만 유럽부흥개발은행(EBRD) 보고서에 따르면(EBRD, 2012: 65), 전체 무역 대비 유라시아 관세동맹국 간 무역 비중은 25%를 넘지 못하는 수준이다. 이러한 편차로 인해 EEU가 구성될 경우 회원국별 무역 창출 효과는 다르게 나타날 수 있다.

EEU의 물리적 장벽이 얼마나 빠른 시일 내에 허물어질지에 따라 이러한 역내무역 의존도의 편차가 사라질 것이다. 유라시아 관세동맹이 출현

〈표 3-5〉 유라시아 국가의 무역, 관세율, 물류성과지수

구분	무역(GDP 대비 %)		관세율(%)(최혜국 대우, 가중평균)	물류성과지수 및 순위	
	1991년	2012년	2011년	2014년	
아르메니아	100.9	72.3	2.96	2.67	92
아제르바이잔	86.9	74.3	5.64	2.45	125
벨라루스	70.2	158.7	4.39	2.64	99
조지아	58.9	96.2	1.84	2.51	116
카자흐스탄	149.3	78.5	6.95	2.70	88
키르기스스탄	72.0	136.2	4.09	2.21	149
몰도바	66.4	128.1	3.50	2.65	94
러시아	26.3	51.6	6.25	2.69	90
타지키스탄	65.4	73.9	8.07	2.53	114
투르크메니스탄	65.5	123.1	-	2.30	140
우크라이나	50.1	110.3	2.41	2.98	61
우즈베키스탄	74.4	64.4	10.04	2.38	129

주: 물류성과지수는 세계은행이 2007년부터 2년마다 발표하는 지수이며 5점 만점이다.
자료: www.worldbank.com

한 이후 러시아와 카자흐스탄 간 국경 통관이 용이해졌으나 여전히 기술적인 장벽이 존재한다. 한 예로 카자흐스탄으로 들어온 물품에 대한 서류는 러시아 국경을 통과할 때 다시 요구된다. 이렇게 개별 국가 차원의 검사와 심사가 반복적으로 요구된다면 기업들은 관세동맹국 시장 진입을 자유롭다고 평가할 수 없을 것이다. 〈표 3-5〉는 유라시아 국가들의 무역, 관세율, 물류성과지수(Logistics Performance Index: LPI)를 보여준다. 우즈베키스탄과 타지키스탄을 제외하고 대다수 국가의 가중평균 관세율은

〈표 3-6〉 무역장벽지수(관세, 서비스, 전체)

	관세		서비스	전체	
	지표 값(%)	순위	지표 값(%)	지표 값(%)	순위
아르메니아	-	-	11.4	-	-
아제르바이잔	5.3	71	-	-	-
벨라루스	8.8	93	35.1	16.9	73
조지아	-	-	11.5	-	-
카자흐스탄	2.1	39	17.0	12.4	65
키르기스스탄	3.5	50	15.2	-	-
몰도바	2.6	41	-	5.1	11
러시아	5.5	73	25.7	19.0	82
타지키스탄	-	-	-	-	-
투르크메니스탄	-	-	-	-	-
우크라이나	4.2	56	27.2	18.8	80
우즈베키스탄	-	-	23.4	-	-

자료: Cusolito and Claire(2013: 5).

5% 내외로 낮은 편이다. 하지만 전체 평가 대상 160개국 가운데 우크라이나가 61위를 차지하고 있으며 카자흐스탄 88위, 러시아 90위, 아르메니아 92위, 벨라루스 99위 등으로 전체적으로 볼 때 순위가 낮다.

유라시아 국가들의 무역장벽지수(Trade Restrictive Index: TRI)[4]를 살펴보면 이 국가들 간 무역장벽지수를 파악할 수 있다. 〈표 3-6〉에서처럼 유라시아 국가들은 중간이거나 높은 수준의 무역 장벽을 가지고 있는 것으

4 무역장벽지수는 전반적인 무역장벽지수, 관세장벽지수, 비관세장벽순위로 구성되어 있다. 무역장벽지수는 최혜국에 부여되는 관세율의 단순 비가중 평균으로 계산한다.

〈표 3-7〉 2010년 후반까지의 CIS 회원국 간 투자 누계

수취국	투자국(단위: 100만 달러)						전체 대비 CIS 회원국의 비중(2011)
	러시아	카자흐스탄	아제르바이잔	벨라루스	아르메니아	키르기스스탄	
아르메니아	1,753	10	0	0	0	0	34.9%
아제르바이잔	17	8	-	0	-	0	0.3%
벨라루스	5,702	39	0	-	0	0	44.2%
조지아	290	162	2,578	0	0	0	32.6%
카자흐스탄	2,036	-	26	1	0	0	2.2%
키르기스스탄	106	257	0	0	0	-	28.4%
몰도바	387	1	0	0	0	0	30.4%
러시아	-	891	44	156	6	0	0.2%
타지키스탄	264	44	0	0	0	1	31.1%
투르크메니스탄	173	1	0	0	0	0	1.0%
우크라이나	4,333	166	3	29	0	0	7.0%
우즈베키스탄	991	127	0	0	0	0	16.5%
CIS 총계	16,052	1,706	2,661	186	6	1	-
전체 대비 CIS 회원국 투자 비중	4.4%	10.9%	46.0%	90.7%	7.2%	50.0%	-

자료: EDB Integration(2012: 131), UNCTAD(2013: 173). 필자 계산.

로 파악된다.

대외무역만으로 판단하면 EEU를 구성하는 국가들과 잠재적인 회원국 간 협력의 원심력이 커진 것을 확인할 수 있다. 이러한 양상은 투자와 대외 채무에서도 확인이 가능하다. 〈표 3-7〉을 보면 2010년 후반까지 누적된 CIS 회원국 간 투자 누계를 확인할 수 있다. 전체 외국인 투자에서 CIS 회원국들의 투자 비중은 벨라루스가 44.2%로 가장 높으며, 12개국의 단

〈그림 3-2〉 CIS 외 국가와 CIS 회원국 수출 가격

원유

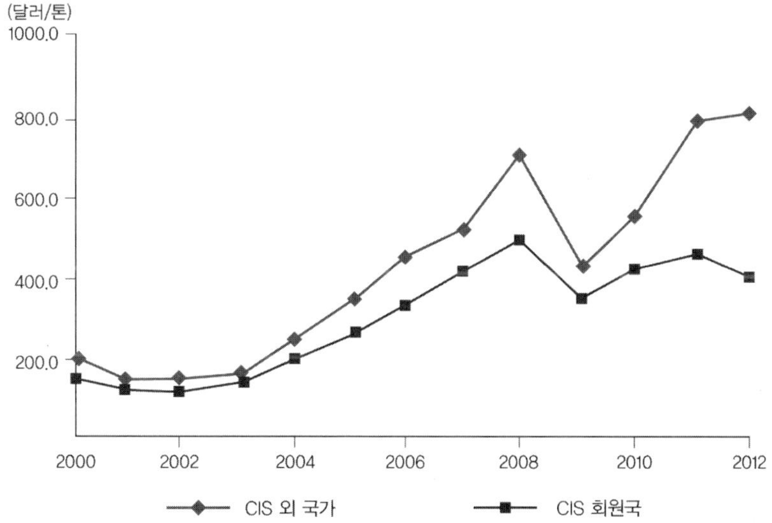

석유제품

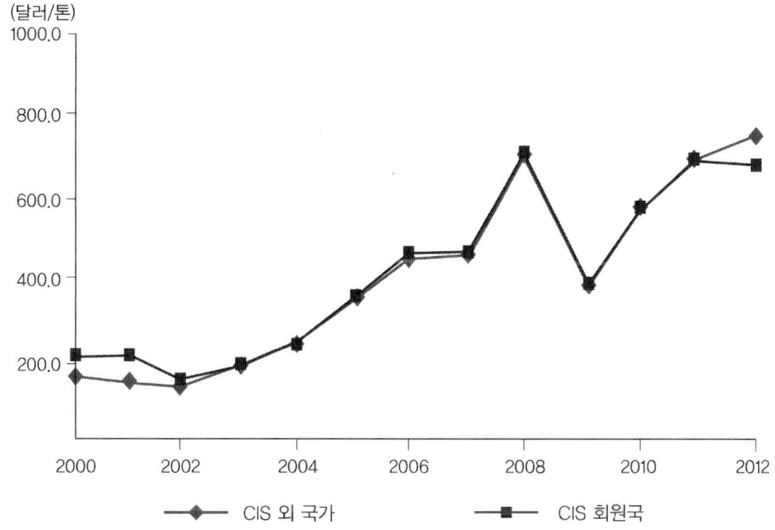

자료: 러시아 중앙은행, www.cbr.ru

〈표 3-8〉 CIS 회원국의 이주 및 러시아 내 인구·임금·송금 현황

	2009년 이주 현황 (단위: 1000명)	2010년 러시아 거주인구 (시민권자) (단위: 1000명)	2010년 임금수준 (러시아 – 100%)	러시아로부터 이주 송금 (GDP 대비 %)
아르메니아	-3.9	59.4	47.1	10.1
아제르바이잔	0.9	68.0	58.1	1.5
벨라루스	12.3	27.7	59.4	0.3
조지아	34.2	n.a.	51.5	n.a.
카자흐스탄	7.5	28.1	75.3	-0.3
키르기스스탄	-29.9	44.6	22.2	21
몰도바	-2.4	33.9	34.4	3.4
러시아	247.4		100.0	-0.5
타지키스탄	-11.6	87.1	11.5	38
투르크메니스탄		5.6		0
우크라이나	13.4	93.4	40.5	1.4
우즈베키스탄	-51.7	131.1	25.0	6.7

자료: EDB(2012), Choudinovskikh and Denissenko(2013: 8).

순 평균을 내면 20% 내외다. 러시아, 카자흐스탄, 아제르바이잔에서는 전체 외국인 투자 가운데 CIS 회원국 투자 비중이 평균 1%일 정도로 아주 적은 비중을 차지하고 있다. CIS 회원국 중 경제 규모가 큰 세 나라에서 전체 외국인 투자 대비 CIS 회원국의 투자 비중이 낮기 때문에, CIS 전체 회원국에 대한 CIS 국가 간 투자 비중은 경제 규모를 반영해 가중 평균한다면 전체 단순평균보다 훨씬 적을 것이다. 이를 보면 많은 투자가 CIS 역내에서 유입되기보다 역외 국가들(미국, EU, 중국, 한국, 일본, 인도, 이란)에 의해 진행되는 것을 알 수 있다.

유라시아 국가 간 원심력이 강화되는 상황에서 러시아는 EEU의 구심점으로서 역할을 수행하기 위해 여러 가지 노력을 기울이고 있다. 최근 러시아는 러시아어를 구사하지 못하는 이주 노동자를 받아들이지 않겠다고 했지만 다른 국가에 비해 생활수준이 높은 러시아는 여전히 중앙아시아 이주 노동자들의 매력적인 목적지다(〈표 3-8〉 참조).

또한 러시아는 CIS 회원국에 아직도 낮은 가격으로 에너지를 공급하고 있다. 〈그림 3-2〉에서 확인할 수 있듯이 러시아는 CIS 회원국으로 수출하는 원유의 가격을 CIS 이외의 국가로 수출하는 것과 비교해 낮은 가격으로 공급한다. 물론 체제 전환 초기와 비교해 비CIS 국가와 CIS 회원국 간 원유 공급가격 차이가 계속 줄어들었지만, 러시아는 여전히 CIS 회원국에 좀 더 싼 가격으로 에너지를 공급하고 있다. 최근 우크라이나 사태가 본격적으로 불거지기 전 러시아는 외채 제공과 에너지 가격 인하를 제안했다.

4. EEU의 성공 조건

EEU를 구성할 수 있는 국가 간 구심력은 체제 전환 초기에 비해 감소하는 추세라고 할 수 있다.[5] 이런 상황에서 유라시아 관세동맹이 구성된 지

5 1993년 체코슬로바키아가 체코와 슬로바키아로 분리되었을 때 두 나라는 관세동맹과 독립된 통화를 취급하는 결제 시스템, 노동의 자유로운 이동을 보장했다. 그러나 1991년 다른 국가와의 정상 교역 대비 두 나라 사이의 교역 강도는 1991년 40배에서 1995년 10배로 줄어들었다. 이에 대해 새로운 국경의 효과는 생각보다 빠르게 나타났다고 분석했다(Fidrmuc and Fidrmuc, 2000).

얼마 되지 않았는데도 EEU가 탄생할 수 있었던 배경에는 푸틴의 재집권이 있다. 소련 해체 이후 구소련 지역에서 '헤쳐 모여'식의 통합 운동이 있었는데 그중 가장 대표적인 것이 EurAsEC이다. EurAsEC에서 유라시아 관세동맹이 형성될 수 있었고 EEU 추진도 가능하게 되었다. 따라서 표면적으로 관세동맹이 EEU로 확장된 기간은 짧지만, 소련의 제도적 유산을 공유한 상태였고 오랜 기간 이 지역 국가 간 협력의 연결 고리가 있었다는 점에서 EEU의 형성은 그렇게 생소하지 않은 현상이라고 할 수 있다.

그렇다면 구심력 못지않게 원심력이 강한 EEU가 성공하기 위해서는 어떤 전제 조건들이 필요한 것일까? 다른 경제통합과 마찬가지로 EEU가 성공하기 위해서는 안정적인 국제 지불 결제 체계, 개방적인 시장, 에너지 및 자원 가격의 안정이 필요하다. 물론 장벽의 제거가 가져오는 경제적인 효과는 생각보다 빠르게 나타나지 않을 것이다. 사회주의 소련 시기에는 국가들이 형식적으로 대등한 입장이었지만, 소련 해체 이후 독립한 많은 국가들이 소련 시대와 똑같은 관계로 되돌아가야 한다면 국경을 없애려는 노력에 적극적으로 참여하지는 않을 것이다.

EEU 국가 간 역내교역에 단일 지불수단을 사용하는 것이 가능할지는 결국 국제 준비자산으로서 루블의 위상을 높일 수 있는가와 직접적으로 연관된다. 루블을 사용해서 EEU에 참여하는 국가들이 과도한 외환 위험에 노출되는 것을 방지할 수도 있지만 그 여정이 쉽지는 않을 것으로 판단된다. 그 이유는 과거에서 찾아볼 수 있다. 소련 시기에 형성된 경제상호원조회의(Council for Mutual Economic Assistance, 이하 CMEA)가 남긴 교훈은 많은 시사점을 제공한다. 소련은 CMEA 체제를 통해 태환 가능한 루블(Transferable Ruble)을 발행했다. 소련을 포함한 사회주의 국가들은 고정

환율로 자국의 화폐를 태환 가능한 루블로 변환해 무역했다. 태환 가능한 루블은 국가 간 대차 계정의 단위로서 사회주의 국가들 간 무역 흑자와 무역 적자를 측정하는 데 사용되었다.[6]

그러나 태환 가능한 루블은 실질적으로 양자 무역에만 국한된 것으로서 사회주의 진영을 넘어서 거래되지 않았기에 역내 통화라는 한계를 노출했다. 더욱이 CMEA에 참여한 많은 사회주의 국가가 국제 경쟁력을 갖추지 못한 경우가 많아서 국제적 분업 생산 체제에 역동적으로 참여하기보다는 자급 체제를 유지하면서 국제무역에 소극적으로 참여했다. 소련과 CMEA 회원국들은 무역수지 청산을 쌍무적인 협상에 의해 해결했다. 특히 CMEA 회원국과의 무역 불균형이 누적되어 이를 해결하지 않으면 더 이상 교역을 할 수 없는 지경에 이를 경우, 당사국들이 협상을 통해 부채를 탕감해주거나 원조를 진행하는 방식으로 사회주의 국제 협력 체제가 유지되었다. 이렇게 해서 발생하는 경제적 부담은 고스란히 소련의 몫으로 남았다. 결과적으로 대외무역에 경제적 긴장감은 없었으며 동유럽 국가들은 소련과 대등한 경제적 파트너로 성장하는 데 실패했다.

오늘날 세계시장에서 경쟁력을 가진 상품이 석유, 천연가스, 철, 비철금속, 면화 등으로 집중된 상황에서 과연 산업의 저변을 넓히고 생산력을 확보하는 것이 가능할 것인지에 대해 부정적으로 예측하는 자료가 더 많다. 앞의 〈표 3-2〉에서 알 수 있듯이 유라시아 국가들의 자원 의존형 무역

6 CMEA 국제결제 체제는 브레턴 우즈 체제(Bretton Woods System)를 형성할 당시 존 메이너드 케인스(John Maynard Keynes)가 제안한 국제 청산 동맹과 유사하다. 그러나 케인스의 국제 청산 동맹과 달리 CMEA는 성공적으로 무역 불균형을 해소하는 기제를 만들지 못했다.

구조는 좀처럼 개선되지 않고 있다. 볼츠코바(Nataliya Volchkova)는 EEU 회원국 중 가장 산업이 발달한 러시아도 2000년에는 세계시장에서 156개 품목에 비교 우위를 가졌으나, 2010년에는 103개 품목으로 그 수가 줄어들었다고 보고했다(Volchkova, 2011).

즉, EEU에 광물자원은 많지만 이를 가공할 수 있는 기술은 여전히 충분하지 않다. 그뿐만 아니라 우크라이나 사태에 대해 유럽이 러시아에 제재를 가하자 러시아는 EU 농산물 수입을 제재했고, 그 결과 러시아는 EEU 국가의 많은 농산물을 수입하게 되었다. EEU 회원국의 농산물 가격이 상승하자 일부 국가는 농산물 수출을 일시적으로 금지하기도 했다. 이처럼 EEU의 농산물 자원은 충분하지 않은 실정이며, 또 수출할 수 있는 농산물 품목도 그렇게 다양하지는 않은 형편이다. 한편 경제통합 역할을 하는 미국이나 EU에 비해 비교 열위가 분명한 분야는 과학기술이다.

러시아 화폐 루블이 국제 준비자산으로서 가치를 갖기 위해서는 루블로 자원을 구입하거나 상품 거래 및 식량을 확보하는 것이 자유로워야 한다. 또 루블의 국제화는 EEU가 정상적으로 작동하는 데에도 필요하다. 루블이 국제통화로 통용되려면 러시아의 정치가 안정되어야 하며 루블의 미래 가치에 대한 신뢰, 그리고 역외 거래자들이 자유롭게 접근할 수 있을 정도로 충분하게 개방되고 발달된 금융시장, 폭넓은 거래 네트워크가 보장되어야 한다.[7]

앞의 두 가지 조건은 러시아와 회원국의 의지에 의해 결정되지만 루블

---

7 코헨(Benjamin J. Cohen)은 개별 통화의 국제화는 해당 국가의 정치 안정, 신뢰, 통화의 충분한 거래 네트워크에 의해 결정된다고 분석했다(코헨, 1999: 195~197).

의 국제 준비자산화는 국제적으로 폭넓은 거래 네트워크가 수용될 경우에 의미를 갖게 된다. 이것은 역내 국가뿐 아니라 역외 국가와의 협력으로 달성할 수 있는 부분이다. 통화 거래의 네트워크 외부효과를 높이기 위해서는 규모의 경제가 중요한데, 이를 위해서는 역설적이게도 러시아와 역외 국가들과의 협력이 중요하다.[8]

러시아는 2000년대 고도 경제성장을 달성하던 시기에 세계경제로 편입하고자 적극적인 모습을 보였다. WTO에 가입하고 국제금융시장을 통한 기업의 자금 조달 및 외국자본의 투자 유치 등을 적극 추진했다는 점은 CMEA 체제의 소련과는 다른 행보라고 할 수 있다. 국제금융 체제를 적극적으로 활용하는 것은 루블의 국제화에 긍정적으로 작용할 수 있다. 하지만 최근 미국과 EU의 제재 때문에 점차적으로 루블의 가치가 하락한다면 EEU의 경제통합은 취약해질 것이다.[9]

경제통합이 성공적으로 작동하기 위해서는 새로운 기술의 개발 및 획득, 글로벌 생산 네트워크로 연결된 글로벌 가치 사슬과 공급 사슬로의 적극적인 편입이 추진되어야 한다. EEU가 발효된 뒤 가장 큰 쟁점이 될 수 있는 것은 러시아에 비해 다른 참여국의 경제 규모가 지나치게 작은 비대칭적인 특징을 가지고 있다는 점이다. EEU 내 러시아의 경제적 비중은 매우 높다. 2013년 기준으로 CIS 경제권의 상위 1개국인 러시아의 경제 집

---

8 루블의 국제화와 성장은 달러 체제로 이익을 보는 국가들에게 바람직하지 않은 현상일 수 있다. 그 때문에 저항도 적지 않을 것이다. 유로화의 경우 당초 기대와 달리 아직도 많은 어려움을 겪고 있고, 일부 역내 국가의 금융적 취약성 때문에 유로화의 가치는 출범 당시와 비교해 크게 떨어졌다.

9 제재로 인해 루블의 가치는 2014년 10월 중순에 연초 대비 25%가량 떨어졌다.

중도는 75.8%이며 EU의 독일이 20.8%, ASEAN의 인도네시아가 36%라는 점과 비교해 지나치게 비대칭적인 구조이다.[10]

이러한 문제로 러시아의 경제적 부담이 예상외로 클 수 있다. EEU는 회원국 간 경제적 격차를 줄이기 위한 정책적인 지원을 우선적으로 집행해야 할 것이다. 이는 회원국 간 비대칭성과 발전 격차로 인해 회원국이 공동 통상 정책을 형성하는 데 겪는 어려움을 줄이기 위해 필요하다. EU가 구조조정 자금을 통해 낙후된 지역의 개발을 지원하는 것처럼 러시아도 이러한 정책을 추진해야 할 것이다. 그러나 이러한 정책을 시행하기에 앞서 러시아가 당면한 문제점이 있다. 첫 번째 문제는 러시아도 지역 불균형이라는 문제를 스스로 해결하지 못한 상태라는 점이다. 두 번째 문제는 이러한 정책을 효과적으로 수행하기 위해서 필요한 자본을 확보하기가 어렵다는 점이다. 최근 경제제재와 맞제재로 이어지는 대치 상황에서 결국 EEU는 중국에서 자본을 얻을 수밖에 없는 실정이다. 흥미롭고 역설적인 것은 최근의 사태로 루블의 국제화 가능성이 위협을 받는 반면 중국의 위안화 국제화 가능성은 크게 증가했다는 것이다.

EEU 회원국과 대다수 잠재적인 회원국들은 에너지 및 광물자원에 대한 의존도가 높으며 상품 수출의 약 65%가 에너지와 광물자원이다. EEU가 성공하기 위해서는 국제사회에 팔 수 있는 EEU 회원국의 상품이 많아져야 한다. 구소련 국가들은 석유, 천연가스, 석탄 등 에너지자원뿐 아니라 철광석, 금, 레늄, 우라늄, 카드뮴, 요오드, 크롬, 망간, 수은, 아연 등 광물자원을 많이 갖고 있다. 에너지와 광물자원은 매력적인 상품이지만 국

10 http://www.skyedaily.com/news/news_spot.html?ID=17482(검색일: 2014.9.30).

제시장에서 에너지 및 광물자원의 가격 변동이 큰 실정이기 때문에 전체적으로 볼 때 거시경제의 안정성이 훼손될 수 있다. 거시경제의 불안정성은 국제결제 지불수단으로서 루블의 신뢰를 떨어뜨리고 EEU를 불안하게 만드는 요소가 될 수 있다. 따라서 자원을 대체할 경쟁력 있는 상품을 판매할 수 있어야 한다. 이는 결국 첨단 과학기술을 바탕으로 국제시장에 지속적으로 판매할 수 있는 상품을 개발할 필요가 있다는 말이기도 하다.

현재 러시아와 유라시아 국가들은 현대화와 산업 다각화 정책을 추진하고 있다. 우수한 과학기술 인력과 국가 지원을 바탕으로 항공, 우주, IT, 의료, 원자력, 에너지 효율화 등을 추진하고 있으며 이를 바탕으로 제조업을 육성하기 위해 노력한다. 유라시아의 대다수 국가가 산업 기반이 취약하기 때문에 상대적으로 안정적인 러시아가 과학기술 및 산업 협력의 사다리를 만들어야 할 것이다. 또한 물류 산업에 유리한 지정학적 위치를 통해 개별 국가가 전략적 요충지로서 특화될 수 있도록 해야 한다.

동아시아 경제성장의 특징인 국가 간 순차적 경제 발전 패턴을 반영한 안행(雁行)형 발전 모델(Flying Geese Model), 그리고 주요 지역별로 광역 집적지역이 형성되고 확산되는 동남아 지역의 수련형 발전 모델(Water Lily Model)과 같이 유라시아 지역의 특성에 맞는 발전 모델이 만들어져야 한다. 유라시아 지역의 특성을 반영한 지역 발전 모델이 있어야 EEU에 참여하는 국가들의 역내 분업이 활성화될 수 있다.

역내 분업에 적극적으로 참여할 경우 역내교역 비중이 늘어날 뿐 아니라 경제통합에 참여하는 국가 간 연결성, 수렴성, 보완성, 경쟁성이 올라갈 것이다. 결과적으로 EEU 참여국의 무역 창출 효과가 무역 전환 효과보다 증가되는 현상이 나타날 것이다.

경제통합의 범위와 참여국에 대해 규범적으로 접근하기보다 실증적인 접근과 발견적인 접근을 하는 것이 필요하다. EU가 여러 어려움을 겪는 이유 가운데 하나는 회원국을 가능한 많이 참여시킨 것이다. 회원국을 다수 확보해서 경제의 전체적인 총합은 증가했지만 경제적 격차도 커지면서 EU가 경제통합체로서 가지는 조직적인 스트레스와 긴장도가 높아졌다. 이러한 상황이 EEU에도 그대로 적용될 수 있다.

단순히 EEU 확대라는 정치적인 목적만으로 회원국을 늘린다면 나중에 EEU의 규범과 규칙을 어기는 회원국에 제재를 가하는 것이 미온적일 수밖에 없다. 따라서 양적인 규모만을 일시적으로 늘리기 위한 전략보다 단계적으로 내실을 다지는 노력이 필요하다. 유럽석탄철강공동체가 EU로 발전하는 과정은 각 단계의 조치가 완벽하지 않았으며, 따라서 추가적인 조치들이 필요했다는 것을 보여주었다. 그렇기에 이러한 교훈을 토대로 EEU 역시 주어진 일정만을 고집해 회원국을 무차별적으로 확대하는 것은 바람직하지 않을 수 있다. 그런 과정에서 반드시 고민해야 할 점은 경제통합 대상이 아닌 역외 국가들과의 관계에 대한 설정을 어떻게 할 것인지를 결정해야 한다는 것이다. 많은 유라시아 국가가 국가 발전에 필요한 자본을 확보하기 위해서는 유라시아 국가뿐 아니라 유라시아 지역 이외의 국가와도 협력해야 한다. 대표적인 교역 대상국은 EU와 중국이다.[11] 따라서 EEU 이외 국가와의 파트너십을 위한 프로그램을 마련하는 개방적 지역주

---

11 2000년에서 2010년 사이 유라시아 국가의 EU 수출은 전체 수출의 47.5%를 차지했으며, 같은 기간 유라시아 국가의 아시아 태평양 지역으로의 수출에서는 중국이 6.6%로 가장 높았다. 특히 중국은 2008년 금융 위기 이후 빠르게 성장하고 있다. 반면 수출 대상국으로서 EU의 비중은 낮아지고 있다.

의를 선택하고 추진해야 할 것이다.

5. 결론을 대신하여

경제통합을 위해 관세와 비관세장벽을 철폐하고 인적 교류를 확대하며 재정적 제도의 차이를 없애는 것은 지극히 정치적인 목적에 따라 자의적으로 행해지는 것이다. 소련 해체 이후 체제 전환을 시작한 지 20여 년이 지났지만 구소련 유라시아 국가 사이에는 여전히 많은 제도적 공통점이 존재한다. 하지만 그만큼 제도적 이질성도 커졌다. 이런 상황에서 EEU는 구소련 지역에서 러시아가 가진 우위를 더 이상 역외 국가에게 양보하지 않기 위한 노력에서 출범하는 것이다.

마치 상자 안에 꽉 눌려 있던 물건들이 상자를 열자 사방으로 흩어져 나가듯이 소련 해체 이후 유라시아 국가들의 원심력은 구심력보다 더 커졌다. 러시아가 구심력을 가지고 견인하려 하자 우크라이나, 몰도바, 조지아에 지정학적 분쟁이 일어났다. 러시아가 구소련 지역에 정치적으로 물리적·제도적 장벽을 허물려고 노력하는 만큼 이 분쟁 국가들과 보이지 않은 장벽도 더 높아졌다. 물론 러시아가 자국이 내민 손을 뿌리친 특정 유라시아 국가에 대해 루간스크, 도네츠크, 트란스니스트리아, 압하지야, 남오세티야, 나고르노-카라바흐처럼 일부 지역을 활용해서 자국의 이득을 단기간에 극대화할 수도 있다. 그러나 과연 러시아의 계획처럼 장기간 지속될 수 있는 매력적인 경제통합이 될지는 의문이다.

정치적인 결정에 의해 경제통합이 성립된다는 점에서 제도적 장벽을 없애려는 참여국들의 노력이 필요하며 물리적 장벽과 기술적·재정적·제도적 기반에 관한 냉정한 분석이 요구된다. 따라서 이 시점에서 유라시아 관세동맹의 성공과 실패로 남은 경험을 돌이켜 평가할 필요가 있다. 관세동맹 간 무역이 늘었다고 해서 반드시 역내 국가들의 후생이 개선되는 것은 아니기 때문이다.

물론 비관세장벽과 기술적인 장벽은 시간을 들이면 없앨 수 있지만 경제통합에 있어 각국의 세제와 금융 체계 등을 유기적으로 조정하고 조치하는 것이 더욱 중요하며 이를 위해 더 많은 노력이 병행되어야 한다.

2015년 1월에 출범한 EEU는 여러 시행착오를 바탕으로 나름대로 모델을 정립하면서 체계를 갖추어나갈 것이다. 결국 EEU가 성공하기 위해서는 금융, 자원, 식량, 산업 협력이 유기적으로 연계되는 경제통합 전략이 추진되어야 한다. 이는 전적으로 유라시아 국가들의 몫이지만 역외 국가로서 한국이 어떤 역할을 할 것인지는 역시 우리의 선택에 달려 있다.

한국의 EEU와 관련된 통상협력 정책은 첫째, 우리 정부와 기업이 가진 자산을 새롭게 정립되는 유라시아 공간에 어떻게 적절하게 재배치하느냐와 관련이 있다. 둘째, 새롭게 출범하는 EEU는 자신들의 정체성과 경계성을 구분하기 위해 역외 국가와의 협력 관계를 재설정할 것이다. 한국은 FTA 등을 통해 EEU와의 관계를 빠르게 제도화할 필요가 있다. 이는 시장개척, 자원 개발, 금융 교류의 상호 협력을 촉진시키는 데 기여할 것이다.

| 참고문헌 |

코헨, 벤저민(Benjamin J. Cohen). 1999. 『화폐와 권력』. 박영철 옮김. 시유시.

Choudinovskikh, Olga and Mikhail Denissenko. 2013. "Migration between CIS Countries: Trends and Policy." *SEARCH Working Paper*, No. 3/06.

Cusolito, Ana and Hollweg Claire. 2013. "Trade Policy Barriers: An Obstacle to Export Diversification in Eurasia." *World Bank Policy Research Working Paper*, No. 6434.

EBRD. 2012. *Transition Report 2012: Integration Across Borders*. London: EBRD.

EDB. 2012. *Eurasian Integration Yearbook 2012*. Almaty: EDB.

Fidrmuc, Jarko and Jan Fidrmuc. 2000. "Disintegration and Trade." *Davidson Institute Working Papers*, No. 353.

Locatelli, Catherine and Sylvain Rossiaud. 2013. "Russia/CIS Gas." *POLINARES Working Paper*, No. 71.

UNCTAD. 2013. *World Investment Report, Global Value Chain*. Geneva: UNCTAD.

Vinokurov, Evgeny. 2013. *Emerging Eurasian Continental Integration: Trade, Investment, and Infrastructure*. Astana: Emerging Market Forum.

Volchkova, Nataliya. 2011. "Output and Export Diversification: Evidence from Russia." *CEFIR Working Paper*.

온라인 자료

http://www.skyedaily.com/news/news_spot.html?ID=17482(검색일: 2014.9.30).

WTO. www.wto.org(검색일: 2015.3.25).

World Bank. www.worldbank.com

제2부 유라시아 지역통합의 역내 환경

각국의 입장과 조건

제4장

유라시아경제연합과 중앙아시아*

경제통합의 이상과 현실

김상원

1. 서론

소련 체제가 해체되면서 그 이유에 대한 여러 가지 논의가 있었다. 자발적인 의사로 설립된 국가가 아니기 때문에 붕괴의 이유도 하나로 설명하기 어려운 부분이 많다. 경제적인 측면에서 살펴보더라도 많은 원인이 있을 수 있지만, 가장 큰 원인 가운데 하나로 계획경제의 중심축이었던 단일생산 체제의 와해를 들 수 있다. 따라서 시장경제로 체제를 전환한 이후에 발생한 경제적 혼란과 부정적 결과들을 해결할 수 있는 방안으로 제시된 CIS 창설 구상은 소련 구성 공화국이었던 새로운 다수 독립국가의 지지를 받았다. 그러나 신생 독립국가 간의 이해 상충과 이기주의 발현 등 많은

* 이 글은 2014년 12월 ≪슬라브학보≫, 29권 4호에 게재된 「유라시아경제연합과 중앙아시아」를 수정·보완한 것이다.

내부 문제가 불거지면서 CIS가 지닌 경제적 잠재력은 제대로 실현되지 못했다. 오히려 부정적인 측면이 더 많이 제기되면서 형식적인 모습으로만 그 형태를 지속해오고 있다.

21세기에 러시아를 비롯해 CIS에 속하는 국가들의 경제가 급속히 성장하자 이 국가들이 세계시장에서 신흥 경제국으로 평가받기 시작했고 이 지역에 다시금 경제통합 구상이 등장했다. 경제통합이 추진되고 있는 CIS 지역에서 현재 러시아는 스스로를 주도적인 위치에 두고 있다. 즉, 러시아는 과거 소련에 포함되었던 국가들을 자신의 영향력 아래 두기 위해 노력해왔으며 이를 위해 정치, 경제, 분쟁, 에너지 문제 등을 쟁점으로 이용해왔다. 그러나 지금까지 러시아에 거리를 두고 서구에 접근하려 했던 국가들은 러시아의 심기를 자극해 다양한 형태의 갈등이 표출되었다. 즉, 러시아와의 관계에 따라 지역통합에 대한 입장에 큰 차이가 있었다. 게다가 소련 해체 이후 경제력이 약한 국가들은 많은 어려움을 겪어왔다. 이 국가들은 중립 유지, 시류 편승, 기회 모색 등 다양한 전략을 택했고, 그 결과 CIS 지역에는 여러 종류의 지역 기구가 생겨났다.

통합에 대해 CIS 회원국 간 갈등이 있었던 것 외에 또 다른 문제는 CIS에 속하는 국가들이 각자 상이한 경제통합을 생각한 것이다. 실질적으로 국가 간 경제연합이나 통합이 다양하고 급속하게 이루어지는 현 세계경제의 흐름에서 경제통합에 대한 다양한 논의가 존재하기 마련이다. 첫째는 무엇을 통합의 대상으로 삼을 것인가에 대한 논의이다. 일반적으로 거론되는 통합 대상으로는 국민, 상품, 서비스, 지역, 화폐 등이 있지만 이들 중 일부만 통합시킬지 아니면 모두 통합시킬지의 문제는 통합의 수준에 따라 달라질 수 있다. 다음은 경제통합의 수준을 정하기에 앞서 국가 간 경제통합 진전의 정도를 무엇을 통해 측정하고, 어떻게 시기와 방법을 조절할 것인가의 문제이다. 마지막으로 경제통합의 목적을 무엇으로 정의할 것인가이다. 일반적으로 대부분의 국가는 경제통합의 핵심을 상품과 서비스의 유통 활성화를 통한 무역의 확대와 분업이라고 인식한다. 따라서 통합 대상 국가 간 국제무역에서 차지하는 비중과 산업 간 비교 우위의 특화 수준 차이를 고려하지 않는다면 경제통합의 실현은 어려울 수 있다.

또한 경제통합을 추진하는 각 국가의 입장과 직면한 상황에 따라 이미 합의된 경제통합의 목적이 영향을 받을 수밖에 없다. 이를 해결하기 위해서는 경제통합이 지향하는 목표와 비전의 일치가 필요하다. 경제적 수준, 체제와 제도, 국민적 가치관 등에 차이가 있다면 통합은 기능적인 측면과 함께 가치적인 측면도 동시에 추구되어야 성공적으로 이뤄질 수 있다.

중앙아시아 국가들도 국제적인 경쟁력 획득과 함께 경제성장 지속, 지역개발과 안전보장의 진전을 희망했기 때문에 다른 국가들과 마찬가지로 교역을 촉진하는 글로벌 경제에 동참할 필요가 있었다. 현재 중앙아시아 국가들은 인근 국가뿐 아니라 세계 다른 국가와 교역할 때에도 많은 장벽에 부딪히고 있다. 복잡하고 불명료한 무역정책, 출입국 및 물품 통관 시 발목을 잡는 경직된 비자 제도와 뇌물 등 여러 문제 때문에 편법을 사용할 수밖에 없으며 이에 따라 손실이 발생하고 있다. 그 외에도 열악한 수송·교통 사정에 관한 문제와 효과적인 사업, 무역을 방해하는 수많은 장애 요인이 있다.

이 문제를 해결하기 위해 중앙아시아를 포함한 유라시아 지역에서는 그동안 다양한 형태의 경제협력이 있었다. 현재 이 지역이 국가 간 경제협력에 기초한 지역통합을 위해 노력한 결과, EAU를 형성하기 위한 전 단계인 EEU에 합의해 2015년 1월에 출범시켰다. 따라서 이 글에서는 CIS 지역의 지역통합에 대한 다양한 시도들을 경제적 측면에서 살펴보면서 중앙아시아의 참여와 역할을 고찰해보고 EEU 경제통합의 발전 가능성을 가늠해보고자 한다. 우선 중앙아시아 지역의 경제통합이 갖는 의미를 분석하고 지금까지 진행되어온 다양한 경제협력 시도에 대한 중앙아시아 국가들의 입장을 정리해본다. 다음으로 이 지역의 경제통합 과정을 분석하여 중앙아시아 국가들과 CIS 지역 국가 간 경제통합의 미래에 대해 논의하기로 한다.

2. 중앙아시아 국가들의 지역 협력과 통합의 의미

1) 소련의 붕괴와 중앙아시아

중앙아시아는 소련 시기 이전에 유럽과 동아시아, 북아시아와 남아시아를 잇는 교량 역할을 해온 지역이다. 지난 소련 시기에는 이러한 역할을 하지 못했으나, 현재 다시 지리적 교량으로서 기능하고 있다. 또 과거 몇 세기 동안 이슬람 세계의 종교, 과학, 문화 발전의 중심지이기도 했다. 그러나 16세기경부터 서서히 세계 역사의 주류에서 벗어나기 시작했고, 특히 제정러시아에 복속되었다가 다시 소련의 일부가 되면서 국가도 아닌 러시아의 주변 지역으로서 상당 기간 남게 되었다. 소련의 영향력 아래 있던 지난 70년간 중앙아시아 국가들은 자유 진영 국가들과는 다른 발전 단계를 밟아왔다. 중앙아시아 국가들의 경제는 소련의 다른 공화국들과의 관계 속에서 점차 기틀을 잡았으며 이 시기 동안 사회 인프라, 인적자원에 대한 투자가 이루어지면서 생활수준도 개선되었다.

1991년 소련이 해체되면서 중앙아시아에 카자흐스탄, 우즈베키스탄, 투르크메니스탄, 키르기스스탄, 타지키스탄 등 5개국이 탄생했다. 이 5개국의 총인구는 5700만 명에 달한다. 중앙아시아에 새로 만들어진 국경선은 신생국가들 간의 이해관계가 얽혀 있다. 국경선은 국가 간 교역 활동과 기존의 인간관계를 제한시켰고 취약한 중앙아시아 지역의 수자원 및 에너지 공급 시스템을 약화시켰다. 농업과 공업에 대한 수요와 공급 및 보급로가 끊기자 그동안 이 분야에 종사하던 숙련된 기능을 가진 러시아인이 이 지역을 떠났다. 또 소련 시기에 중앙정부로부터 지급되던 보조금이 사라지면서 경제의 기반이 붕괴되기 시작했다. 그 결과, 경제적 어려움과 더불어 빈곤층이 확대되고 중앙아시아의 취약한 경제 기반에 따른 어려움이 증가하기 시작했다.

그러나 소련의 붕괴로 중국과 이란 및 아프가니스탄 국경이 열리면서 중앙아시아를 횡단하는 역사적인 교역로가 부활했다. 이에 따라 중앙아시아의 풍부한 에너지자원을 세계시장에 공급하고, 중앙아시아와 다른 국가 사이에 무역과 통신이 강하게 결속될 가능성이 나타났다. 이러한 가능성을 최대한 이용하기 위해 중앙아시아 국가들은 미약하지만 협력을 위한 기틀을 준비하기 시작했다(Ushakova, 2003: 120~128 참조).

현재 중앙아시아 각 공화국은 지형, 인구 규모, 천연자원의 매장량, 노동력, 그리고 정치적 성향에 큰 차이가 있다. 또 역내 각국 간, 그리고 다른 국가들과의 협력 체제와 통합에 대한 적극성에도 큰 차이를 보인다. 그러나 중앙아시아 국가들은 많은 과제와 기회를 공유하고 있고, 특히 소련 시기 이전부터 공통의 역사를 가지고 있으며 교역 관계, 수자원, 에너지 등에서도 밀접한 관계가 있다. 그뿐만 아니라 국내외 위협에 대한 공통의 안보 의식을 갖고 있다는 공통점이 있다.

중앙아시아 각국의 국민과 정부는 소련 붕괴 이후 어려운 경제문제에도 적절히 대처해왔다. 중앙아시아 지역에는 부족한 자원의 공동 이용을 둘러싼 긴장이 잠재적으로 존재함에도, 이 지역 국가 간 그리고 인접국과의 사이에서 분쟁이 발생하지 않았다. 이러한 상황에서 시장을 기반으로 한 새로운 제도 구축과 세계시장 진입을 이룩하면서 큰 진전을 보인 국가도 있다. 중앙아시아의 모든 국가가 독립 초기에 극심한 경제적 혼란과 심각한 불황을 겪었고 국가 간 격차는 있으나 모두 점진적인 경제 회복을 보이고 있다. 또 향후 지역 경제협력과 통합을 촉진하는 데 기초가 될 중앙아시아경제연합과 같은 지역 기구도 이미 마련되어 있다.

한편 중앙아시아의 모든 국가가 소련 정부에 의해 자의적으로 정해진 국경선에 공통적으로 불만을 가지고 있다고 할 수 있다. 특히 국경선에 인접한 지역사회에서는 국경선 때문에 가족과 친지가 갈라진 경우도 종종 있었다. 국경선은 국가 간 상호 교역과 투자를 방해하기도 하지만 국가 및 대기업뿐 아니라 중계무역에 종사하는 자영업자를 비롯한 소규모 기업에도 영향을 미친다. 새로운 국경선 때문에 농민들은 대대로 이용해오던 땅과 수자원을 이용하지 못하게 되었다. 또한 경제나 기타 이유로 이주나 입출국을 할 때 국경 경비병과 세관 직원의 감독 강화로 인한 비용이 증가하기도 한다. 국경 관리의 불공정성과 비효율, 그리고 이 과정에서 발생하는 비리는 중앙아시아 모든 국가의 새로운 성장과 번영의 기회 상실이라는 심각한 문제를 발생시킬 수 있는 요인이 되고 있다(Ларуэль, 2013).

국가 간 국경선이 낳은 문제들에 대응하기 위해 중앙아시아 지역과 인근 국가들은 새로운 협력 틀을 구축해 상호 간 경제적·사회적 화합의 방법을 모색하고 있다. 즉, 물리적 국경을 제약 요건이 아니라 협력과 상호 소통의 통로로 구축하는 것이다. 소통의 통로를 구축하는 것은 중앙아시아 지역 협력을 위한 중요한 진전이며, 원활한 교역의 촉진은 국가 간 긴밀한 관계를 위한 수많은 요소 중 가장 중요한 기반이라고 할 수 있다. 이미 중앙아시아 국가 간에 중요하게 떠오른 수자원과 에너지에 관한 문제로 지역 협력의 필요성이 자주 제기되었다. 또한 경제적 취약성으로 인해 발생한 마약, 테러리즘 등 지역적인 위협에 대해 각국이 공조할 필요성에 충분히 공감하고 있으며, 더불어 향후 발전전인 새로운 방향에 대해서도 지속적으로 논의하고 있다.

2) 중앙아시아 지역 협력

중앙아시아 국가들은 소련 붕괴 이후 양자 및 다자간 경제 관계 강화와 미래 경제통합을 목표로 국가 간 협력 관계 구축을 다양한 형태로 추진해오고 있다. 최근 경제협력을 넘어 통합이라는 용어가 등장한 것은 소련의 일부가 아닌 독립된 주권 국가로서의 지위를 확립하고 있다는 것을 의미하기도 한다.

현재 중앙아시아 지역의 국가 간 협력체로는 CIS, EurAsEC, 공동경제구역, 러시아·벨라루스·카자흐스탄 관세동맹과 같은 경제 중심의 기구와 상하이협력기구, 민주주의와 경제 개발을 위한 구암 기구(GUAM) 등 정치기구와 같은 다양한 지역 협력체가 활동하고 있다. 또 이미 WTO에 가입한 나라도 있다. 다양한 지역 협력 단체가 활동하고 있는 상황에 대해 중앙아시아 전문가들은 국가 관계가 얽혀 있는 상황을 뜻하는 스파게티 볼 효과(Spaghetti bowl effect)[1]라고 지칭하기도 한다.

중앙아시아 지역의 다자간 지역 협력 틀로서 1994년에 중앙아시아 3개국 카자흐스탄·키르기스스탄·우즈베키스탄은 중앙아시아경제연합(Central Asian Economic Union)을 결성했다. 이후 1998년에 타지키스탄이 가입하면서 중앙아시아경제공동체(Central Asian Economic Community)로 개칭했고, 2002년에 중앙아시아경제공동체의 한계를 극복하기 위해 발전적으로 해체시킨 뒤 회원국 간 통일적인 경제 시장을 구축할 것을 목표로 중앙아시아협력기구(Central Asian Cooperation Organization, 이하 CACO)를 설립했다. CACO는 국경 관리와 수자원의 효율적인 이용 등 중앙아시아 지역 협력을 실현할 목적으로 만들어진 단체로서 우즈베키스탄, 카자흐스탄, 키르기스스탄, 타지키스탄, 러시아가 참여하는 협력체이다. 이 협력체에서 각국 정상이 모인 국가 간 회의와 총리 회의, 외무 장관 회의 등이 열린다. 2004년 가을에는 러시아도 이 기구에 정식으로 가입했다. 그러나 CACO는 아무런 실제적인 성과를 얻지 못하고 EurAsEC에 통합되

1 여러 국가와 동시다발적으로 FTA를 체결할 때 국가마다 서로 다른 원산지 규정, 통관절차, 표준 등에 제대로 대응하지 못해 손해를 보는 것을 일컫는다. 이런 상황이 접시 속의 스파게티 가락이 서로 복잡하게 엉켜 있는 모습과 비슷하다는 이유로 스파게티 볼 효과라고 부른다. 대개 스파게티 볼 현상은 모든 경제 현안에 대해 주도력이 없거나 관계 부처 또는 경제주체 간 충분한 합의 없이 특정한 목적이 결부되어 무리하게 추진될 때 자주 발생한다. 국제무역론 학자인 자그디시 바그와티(Jagdish Bhagwati) 미국 컬럼비아대학교 교수가 동시다발적 협정의 비효율성을 지적하기 위해 이 용어를 사용했다. S한경, 『경제용어사전』, http://s.hankyung.com/dic/searchList.php?seq=6337(검색일: 2014.9.1).

었다(WTO, 2006: 35).

CACO 외에 중앙아시아 국가 간 협력으로 실질적인 경제협력을 위해 러시아·벨라루스·카자흐스탄이 1995년에 합의한 관세동맹도 있다.[2] 이 동맹에 키르기스스탄은 1996년, 타지키스탄은 1997년에 가입했다. 또한 1985년에 이란·파키스탄·터키 3개국이 경제, 기술, 문화 협력을 촉진하기 위해 결성한 경제협력기구(Economic Cooperation Organization: ECO)에 중앙아시아 5개국인 카자흐스탄, 우즈베키스탄, 키르기스스탄, 타지키스탄, 아제르바이잔이 1992년에 가입하기도 했다. 경제협력기구는 2003년에 '경제협력기구 무역협정(ECO Trade Agreement: ECOTA)'를 체결해 80%의 무역품목에 대해 관세 인하를 추진하기도 했다. 또한 중앙아시아 국가 간에 FTA가 체결되었으며 키르기스스탄의 경우 1993년 러시아, 1995년 아르메니아, 1996년 몰도바, 1997년 우크라이나, 2001년 카자흐스탄과 FTA를 체결했다.

그동안 중앙아시아 국가들은 상호 간 다양한 경제협력협정을 체결했지만 체결된 모든 협정이 제 기능을 발휘했다고 말하기는 어려우며, 경제협력으로 통합 지역의 경제가 활성화되거나 통합되었다고 할 수도 없다. 실질적으로 거의 기능하지 않는다고 보는 것이 타당하다. 다양한 경제협력기구가 존재하는 만큼 상황이 매우 복잡해졌으며 그 협정을 체결한 의도에 대해서도 지극히 회의적이 되었다. 이러한 협정들이 실효성을 내지 못하는 데에는 여러 가지 이유가 있지만, 첫 번째는 경제적으로 관세 문제와

2 관세동맹의 실질적인 발표는 2010년에 이루어졌으며 1995년에는 관세동맹을 하자는 의견에 합의했다.

FTA의 대상 범위가 한정적이며 모호하다는 점이다. 관련국들의 국익과 직접 관련된 교역 품목을 자유무역 대상에서 제외한 것이 대표적인 예이다. 두 번째는 무역 국가 간에 이익 배분에 대한 의견 차이가 있어 협정 실시가 지연된 것이다. 세 번째는 중앙아시아 지역에 이 문제를 논의할 만한 구속력을 가진 대표 기구가 없다는 것이다. 네 번째는 재산세, 소득세, 부가가치세 등 과세 방법이 통일되지 않았고 이 때문에 중앙아시아 국가 간 분쟁이 지속되고 있다는 점이다(Tumbarello, 2005: 1~26). 일반적으로 관세의 비가중평균 세율이 낮은 수준에 머문다면 이는 당사국 간에 무역협정을 체결한 결과로 볼 수도 있다. 그러나 중앙아시아 각국은 공산품에 대한 실효보호율이 매우 높고, 여전히 내성적인 경제정책을 운영하고 있다. 이는 경제적 이유보다 정치적 이유가 더 영향력을 미친 것으로 보인다. 즉, 서방국가가 중앙아시아 지역에 인프라 프로젝트를 통해 개입하고 영향력을 확대하는 것을 막기 위해, 러시아가 인프라 정비나 경제협력과 같은 형태로 중앙아시아 국가들에 영향력을 미치고 있다고 볼 수 있다(Blank, 2004: 225~ 248). 게다가 더 근본적으로는 중앙아시아 국가들이 서로 간 경제 거래에 전혀 신뢰가 없다는 점도 문제이다. 따라서 중앙아시아 지역 경제협력을 추진하기 위해서는 제도적 틀을 구축하는 것도 중요하지만 실효성을 높일 수 있는 방법을 모색하는 것이 필요하다.

정치적인 성격을 지닌 협력체로 2001년 6월 상하이에서 개최된 카자흐스탄, 타지키스탄, 우즈베키스탄, 키르기스스탄, 러시아, 중국 정상회담에서 결정된 상하이협력기구 설립을 들 수 있다. 2002년 6월 상트페테르부르크에서 열린 상하이협력기구 제2차 정상회의에서는 지역 반테러 기구 창설에 대한 협정도 체결되었다. 지역 반테러 기구는 우즈베키스탄의 타슈켄트에 상설 기관으로 설립되었으며 테러에 대비해 각국의 사법·특수 기관의 협력을 추진할 목표로 세워졌다. 중국은 상하이협력기구를 통한 경제문제 해결을 목표로 상하이협력기구 활동에 적극적으로 참여하고 있다. 중국이 양자 간 협력을 기반으로 외교 관계를 수립해왔다는 전력에 주목할 필요가 있다. 중국이 모든 상하이협력기구 회원국과 제휴 및 협력에 관한 양자 조약을 동시에 체결한 것은 목적성이 있는 행동이다.

정치적 성격을 띤 다른 협력체로는 구암 기구를 들 수 있다. 우즈베키스탄이 가입된 동안의 명칭은 구암(GUUAM)이었다. 또한 2005년 여름 발트해, 흑해, 카스피 해 주변 국가가 참여한 민주적 선택 공동체(Community of Democratic Choice)의 설립이 조지아와 우크라이나에 의해 결정되었고 제1차 정상회의가 2005년 12월에 우크라이나의 수도 키예프에서 개최되었다(Лысенков, 2011). 이 기구는 구소련 지역의 민주화 추진이 최우선적인 목표였다. 카스피 해의 에너지자원을 지중해에 직접 수출하는 바쿠-트빌리시-제이한(BTC) 송유관의 안전한 가동을 목표로 미국이 구암 기구와 민주적 선택 공동체 활동에 적극적으로 참여했다.

3. CIS 지역 경제협력과 중앙아시아

1) 자유무역 지대 형성과 중앙아시아의 역할

소련 붕괴 후 1994년 4월 CIS의 12개 국가[3]들은 'CIS 자유무역지대 창설 협정'[4]을 체결했다. 1993년에 체결된 '경제동맹 창설 조약'[5]에 이미 CIS

회원국 간 경제통합을 3단계에 걸쳐서 심화시킨다는 내용이 규정되어 있었는데, 이 내용에 따르면 '자유무역지대 창설 협정'은 그 첫 번째 단계라고 할 수 있다. 그러나 '자유무역지대 창설 협정'에 조인한 12개국 중 실제로 이 협정에 비준한 국가는 1999년 기준으로 아제르바이잔, 카자흐스탄, 키르기스스탄, 몰도바, 타지키스탄, 우즈베키스탄 등 6개국에 불과하며 러시아를 포함한 나머지 6개국은 비준을 거부했다. '자유무역지대 창설 협정'이 내세운 과세 원칙이 문제가 되었기 때문이다. 일반적으로 국가 간 무역에는 상품을 수입하는 측, 즉 소비지 정부가 과세하는 소비지국 과세 원칙을 따른다. 그러나 유라시아 국가들 중에서는 소련 시절 국내 유통이 많았던 역사적 유산으로 수출하는 측의 정부가 과세하는 원산지국 과세 원칙을 따르는 경우가 많았다. 그러나 원산지국 과세 원칙은 수입국이 낸 관세가 원산지 국가인 수출국의 세수가 되기 때문에 불공평하다는 의견이 대두되었고, 자유무역 지대 창설 조약으로 국제적인 관례에 맞춰 소비

---

3 12개 국가는 러시아, 우크라이나, 벨라루스, 카자흐스탄, 투르크메니스탄, 우즈베키스탄, 타지키스탄, 키르기스스탄, 조지아, 아르메니아, 아제르바이잔, 몰도바이다. 이후 우크라이나, 투르크메니스탄, 몰도바는 준회원 국가로 입지가 바뀌었다. 2008년 러시아와 조지아 전쟁 이후에 조지아가 정식으로 탈퇴했다. 현재의 정식 회원국은 11개국이다.

4 "Зона свободной торговли в странах СНГ, Справка," (Соглашение стран СНГ, 1994.4.15, "О создании зоны свободной торговли"), http://ria.ru/economy/20090415/168192821.html(검색일: 2014.9.1).

5 참여 국가는 라시아, 벨라루스, 카자흐스탄, 투르크메니스탄, 우즈베키스탄, 타지키스탄, 키르기스스탄, 아르메니아, 아제르바이잔, 몰도바 등 11개국이며 조지아는 참여하지 않았다. "Договор о создании экономического союза," Москва, сентября 24, 1993, http://www.ved.gov.ru/rus_export/partners_search/torg_exp/?actio n=showproduct&id=546(검색일: 2014.9.1).

지국 과세 원칙이 채택되었다. 이에 대해 러시아는 세수 감소 등을 우려해 새로운 과세 원칙으로의 이행을 거부했고, 우크라이나 등 일부 국가만 일방적으로 소비지국 과세 원칙으로 이행하면서 과세 원칙이 통일되지 않아 자유무역지대 구상은 유명무실해졌다.

따라서 러시아는 CIS 국가들을 포섭해 1995년에 창설된 자유무역지대가 아닌 좀 더 한정된 국가들로 구성된 자유무역지대를 지향하게 되었다. 그 최초의 움직임이 바로 1995년 1월에 벨라루스 및 카자흐스탄과 공동으로 설립한 관세동맹이다. 회원국 내에서는 관세를 폐지하고 자유무역을 하는 한편, 대외적으로는 관세율을 통일하고 하나의 경제권을 형성한다는 구상이다. 또 1996년과 1999년에 키르기스스탄과 타지키스탄도 가입하면서 관세동맹은 5개국 체제가 되었다.[6] 1999년 2월, 관세동맹 회원인 5개국은 관세동맹 및 공동경제구역에 관한 조약[7]에 조인했고, 1995년 관세동맹에서 무산된 공통관세의 형성이나 노동력 및 자본의 자유이동에 따른 공동시장의 실현을 지향하는 데 합의했다.

그러나 과세 원칙에 대한 의견 대립은 여전히 컸다. 키르기스스탄, 카자흐스탄, 타지키스탄은 소비지국 과세 원칙을 주장하고 자유무역지대 창설 조약을 비준했지만 러시아와 벨라루스는 여전히 소비지국 과세 원칙에 반대하는 자세를 취하고 있다. 이 때문에 관세동맹은 대외 관세율이 통일되지 못해 실질적으로 운영되지 못했다. 한편 러시아는 CIS 중 관세

---

6 "Соглашение о Таможенном союз от," января 20, 1995, http://www.tsouz.ru/Docs/IntAgrmnts/Pages/Dogovor_20011995.aspx(검색일: 2014.9.1).

7 "Договор о Таможенном союзе и Едином экономическом пространстве, http://www.consultant.ru/document/cons_doc_LAW_31914/(검색일: 2014.9.1).

동맹에 가입하지 않은 국가에서도 소비지국 과세 원칙을 채택하도록 강력하게 요구했다.

이후 러시아는 석유 및 천연가스에 대해서 원산지국 과세 원칙을 유지하고, 국가연합 창설 조약[8]을 맺은 벨라루스에 대해서 국내와 같은 조건을 적용했으며 광물자원을 자유무역에서 예외로 두는 것 등 세 가지 조건을 내걸었다. 이것을 제외한 나머지에 관해서는 소비지국 과세 원칙을 실시하겠다고 밝혔다. 이 조건들은 다수의 CIS 회원국에 받아들여졌으며, 2000년부터 2001년 사이에 러시아는 대부분의 CIS 회원국들과 양자 간 조약을 맺고 과세 원칙에 관한 문제를 해결하는 데 성공했다. 이에 따라 본격적인 경제통합의 기초가 마련되었다.

앞서 언급했듯이 이 시기에 중앙아시아 국가들은 미숙한 시장경제체제로 인해 자유무역지대에 적극적인 모습을 보이지 못했다. 즉, 러시아에 또다시 경제적으로 종속되는 것이 아닌가 하는 우려가 컸다고 할 수 있다. 따라서 과세 문제를 제기하며 러시아에 유리한 과세 원칙에 반대했다고 볼 수 있다.

2) 관세동맹

2007년에 러시아·벨라루스·카자흐스탄 3개국은 관세동맹을 출범시키기로 합의한 후 러시아에서 2008년 10월 27일, 벨라루스에서 2008년 7월

---

8 "Договор о создании Союзного Государства," декабрь 8, 1999, http://www.consultant.ru/document/cons_doc_LAW_25282/(검색일: 2014.9.1).

9일, 카자흐스탄에서 2008년 6월 24일에 비준한 뒤 2010년 1월 1일 관세동맹을 출범시켰다.[9] 그동안 자유무역지대와 관세동맹 등 몇 가지 유사한 시도가 있었지만 성공적이지는 못했다. 관세동맹은 과거의 경험과 반성을 토대로 실질적인 발전과 변화를 목표로 했으며 이에 따라 2009년 12월 31일까지 준비 단계 동안 각국은 관세동맹조약의 비준과 관련 조직의 개시를 비롯한 기반을 마련했다. 2010년 1월 1일부터 같은 해 6월 30일까지는 첫 번째 단계로 3개국에 공통관세를 도입하고 실제적인 운용을 시작했다. 2010년 7월 1일부터 2011년 6월 30일까지는 두 번째 단계로 세관 행정, 통관 업무 전반에 걸쳐 회원국 공통의 규칙을 정한 조약인 관세동맹 기본법[10]의 시행 등을 중심으로 관세동맹의 운영이 본격화되었다.

2010년 12월 관세동맹에 합의한 3개국은 가입 거부 의사를 밝힌 우즈베키스탄을 제외하고 키르기스스탄과 타지키스탄에 관세동맹과 공동경제구역에 가입할 것을 요청했다. 그 결과, 키르기스스탄은 2011년 4월에 가입 의사를 공식적으로 발표했다. 키르기스스탄이 관세동맹에 가입한 것은 대외무역 중 관세동맹 국가가 차지하는 비중이 40%가 넘기 때문이다.[11] 키르기스스탄은 관세동맹에 가입함으로써 시장 확대와 외국인 직접투자(FDI) 유치에 유리한 환경이 조성되고 자유로운 노동력 이동을 위한

---

9 "Договор о создании Союзного Государства," декабрь 8, 1999, http://www.consultant.ru/document/cons_doc_LAW_25282/(검색일: 2014.9.1).

10 "Таможенный кодекс Таможенного Союза," прелл 16, 2010, http://www.tsouz.ru/Docs/Kodeks3/Pages/default.aspx(검색일: 2014.9.3).

11 "Внешняя торговля Кыргызской Республики 2008~2012," http://stat.kg/images/stories/stat.files/tematika/External%20trade%202008-2012.pdf(검색일: 2014.9.3).

조건 등이 형성될 수 있었다.[12] 반면 타지키스탄은 관세동맹 가입에 적극적인 관심을 보이지 않고 있다. 타지키스탄은 관세동맹국과 국경을 접하고 있지 않기 때문에 키르기스스탄이 관세동맹에 가입하기 전까지는 의미가 없기 때문이다.

그러나 두 번째 단계에서 문제가 발생했다. 벨라루스가 반대한 것이다. 러시아 석유 및 가스 제품이 예외 취급 품목으로 분류되어 관세가 원산지국 과세 원칙에 따라 부과된 것이다. 즉, 수출국이 관세를 부과해 러시아에서 석유 및 가스를 거의 전량 수입하는 벨라루스에 부담으로 작용했기 때문이다. 결국 2010년 7월 1일 관세 행정이나 통관절차 전반에 대해 포괄적으로 정한 관세동맹 기본법이 시행되었으며, 이듬해 2011년 7월 1일에 3개국 국경 세관이 철폐되었다. 2012년 1월 1일에는 3개국 정상이 '공동경제구역' 창설을 발표하는 등 관세동맹의 발전과 더 새로운 단계로의 이행이 진행되었다.

공통관세 도입으로 가장 큰 영향을 받은 국가는 카자흐스탄이다. 그동안 카자흐스탄의 평균 관세율은 무려 6%로 낮게 유지되었지만, 공통관세가 도입되면서 평균 관세율이 두 배 가까이 올라 수출입 상품 중 45%의 관세가 상향 조정되었다. 반대로 관세율이 떨어진 상품은 전체의 10%에 그쳤다. 한편 러시아는 전체 품목의 4%에 한해서만 관세율이 상승했고 14%의 상품에서 관세가 떨어져 가장 큰 이익을 보았다. 이러한 불균형을 완화하기 위해 카자흐스탄에 대해서는 몇몇 상품에 이행 기간을 두었다. 전체

---

12 "Киргизию приняли в Таможенный союз," http://izvestia.ru/news/504414 (검색일: 2014.9.3).

1만 1000개 중 약 400개 상품에 대해 최대 2014년까지 공통관세 적용을 유예하기로 한 것이다.[13] 상품 리스트에 기재되어 있는 8000개 상품은 관세동맹원회의 사실상 만장일치로 공동수입관세율 변경이 결정되지만, 기타 상품에 대해서는 위원회의 2/3 이상의 찬성으로 결정된다. 그동안 몇 가지 변경이 있었으나 관세율 수준은 거의 변하지 않았다.

한편 2010년 7월 1일부터 러시아나 카자흐스탄 간에 통관절차가 불필요해졌으나 이후 세관 사무소로 형태로 운영되다가 2011년 7월 1일에 철폐되었다. 이렇게 2011년 7월 이후 두 국가 간 상품 이동이 거의 자유화되었고 역외 국가와의 상품 이동에 대해서는 각 국가의 국경 세관에서 관리하게 되었다. 실질적인 관세동맹이 실현되면서 이루어진 국경 세관의 철폐는 중요한 의미가 있다. 우선 역외 국가에서 수입되는 상품에 대한 관세율의 통일화이다. 2010년 공통 수입관세율 도입, 카자흐스탄의 일부 품목 예외 적용의 단계적 축소, 개인 수입 규제에 따른 수입관세율의 통일화가 실질적으로 실현되면서 3국의 국경 세관 철폐가 가능해졌다. 두 번째로 2010년 9월 1일부터 수입관세에 의한 수익의 통일적인 분배 메커니즘이 도입되었다. 3개국 간 국경 세관이 철폐되면 역외 국가에서 수입되는 상품의 발송국을 판별하기가 어려워지기 때문에, 3개국 사이에 수입관세 수익의 배분 방법을 책정해둘 필요가 있었다.

관세동맹의 핵심인 관세 조율 문제가 결국 카자흐스탄을 제외한 중앙

---

13 "О едином таможенно-тарифном регулировании таможенного союза Республики Беларусь, Республики Казахстан и Российской Федерации," Решение, ноябрь 27, 2009, http://www.tsouz.ru/KTS/meeting11/Pages/kts11_130.aspx(검색일: 2014.9.3).

아시아 국가들의 가입을 복잡하게 만들었다. 대표적인 사례로 키르기스스탄은 1998년 WTO에 가입했기 때문에 관세동맹국들과 비교할 때 WTO 양허관세율이 매우 낮아 관세동맹 가입에 필요한 관세 조율이 거의 불가능했다. 관세동맹에 아직 가입하지 않은 중앙아시아 국가들은 관세동맹 출범 이후 발생할 수 있는 모순과 갈등에 대한 해결 능력을 지켜보고 있다고 할 수 있다. 관세동맹이 초국가적 조직은 아니기 때문에 실질적인 효과를 얻을 수 있다는 확신이 들 때까지 가입을 보류하고 있다고 볼 수 있다.

3) 공동경제구역

러시아·벨라루스·카자흐스탄은 2012년 1월 1일에 공동경제구역[14] 형성에 관한 조약을 발효시켰다. 실질적인 공동경제구역에 대한 논의는 1999년 관세동맹 및 공동경제구역에 관해 러시아, 벨라루스, 카자흐스탄, 키르기스스탄, 타지크스탄이 합의한 것과 더불어 2003년 러시아, 벨라루스, 카자흐스탄, 우크라이나가 창설 합의를 하면서 시작되었다.[15] 러시아, 벨라루스, 카자흐스탄, 우크라이나는 경제통합을 심화시키기 위한 목적으로 공동경제구역에 합의한 것이다. 공동경제구역 창설의 목적은 우선 상품, 서비스, 자본, 노동력의 효율적인 공통 시장을 실현하는 것이다. 또한 회원국 국민의 생활수준 향상을 위해 경제구조를 개혁해 지속적으로

---

14 "Единое экономическое пространство," http://www.evrazes.com/customunion/eepr(검색일: 2014.9.3).

15 "Соглашение о формировании Единого экономического пространства, http://archive.kremlin.ru/text/docs/2003/09/52478.shtml(검색일: 2014.9.3).

성장이 가능한 환경을 만들기 위해 세제, 금융, 통화, 재정, 상거래, 관세에 관한 정책을 조율한다. 더불어 국가 간 경제 활성화를 위해 통일적인 수송, 에너지, 정보 시스템을 개선·발전시키고 마지막으로 경제, 산업, 과학기술 등 협력이 필요한 분야에서 우선적인 개발 분야에 정부 지원을 실시하기 위한 통일된 제도를 마련하는 것이다.

공동경제구역 출범과 함께 다음과 같은 내용의 합의를 보았다. 첫째, 거시경제정책에 협조한다. 둘째, 자본의 자유이동을 위한 금융시장 환경을 정비한다. 셋째, 공동경제구역 회원국 정부에 의한 통화정책 협조 원칙에 관한 합의 및 정부 조달에 대해 합의한다. 넷째, 공동경제구역 가맹국들은 서비스 및 투자 거래에 대해 합의한다. 다섯째, 정부의 농업 분야 보조 규칙을 통일하는 것에 합의한다. 여섯째, 산업 보조금 지출에 대한 동일한 규칙에 대해 합의한다. 일곱째, 경쟁에 대한 규칙 및 원칙에 합의한다. 여덟째, 지적 재산권 보호 및 방어 원칙에 대해 합의한다. 아홉째, 러시아, 벨라루스, 카자흐스탄의 석유 및 석유제품에 대한 공동시장의 운영 방향, 개발 절차 등에 합의한다. 열째, 가스 수송 시스템 분야 자연독점 기업으로부터 서비스를 제공받는 절차에 대해 합의한다. 열한 번째, 철도 수송의 이용에 관한 규제에 합의한다. 열두 번째, 전력 분야에서의 자연독점 기업의 서비스 제공 보장에 합의한다.

2012년에 합의된 공동경제구역 창설은 이미 2009년 12월에 승인된 바 있는 3개국의 '공동경제구역 형성을 위한 행동 계획'에 따라 진행된 것이다. 또한 이 조약의 발효에 앞서 2011년 11월에 관세동맹의 최고 의사결정기관이었던 EurAsEC 국가간위원회가 유라시아 경제최고평의회로, 상설 조정기관이었던 관세동맹위원회가 유라시아 경제집행위원회로 변경

되면서 공동경제구역 운영의 기틀이 형성되었다.

공동경제구역은 최종적으로 관세동맹보다 더 고도의 경제통합 단계인 경제동맹으로 전환할 것을 목표로 한다. 따라서 공동경제구역은 벨라 발라사(Béla Balassa)의 공동시장 정도의 개념으로 볼 수 있다. '공동경제구역' 형성에 관한 조약의 대부분은 향후의 대략적인 방향성을 정리한 것에 불과하기 때문에 조약 발효 자체를 경제동맹의 실현으로 보기는 어렵다. 게다가 경제동맹 실현을 위해 추진된 공동경제구역 실현을 위한 계획을 보면, 세부 추진 계획이나 추가적인 정책 문서의 제정 계획이 있기는 하나 구체적이지는 않다. 따라서 3개국 간 경제통합은 아직 관세동맹 단계를 벗어나지 않은 상태라고 할 수 있다.

4. EEU와 중앙아시아

1) 중앙아시아 국가들의 전제 조건

중앙아시아 국가들은 국가별로 차이는 있지만 시장경제의 발전이 매우 어려운 상황에 있다. 첫째, 이 국가들은 세계의 중심적인 경제 발전 지역인 유럽과 미국 그리고 동북아시아 지역과 직접적으로 국경을 접하고 있지 않다. 이 지역을 둘러싼 국가들은 중국을 제외하면 발전 수준이 낮거나 중간 정도의 국가이다. 중앙아시아 국가들과 경제 선진국 간의 상당히 먼 거리는 교역 관계에서 운송 비용을 인상시키는 요인으로 작용한다. 둘째, 중앙아시아의 모든 국가들은 바다에 접해 있지 않은 내륙국이며 바다로 연결되는 직접적인 출구를 가지고 있지 않다. 따라서 제품 운송 비용은 더욱 상승한다. 셋째, 중앙아시아 국가들의 국토 대부분은 산악, 사막, 반사막으로 구성된 복잡한 지리적 조건을 가지고 있으며, 이 또한 운송 비용 인상으로 이어진다. 따라서 CIS 회원국들은 경제 발전을 이룩하기가 매우 어려운 지역으로 분류될 수 있으며, 이러한 복잡한 지리적 조건은 국가 간의 경제협력 추진을 방해하는 주요 요소가 된다.

중앙아시아 국가의 경제 수준도 통합을 막는 요인 중 하나이다. 우선 중앙아시아 국가들은 국민의 1인당 평균임금수준이 낮거나 중간 정도이다. 이 중 1인당 GDP가 가장 높은 국가는 카자흐스탄으로 2013년 기준 1만 1443달러, 투르크메니스탄은 5330달러, 우즈베키스탄은 1718달러, 키르기스스탄은 1160달러, 타지키스탄은 872달러이다. 경제 발전 수준이 낮은 국가 간 통합은 이루어지기가 매우 어렵다는 것이 일반적인 견해다. 중앙아시아 국가들은 경제 발전 수준에도 상당한 격차를 보이는데 2013년 기준 1인당 GDP가 가장 높은 카자흐스탄과 가장 낮은 타지키스탄을 비교하면 그 차이는 약 13배에 달한다(World Bank, 2014 참조).

그동안 이러한 격차는 줄어들지 않고 반대로 확대되는 경향을 보였는데, 이는 중앙아시아 국가 간의 경제협력뿐 아니라 CIS 회원국 간의 경제협력을 추진하는 데에도 방해 요인이 되었다. 이러한 사회적·경제적 수준의 차이가 중앙아시아의 경제협력을 어렵게 하는 것이다. 이러한 사실을 감안하면 그동안 중앙아시아 국가들을 중심으로 추진되어왔던 경제협력체의 실패는 당연한 결과라고 할 수 있다. 외국의 성공적인 경제협력 및 통합의 사례에서 보듯 통합의 원동력이 되는 것은 보통 제조업·가공업이다. 그러나 소련 붕괴 후 중앙아시아 국가들의 제조업·가공업은 현저하게 쇠퇴하고 있다. 기계 제작과 연관된 산업이 GDP에서 차지하는 비중이 낮고 시장점유율은 좀처럼 증가하지 않고 있으며, 러시아를 제외한 대부분의 국가가 수출도 하지 못하고 있다. 이러한 점에서 볼 때 각국의 경제구조 자체가 더욱 긴밀한 경제협력을 추진할 소지를 만들지 못한다고 볼 수 있다.

또한 중앙아시아 국가 대부분이 노동력 과잉과 자본 부족이라는 상황에 처해 있다. 즉, 경제 발전 차원뿐 아니라 생산수준에서도 이 국가들은 구조적인 상호 보완관계 없이는 어떤 통합 구상도 이뤄내기 어렵다. 이러한 상태에서 서서히 벗어나고 있는 국가는 에너지자원이 풍부한 카자흐스탄과 투르크메니스탄이다. 이 두 국가는 2000년대에 국제 유가 급등으로 막대한 외화가 유입되면서 경제 호황을 누렸지만, 2008년 세계 금융 위기 이후 세계경제의 침체와 더불어 더딘 성장을 이어가고 있다.

이러한 문제점을 해결하기 위한 노력의 일환으로 EurAsEC이 추진되었다. EurAsEC의 시초는 CIS가 1993년 9월에 창설한 경제동맹 창설 조약이다. 이 협정은 CIS의 경제통합이라는 궁극적인 목적 아래 양자 및 다자간 자유무역연합, 관세동맹, 상품·서비스·자본·노동 부문에 대한 공동시장, 통화동맹을 결성한다는 구상을 담고 있다. EurAsEC의 회원국은 러시아, 벨라루스, 카자흐스탄, 키르기스스탄, 타지키스탄, 우즈베키스탄이며 옵서버로 우크라이나, 몰도바, 아르메니아가 참여하고 있다. EurAsEC은 중앙아시아를 포함해 유라시아 지역의 경제통합과 회원국 간 무비자 입국 보증, 고등교육 기회 무료 제공 등 폭넓은 분야에서 협력을 통한 경제성장을 견인하기 위한 조직이다. EurAsEC의 정식 추진에 앞서 러시아, 벨라루스, 카자흐스탄이 1995년에 설립한 관세동맹에 키르기스스탄과 타지키스탄이 가입했으며, 이후 관세동맹 및 공동경제구역 협정을 추진하는 기구인 EurAsEC 창설 협정에 각국이 2000년 10월에 서명하고 2001년 5월부터 법적 효력이 발생했다.

EurAsEC 경제협력은 적극적으로 추진되었다. 2006년 1월 EurAsEC 임시 회의에서 CACO와의 통합이 결정되었다. EurAsEC와 CACO의 통합으로 중앙아시아의 경제협력 기본 틀이 단일화되었다고 할 수 있다. 또 이 회의에서 우즈베키스탄이 EurAsEC에 정식 가입했다. 이 시기까지 우즈베키스탄은 CACO에는 가입했으나 EurAsEC에는 불참한 상태였다. 우즈베키스탄은 EurAsEC 가입을 통해 최대 무역 상대국인 러시아와의 관계 강화, 무역·투자의 확대, 국경 관리와 수자원 등 역내 공통의 문제 해결이라는 세 가지 점에 대해 어느 정도 확답을 원하고 있었다. 우즈베키스탄은 특히 화학, 석유, 가스, 농업, 그리고 가공업에 대한 투자를 유도하고자 했으며, 그 외에도 섬유와 공업 제품 같은 자국 제품이 널리 유통될 것을 기대하고 있었다.

우즈베키스탄은 자국이 중앙아시아의 중앙부에 위치하기 때문에 지역 통합이 실현될 경우 수송 문제가 해결되어 경제성장의 발판을 얻을 수 있을 것이라 생각한다. 또 EurAsEC은 우즈베키스탄의 가입으로 풍부한 면화 자원이 시장에 유통되고 역내무역이 활발해질 것으로 예상했기 때문에 가입을 적극적으로 유도했다. 그러나 다른 국가들은 이슬람 카리모프(Islam Karimov) 우즈베키스탄 대통령의 강권 정치와 2005년 5월 안디잔 사태로 대표되는 정치적 불안정 요소 때문에, 현재의 우즈베키스탄이 투자하기에 위험부담이 너무 높다고 보았다. 또 EurAsEC에 우즈베키스탄이 가입해도 실제적인 투자 확대로 이어질 가능성이 크지 않다고 보았다.

〈그림 4-1〉 CIS 지역의 무역통합지수

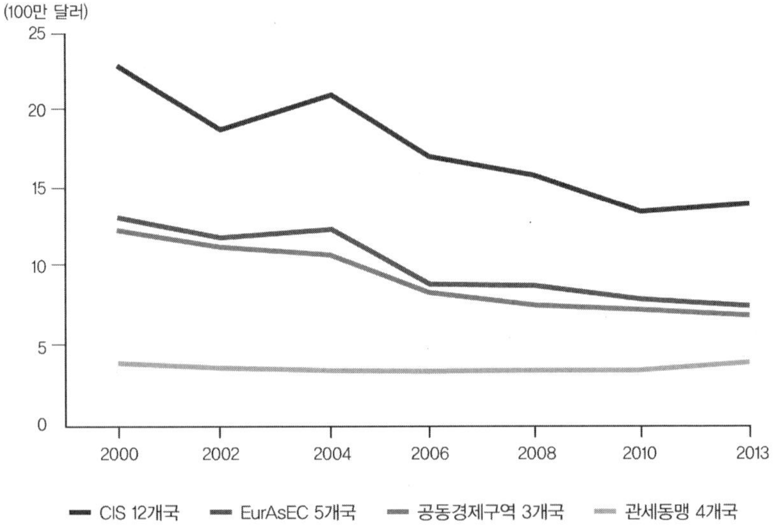

자료: EDB(2014: 9), http://www.gks.ru/wps/wcm/connect/rosstat_main/rosstat/ru/statistics/ftrade/

따라서 우즈베키스탄의 가입은 정치적 의도가 더 크다고 할 수 있다. 우즈베키스탄은 안디잔 사태 이후 서구와의 관계가 냉각된 상태에서 러시아 주도의 지역 협력 틀인 EurAsEC에 가입하는 것이 러시아와의 새로운 관계 강화를 약속한다고 보았기 때문이다. 서방과의 관계가 악화된 우즈베키스탄 입장에서 러시아에 의존할 수밖에 없었을 것이라고 평가된다.

EurAsEC이 관세동맹과 공동경제구역을 넘어 EEU로 발전해도 중앙아시아 국가들의 경제에 미치는 영향은 그다지 크지 않다. 〈그림 4-1〉에서 알 수 있듯이 CIS 회원국, EurAsEC, 공동경제구역, 관세동맹 국가 간 무역 교류의 변화는 크지 않다. 중앙아시아 국가를 비롯해 CIS에 속하는 국가 간 무역 교류에서 역내 교류보다 점차 역외 교류의 양이 증가하고 있기 때문이다. 관세동맹의 경우 소폭이나마 상승하는 추세를 보였지만 중앙아

〈표 4-1〉 2013년 중앙아시아 국가의 주요 무역국

(단위: 100만 유로, %)

	수입			수출			총계		
	국가	금액	비중	국가	금액	비중	국가	금액	비중
순위	전체	59,691	100.0	전체	59,095	100.0	전체	118,786	100.0
1	중국	19,604	32.8	EU	22,543	38.1	중국	38,417	32.3
2	러시아	12,698	21.3	중국	18,813	31.8	EU	33,393	28.1
3	EU	10,850	18.2	러시아	5,122	8.7	러시아	17,820	15.0
4	터키	3,570	6.0	터키	2,536	4.3	터키	6,105	5.1
5	대한민국	2,861	4.8	캐나다	1,932	3.3	우크라이나	3,206	2.7
6	우크라이나	2,584	4.3	미국	1,026	1.7	대한민국	3,072	2.6
7	미국	1,549	2.6	스위스	878	1.5	미국	2,574	2.2
8	벨라루스	1,185	2.0	이란	825	1.4	캐나다	2,110	1.8
9	일본	826	1.4	우크라이나	622	1.1	일본	1,344	1.1
10	아랍에미리트	626	1.0	세르비아	618	1.0	벨라루스	1,280	1.1

자료: European Commission, European Union, Trade in goods with Central Asia. http://ec.europa.eu/trade/policy/countries-and-regions/statistics/(검색일: 2014.9.15).

시아 국가들이 포함된 EurAsEC과 공동경제구역의 경우 점차 교역량이 줄어드는 것을 알 수 있다.

특히 중앙아시아 국가들과 중국의 교역량은 매년 비약적으로 발전하고 있다. 2000년대만 살펴보더라도 2000년의 무역 총량은 18억 1000만 달러에서 2013년 약 460억 달러로 25배 이상 성장했다. 2006년 이후부터는 중앙아시아의 주요 무역국이 러시아에서 중국으로 바뀌었다. 중국은 안정적인 에너지자원의 수급을 위해 경제 교류를 강화하면서 중앙아시아 국가의 취약 부분인 소비재 위주의 무역에 집중하고 있다. 또한 중국은 앞으로도 중앙아시아로부터 농산물을 수입하면서 상호 보완적인 관계를 유지할 것이다. 따라서 러시아가 추진하고 있는 다양한 경제통합 정책이 확실한 이익을 보장하지 못할 경우, 경제적 이익이 더 큰 중국과의 경제 교류

확대는 이 지역에서 경제통합의 장애물로 등장할 수 있다.

2) EEU

관세동맹 3국 정상은 2013년 12월 정상회담에서 EEU 추진 일정에 합의했고 2014년 5월 EEU 창설 조약을 체결했다. 동시에 아르메니아의 관세동맹 가입이 추진되었으며 2015년 1월 1일 EEU가 정식 출범했다. EEU에 대해 일각에서는 소련의 부활이라며 우려를 표했지만 회원국들은 EEU가 개방, 평등, 자발적 의지라는 대원칙 위에 추진되는 순수한 '경제연합'이라고 주장한다.

푸틴은 대통령 취임 전인 2011년 10월에 "유라시아의 새로운 통합 프로젝트: 오늘 시작하는 미래"[16]라는 기고문을 ≪이즈베스티야(izvestia)≫에 올리며 EEU를 언급했다. 푸틴은 구소련 지역 국가를 포함한 유라시아 지역이 새 정부의 외교에 중요하다고 지적했다. 또한 지금까지 실시되었던 유럽 중시 정책에 아시아 색깔을 더하고 인접한 국가들과의 외교 관계 강화를 추진하는 방침을 제시했다. EEU는 소련 지역을 중심으로 한 지역의 다면적인 통합을 진행시켜서 EU와 아시아를 잇는 다리가 되려는 것이다.

EEU는 단계적으로 상정되었다. 먼저 관세동맹 및 공동경제구역 유지와 키르기스스탄 및 타지키스탄의 가입과 더불어 더 많은 국가의 참여를 유도했다. 이후 통화동맹을 추진해 실질적인 EEU를 설립하고 이러한 경

16 "Новый интеграционный проект для Евразии – будущее, которое рождается сегодня," http://izvestia.ru/news/502761(검색일: 2014.9.12).

제적 유대를 기반으로 하면서 정치적·사회적 통합을 이룩하는 것을 목표로 했다. 즉, EEU는 EU와 아시아를 이어 세계화에 기여하고 궁극적으로 EU와 같은 기구로 성장시키면서 국제적 평화에 기여 및 영향력 강화를 목표로 한다.

그러나 향후 전망은 긍정적이지만은 않다. 가장 유사한 사례인 CIS가 성공 사례보다는 실패 사례로 더 많이 언급되기 때문이다. CIS의 창설 때 참여하지 않은 발트 3국 외에도 조지아는 CIS에서 탈퇴한 이후 재가입하지 않고 있다. 이에 러시아는 EEU와 CIS를 비교하는 것은 잘못된 시도라고 주장한다. 러시아는 EEU를 현재 우방국 외 나머지 CIS 회원국들과 관계를 심화시키고 옛 소련 국가들과의 관계를 복원·향상시키기 위한 기초로 구축하려는 것이다. 실질적으로 CIS 회원국들이 이러한 연합체의 성립으로 자국의 주권이 침해될 것을 우려하고 있다는 정치적 문제가 남아 있다. 이에 따라 러시아는 관세동맹을 기반으로 경제적 기능을 강화해 EEU를 발전시켜 EAU로 전환하려는 노력을 기울이고 있다.

EEU에 이미 참여한 러시아와 벨라루스, 카자흐스탄 3개국은 관세동맹과 공동경제구역을 결성해 3개국 간 무관세화를 실시하고 있다. 이 관세동맹에 키르기스스탄, 타지키스탄, 아르메니아도 참여를 검토하고 있지만 실질적인 주권 상실로 이어질 가능성을 우려하는 국가들은 신중하게 검토하고 있는 상황이다. 적극적인 참여 의지를 보이는 국가들은 키르기스스탄, 타지키스탄이며 중립적인 입장을 보이는 국가는 아르메니아, 몰도바이다. 가입 가능성이 매우 적은 국가는 우크라이나, 아제르바이잔, 우즈베키스탄, 투르크메니스탄이며 예측 불가능한 국가는 조지아이다. 이 국가들 중 아르메니아는 2014년 10월 10일 EEU 가입에 공식적으로 서

명했다.[17]

관세동맹 회원으로 가입하는 데 가장 큰 장애는 WTO 체제이다. 현재 WTO 회원국이 WTO에 가입할 때 약속한 수입관세율의 상한선은 관세동맹 공통 수입관세율의 전 품목 평균인 10%를 크게 밑도는 수준이다. 키르기스스탄은 7.5%, 우크라이나는 5.8%, 아르메니아는 8.5%, 몰도바는 7.0%이다. 즉, 이 국가들이 관세동맹에 가입하면 역외 국가에 대한 수입관세율이 높아진다. 이렇게 되면 관세동맹 가입 후의 관세율이 참가 전보다 전체적으로 높아지므로 WTO 협정 위반이 되어버린다. 따라서 현시점에서 WTO 회원국이 관세동맹에 가입하는 것은 거의 불가능하다고 할 수 있다.

한편 EEU의 또 다른 성공 가능성은 우크라이나의 가입 여부에 달려 있다. 우크라이나에게 관세동맹 가입은 지금까지 쌓아온 서구와의 관계를 상실하는 것을 의미한다. 그러나 현재 진행 중인 러시아와의 영토 분쟁으로 인해 우크라이나 관세동맹 가입은 요원한 문제로 남아버렸다. 아르메니아는 CIS 안전보장조약기구에 가입한 상태이며 아제르바이잔과의 영토 문제, 군사, 에너지, 경제 등 다양한 측면에서 러시아의 지원을 받고 있어 캅카스 국가 중 유일한 러시아의 동맹국이다. 그러나 2003년 WTO에 가입한 뒤부터 자유로운 세제, 무역 제도를 실시하고 있으며 만약 관세동맹에 가입할 경우, 관세율을 모두 관세동맹 회원국에 맞춰야 하기 때문에 경제구조에 타격을 입을 가능성이 크다. 그 때문에 관세동맹 가입에 매우

17 "Армения вступила в Евразийский экономический союз," http://www.vestifinance.ru/articles/48085(검색일: 2014.10.30).

〈그림 4-2〉 CIS 회원국들의 통합 지수

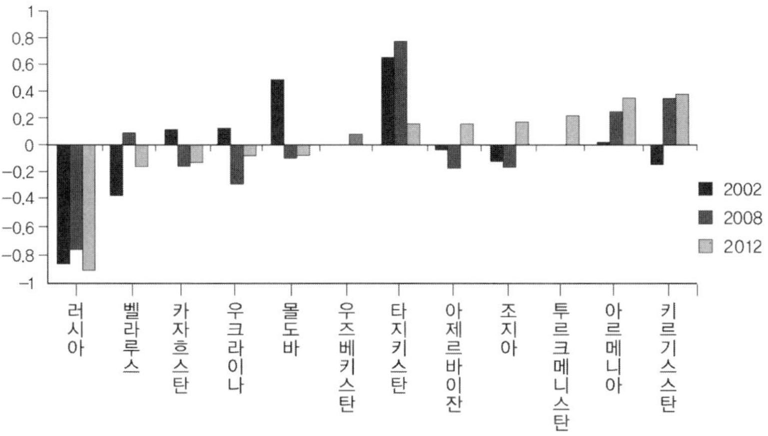

자료: EDB(2014: 19).

신중한 태도를 보이고 있다. 몰도바는 정치적으로 유럽과의 통합을 추진하는 입장에 있으며, 몰도바 내 미승인 국가인 트란스니스트리아의 자치권 확대 문제 등 국가 내부적인 문제가 크기 때문에 미래를 정확히 예측하기 어렵다. 유럽과 지리적으로 가까운 우크라이나, 아르메니아, 몰도바는 서방과 러시아 사이에서 같은 딜레마를 안고 있기에 러시아의 외교적 수단과 영향력 발휘가 중요한 지역이다.

또한 아제르바이잔, 조지아는 구암 기구의 현재 회원국이며 우즈베키스탄은 이전 회원국으로서 모두 독립 지향성이 강하다. 투르크메니스탄은 중립 성향이 강한 국가이며 아제르바이잔, 투르크메니스탄은 에너지 생산국으로서 경제적인 강점이 있다. 이 국가들의 EEU 가입 여부는 국내외 정치 환경의 변화와 더불어 참여가 경제적으로 큰 이익을 얻을 수 있다는 확신이 있기 전에는 어렵다고 사료된다.

마지막으로 통합 효과를 분석해보면 경제통합의 주도적인 역할을 해온 러시아가 CIS 12개 국가 중 가장 낮은 효과를 보는 것으로 나타난다. 중앙아시아 국가 중 통합에 가장 적극적인 카자흐스탄의 경우도 낮은 편이다. 이는 두 국가가 CIS의 다른 국가보다 상대적으로 높은 경제적 수준을 가지고 있기 때문에 경제적으로 약한 국가들과의 통합에서 얻을 수 있는 이익이 크지 않다는 것을 의미한다. 반면 가장 소극적인 우즈베키스탄과 투르크메니스탄을 제외하면, 타지키스탄과 키르기스스탄이 가장 높은 효과를 얻는다. 이는 경제구조가 취약해 독자적인 경제성장을 이룩하기 힘든 상황에서 경제통합으로 얻는 이점이 많다는 것을 의미한다. 즉, 경제통합이 어떤 국가 중심으로 이루어지든 장기적인 측면에서는 모든 국가의 경제성장에 도움이 된다고 사료된다.

5. 결론

지역 연합체 창설을 위한 노력은 소련 붕괴 이후부터 현재까지 지속적으로 이뤄지고 있다. 물론 그 중심에는 러시아가 있다. 러시아의 경제가 어려웠던 1990년대에도 경제통합을 위한 시도는 있었지만 거의 선언적인 수준에 머무는 정도였다. 하지만 2000년에 들어 러시아 경제가 급속히 성장하고 경제의 세계화가 추진되면서 러시아를 비롯한 여타 CIS에 속한 국가들도 경제성장과 더불어 더 안정적인 경제 수준을 유지하기 위해 좀 더 적극적으로 협력의 기틀을 구축하는 데 참여했다. 이러한 상황에서 세 번째 임기를 시작한 러시아의 푸틴 대통령은 새로운 러시아를 건설하기 위해서 유럽에 치중했던 국가 전략을 전환해 궁극적으로 EAU 창설을 목표로 내걸고, 인접 국가들과의 지역통합과 아시아 중시 정책을 펼쳐오고 있다. 특히 경제통합을 추진하는 과정에서 중앙아시아의 역할을 강조했다.

이 정책의 핵심은 과거 소련권에 속해 있던 국가들과 함께 새로운 협력체를 구성하는 것이다. 하지만 현재 많은 어려움에 직면한 상태이다. 우선 EU와의 협력을 강화하려는 우크라이나와의 영토 분쟁 그리고 몰도바와 트란스니스트리아 문제, 조지아의 압하지야 및 남오세티야 문제 등 구소련 지역의 국가들이 EEU에 참여하는 것은 어려운 문제일 수 있다. 특히 이 국가들은 서방이 러시아의 EEU 창설을 소련 제국(Soviet Empire)의 부활로 보듯이 러시아 주도의 지역통합에 경계심을 숨기지 않고 있다.

또한 중앙아시아 국가들은 카자흐스탄을 제외하면 EEU 창설에 크게 적극적이지 않은 상황이다. 우즈베키스탄은 내부적인 문제와 더불어 경제적 이익이 크지 않다고 생각하며 러시아의 주도적 통합에 거부감을 가지고 있다. 투르크메니스탄은 풍부한 자원으로 인해 통합의 필요성을 강하게 느끼지 않고 있으며 키르기스스탄과 타지키스탄의 경우, 어느 정도 참여 의사를 나타내고 있지만 이들의 참여가 EEU를 주도하는 국가, 즉 러시아·카자흐스탄·벨라루스에게(실질적으로는 러시아에게) 경제적으로 큰 이익을 가져다주지 않기 때문에 큰 영향력을 가지지는 못한 상황이다.

중앙아시아 국가들의 미온적인 태도는 경제협력에 대한 중국의 적극적인 구애 때문이다. 시진핑(習近平) 정부의 출범과 동시에 중국은 신실크로드 정책을 국가 전략으로 추진하고 있다. 신실크로드 정책은 지역 협력 계획에 대한 협상 및 정책 소통 강화, 동·서·남아시아의 교통 운송 네트워크 구축, 인구 30억 명의 엄청난 시장 규모를 바탕으로 국가 간 무역 촉진을 목표로 하는 경제개발계획이다. 신실크로드의 배경은 아시아 역내 경제 개발 주도권 확보와 자국의 변경 지역 개발이라고 할 수 있다. 이를 통해 중앙아시아와 동남아시아의 국가 안에서 중국의 경제적 영향력을 확대하려고 시도하고 있다. 동시에 경제적으로 낙후되고 복잡한 민족문제가 얽힌 중국의 서북과 서남지역의 개발과 안정을 꾀하는 것이다. 신실크로드 정책으로 이미 2000년부터 초국경 개발 협력을 위한 철도 및 도로망 연결 사업을 진행해왔으며, 최근에는 기존 정책을 국제적인 차원으로 발전시키려 한다. 이러한 중국의 경제적 영향력 확대로 긍정적인 효과를 기대할 수 있는 국가는 중앙아시아 국가들이다. 따라서 중앙아시아 국가들은 러시아와 중국 사이에서 선택을 더욱 강요당하는 상황에 노출되어 있고 이 때문에 러시아가 추진하는 EEU와 충돌할 개연성이 커졌다.

EEU 출범이 부정적인 측면만 있는 것은 아니다. 러시아와 CIS 회원국들과의 무역 비중은 여전히 높은 상태이며 중앙아시아에서도 중국이 약진하고 있지만 러시아의 영향력도 무시할 수 없는 상황이다. 소련 시절부터 지속된 경제 관계 역시 현재까지 유지되고 있기 때문에 경제적 승수효과도 기대할 수 있다. 따라서 강제적인 참여 유도가 아닌 정치적 독립성 유지 및 경제적 혜택의 평등한 분배가 보장되는 자주적 참여가 성공의 중요 요소라고 사료된다. 지금까지 진행된 다양하고 유사한 경제통합의 시도를 고려하면 이들 간의 관계가 전적으로 배타적이라고 보기도 어려운 측면이 있다. 작은 협력이 큰 성공을 이끄는 원동력이 될 것이다.

| 참고문헌 |

Blank, Stephen. 2004. "Infrastructural Policy and National Strategies in Central Asia: The Russian Example." *Central Asian Survey*, Vol. 23, Nos. 3-4.

EDB. 2014. *System of Indicators of Eurasian Integration II*. Saint Petersburg: EDB.

Tumbarello, Patrizia. 2005. "Regional Trade Integration and WTO Accession: Which Is the Right Sequencing? An Application to the CIS." *IMF Working Paper*, WP/05/94. New York: IMF.

Ushakova, Natalia. 2003. "Central Asian Cooperation: Toward Transformation." *Central Asia and the Caucasus*, No. 6, pp. 120~128.

World Bank. 2014. *World Development Indicators 2014*. Washington DC: World Bank.

WTO Secretariat. 2006. "Trade Policy Review: Kyrgyz Republic." WT/TPR/S/170. Geneva: WTO.

Ларуэль, Марлен., Себастьен Пейруз. 2013. "Региональные организации в Центральной Азии: характеристики взаимодействий, дилеммы эффективности." Институт государственной политики и управления Доклад, No. 10, Университет Центральной Азии.

Лысенков, А. В. 2011. "Взаимоотношения Украины со странами СНГ после 'оранжево' революции: интересы и результаты." Международные отношения. Политология. Регионоведение, Вестник Нижегородского университета им. Н.И. Лобачевского, No. 6(1).

온라인 자료

S한경. 『경제용어사전』. http://s.hankyung.com/dic/searchList.php?seq=6337(검색일: 2014.9.1).

European Commission, European Union, Trade in goods with Central Asia. http://ec.europa.eu/trade/policy/countries-and-regions/statistics/(검색일: 2014.9.15).

"Армения вступила в Евразийский экономический союз." http://www.vestifinance.ru/articles/48085(검색일: 2014.10.30).

"Внешняя торговля Кыргызской Республики 2008~2012." http://statkg/images/stories/stat.files/tematika/External%20trade%202008-2012.pdf(검색일: 2014.9.3).

"Договор о создании Союзного Государства." http://www.consultant.ru/document/cons_doc_LAW_25282/(검색일: 2014.9.1).

"Договор о создании экономического союза." http://www.ved.gov.ru/rus_export/partners_search/torg_exp/?action=showproduct&id=546(검색일: 2014.9.1).

"Договор о Таможенном союзе и Едином экономическом пространстве." http://www.consultant.ru/document/cons_doc_LAW_31914/(검색일: 2014.9.1).

"Зона свободной торговли в странах СНГ, Справка." http://ria.ru/economy/20090415/168192821.html(검색일: 2014.9.1).

"Киргизию приняли в Таможенный союз." http://izvestia.ru/news/504414(검색일: 2014.9.3).

"Новый интеграционный проект для Евразии—будущее, которое рождается сегодня." http://izvestia.ru/news/502761(검색일: 2014.9.12).

"Республики Беларусь, Республики Казахстан и Российской Федерации." (검색일: 2009.11.27).

Решение. "О едином таможенно-тарифном регулировании таможенного союза Единое экономическое пространство." No. 130. http://www.evrazes.com/customunion/eepr(검색일: 2014.9.3).

"Соглашение о Таможенном союзе от 20 января 1995 года." http://www.tsouz.ru/Docs/IntAgrmnts/Pages/Dogovor_20011995.aspx(검색일: 2014.9.1).

"Соглашение о формировании Единого экономического пространства." http://archive.kremlin.ru/text/docs/2003/09/52478.shtml(검색일: 2014.9.3).

"Страны СНГ подписали договор о зоне свободной торговли." http://www.vesti.ru/doc.html?id=604644(검색일: 2014.9.12).

"Таможенный кодекс Таможенного Союза." http://www.tsouz.ru/Docs/Kodeks3/Pages/default.aspx(검색일: 2014.9.3).

"Таможенный союз и Единое экономическое пространство." http://mfa.gov.by/mulateral/organization/list/e0e5d8b02b2fd7fc.html(검색일: 2014.9.3).

제5장

유라시아경제연합과 우크라이나, 벨라루스*

전략적 선택과 한계

우준모

1. 서론

2015년 1월 1일을 기해 유라시아 대륙에 'EEU'가 출범했다. EEU는 회원국 간 세금, 기술규정, 노동법, 이민법 등을 통일해 회원국의 경제를 발전시켜 국가적 위상을 강화하려는 취지에서 설립되었다. 그런데 러시아는 이 기구를 발판으로 삼아 유라시아 지역을 EU에 버금가는 하나의 통합체로 만들고자 한다. 이른바 러시아가 공개적으로 내세우는 'EAU' 창설 계획이 그것이다. 그러나 EEU에 참여한 카자흐스탄과 벨라루스는 국가의 독립성을 잠식하는 유라시아 지역통합체 형성에 분명한 반대 의사를 표하고 있다. 따라서 러시아의 유라시아 지역통합체 건설의 최종 목표인

---

* 이 글은 한국외국어대학교 국제지역연구센터가 발간하는 ≪국제지역연구≫, 18권 5호(2014년 겨울호), 59~78쪽에 김종헌 박사와 공동 게재한 글을 수정한 것이다.

EAU가 현실화되기까지 많은 난제를 해결해야 할 것으로 판단된다.

이 장은 러시아와 역사적·문화적으로 동일한 뿌리를 지닌 우크라이나와 벨라루스가 러시아의 유라시아 지역통합체 건설에 대응해 어떤 전략적 선택을 했고 한계는 각각 무엇인지를 분석하려는 목적을 지닌다. 우크라이나와 벨라루스는 러시아와 EU의 경계지대에 위치해 양측으로부터 자신들의 영향권으로 편입하라는 강력한 권고를 받고 있다. 즉, 러시아와 EU가 우크라이나와 벨라루스를 놓고 제로섬 게임 양상의 세력 경쟁을 펼치고 있는 것이다. 러시아와 EU의 팽팽한 줄다리기는 급기야 '우크라이나 사태'를 촉발시켰다.

이 글에서는 먼저 유라시아 지역통합체 건설을 향한 러시아의 노력을 일별할 것이다. 그리고 2013년 11월부터 장기 내전 상태를 이어오고 있는 우크라이나 상황을 간명하게 분석하면서 우크라이나의 국가 진로가 순조롭게 EU 합류의 방향으로 가기 어려운 이유를 설명할 것이다. 그다음에는 지속적으로 러시아의 지역통합 노력에 동참해온 벨라루스의 전략적 선택과 한계를 분석할 것이다. 결론에서는 엇갈린 국가 진로를 선택한 우크라이나와 벨라루스에 대한 종합적인 진단을 내려볼 것이다.

2. 유라시아 지역통합체 건설을 향한 러시아의 노력

1991년 말 소련이 해체되면서 70여 년간 유지되어온 유라시아 대륙의 단일 체제가 소멸했다. 러시아와 우크라이나, 벨라루스, 몰도바, 카자흐스탄, 우즈베키스탄, 키르기스스탄, 타지키스탄, 투르크메니스탄, 아제르바이잔, 아르메니아 등 소련의 대다수 국가들은 단일 체제의 유기적 연계성을 유지하고 혼란을 최소화하려는 취지에서 CIS를 결성했다. 그러나 CIS는 현실적인 필요성에 비해 역할과 기능에 대한 참여국 간의 논의와 준비가 부족했고, 체제 전환 과정의 신생국들이 당면한 독립국가 건설 우선 정책에 밀려 제 기능을 발휘하지 못했다. 현재 CIS는 느슨한 연합체로서 명칭만 남아 있는 상태다.

소련이 해체 위기에 직면했을 때부터 슬라브 민족주의자들을 중심으로 동슬라브족 공동체 구축에 대한 적극적인 관심과 노력이 있었다. 예컨대 '러시아 재건(Как нам обустроить Россию?)'을 주장한 알렉산드르 솔제니친(Aleksandr Solzhenitsyn)은 러시아, 우크라이나, 벨라루스, 카자흐스탄의 일부(북부 러시아인 집중 거주 지역)를 묶어 동슬라브 민족국가를 건설하고 정교회(正敎會, Orthodox Church)를 국교로 해야 한다는 견해를 밝혔다(Solzhenitsyn, 1991).[1] 이 외에도 체제 전환의 초기 단계에서 러시아는 서구주의와 슬라브 애국주의, 그리고 유라시아주의 등 다양하고 폭넓은 정체성 논쟁을 거쳤으며, 그 결과 모든 정치 세력들의 국가 발전 비전을 형성하는 초석이 되었다. 이 가운데 슬라브 공동체 정신은 보리스 옐친(Boris Yeltsin)과 푸틴으로 이어지는 러시아의 국가 진로 모색 과정에서 유라시아주의로 정립되면서 뚜렷한 국정 좌표로 자리 잡았다(우준모, 2005).

과거 소련 지역을 재통합하려는 러시아의 노력과 계획은 푸틴이 집권한 2000년대 이후에 본격적으로 추진되었다. 푸틴은 집권 1기부터 강대

---

1 솔제니친의 글은 ≪콤소몰스카야 프라우다(Komsomolskaya Pravda)≫ 1990년 9월 18일 자에 게재되었으며 이 글은 이듬해인 1991년 미국에서 영역본으로 출판되었다.

국 러시아 건설이라는 기치를 내걸고 빠른 속도로 국가의 근간을 확립했으며 유라시아 역내 국가 간 통합체 건설을 모색했다. 2000년 10월에 러시아, 벨라루스, 카자흐스탄, 키르기스스탄, 타지키스탄과 함께 만든 EurAsEC이 그 첫 단계이다.[2] 여기에는 몰도바와 아르메니아, 그리고 우크라이나도 준회원국으로 참여했다. 그러나 EurAsEC은 통합 구조가 복잡하고 의사결정 체계도 미비해서 실질적인 성과는 내지 못했다.

수년간의 통합 노력을 바탕으로 2007년 10월, 러시아는 경제적으로 호혜적 협력이 가능한 벨라루스, 카자흐스탄 3국을 묶어 관세동맹 창설에 나섰다. 이는 통합의 새로운 단계로서 상품과 사람, 서비스와 자금의 자유로운 이동이 가능한 단일 공간을 의미한다. 이 분야에서 이룬 진전 덕분에 관세동맹 참여국들은 더욱 야심 찬 목표들을 논의할 수 있게 되었다. 단일 관세 공간의 창설은 물론 거시경제와 경쟁력, 에너지, 교통의 총괄 조정까지 전제로 하는 EEU 결성 구상도 이렇게 해서 나왔다. 관세동맹 회원국들은 관세 조정 기준을 WTO 규정에 최대한 가깝게 조정했다. 이와 동시에 관세동맹과 장래 EEU 내 의사결정을 할 때에 모든 회원국의 이해관계와 입장을 평등하게 고려한다는 원칙이 마련되었다(프릿친, 2014.1.21).

푸틴이 주도하는 유라시아 지역통합 노력은 EU를 모델로 한 것이다. 제2차 세계대전 이후 유럽의 전후 복구와 전쟁 재발 방지, 경제 재건과 대외적 안보 위협에 대한 공동 대처 등 공통의 이익 실현이라는 현실적 필요와 미국이라는 역외 지도국의 존재가 EU의 발전을 이루었다. 여기에 다

---

2 EurAsEC는 유라시아경제공동체로서 설립되었으며 설립 취지와 주요 개념은 다음의 자료를 참고하기 바란다. http://www.evrazes.com/docs/view/156(검색일: 2014.11.19).

양한 이론가들이 제시한 통합 모델이 더해지고 현실과 이론의 교호적 상승작용이 이루어지면서 오늘날의 EU로 발전을 이룩한 것이다.

반면 유라시아 지역통합체 건설에서 역내 강대국인 러시아는 통합 의지와 역량을 강력하게 투사한 주체 세력이며, 그 외 참여국들은 러시아의 설득과 권유에 따라 통합에 동참하는 대상적 입장에 놓여 있어 상대적으로 수동적인 입장이다.[3] 주도국 러시아의 국력이 다른 참여국 모두의 국력을 합한 것보다 훨씬 강하기 때문에 통합 참여국들은 유라시아 통합체 건설에 참여하는 것이 자칫 자국의 독립성을 잃게 되는 상황을 야기하지 않을까 우려하고 있다. 러시아가 통합을 추진하는 배경 자체가 경제적 동인보다 지정학적 세계 전략에 따른 동인이 더 크게 작용한 것으로 판단되기 때문이다. 러시아는 2012년 8월에 WTO에 정식 가입했기 때문에 이미 자국 시장경제의 제도적 완성을 이룬 상태였으며 국제적으로도 경제 통상의 지평을 확대할 기반을 갖춘 상태였다. 그런데도 유라시아 지역통합체 건설에 적극적인 배경에는 접경한 과거 소련 구성 공화국들의 경제 활성화를 견인하려는 목적보다 세계 속에서 유라시아 강대국으로서 러시아의 지위를 확보하려는 계산이 명백하게 깔려 있다는 것이다.

기본적으로 유라시아 지역통합체, 즉 EAU를 건설하려는 러시아의 의

---

3 EU의 태동기부터 오늘날에 이르기까지, 이론가들이 현실을 분석하고 미래상을 제시한 것이 상당한 기여를 해왔다. 현재 러시아가 주도하는 유라시아 통합체 건설의 비전을 유럽 통합 모델에서 분석한다면 앤드루 모라브칙(Andrew Moravcsik)의 국가중심적 통합 이론이 유효할 것이다. 모라브칙은 자유주의적 정부간주의(Liberal Intergovernmentalism) 틀을 제시했는데, 이에 따르면 국내 정치 지도자들의 정치적 동인(이해)과 국익에 따라 국가 간 경제적인 힘과 외교력을 동원해 국제적 정치·경제 구조를 통합시켜나갈 수 있다(Moravcsik, 1998; 구갑우, 1998 참조).

도는 명확하다. 정치적으로나 경제적으로나 EU와 중국, 나아가 미국처럼 세계를 움직이는 지역 강대국의 위상을 차지하고자 하는 것이다. 여기에는 러시아가 지닌 슬라브 문명권의 선민의식 또는 세계 구원의 사명감이 깔려 있다. 푸틴은 유라시아 대륙 내에 동슬라브족의 신성한 정교회 문명권을 연결시켜 서구의 세속화된 문명과 차별화된 공동체를 구축하고자 한다. 푸틴은 동성애를 소수자의 권익이라고 주장하는 서구 사회를 겨냥해 '동성애 혐오법'을 만들었으며, 언론의 독립성 훼손을 중단하라는 서구의 요구에도 무책임한 언론의 난립이 국익에 보탬이 되지 않는다며 당당히 언론 통제를 단행하고 있다. 나아가 민주주의 제도조차 서구 문화사의 산물이라 여겨 러시아 문화사적 토양에 맞는 민주주의를 모색하겠다는 주장을 내세운다. 러시아는 서구와 구별되는 정제된 문명 강대국을 지향한다.[4]

3. 우크라이나의 전략적 선택과 한계

우크라이나는 러시아, 벨라루스와 더불어 동슬라브족 최초의 도시국가 키예프 루시(Kievan Rus')에 민족적 기원을 두고 있다. 키예프 루시는 9세

4 러시아와 서구가 다른 이질적 문명을 갖게 된 근원은 크게 세 가지로 요약된다. 첫째, 러시아가 988년 기독교를 수용하면서 로마 가톨릭 대신 비잔틴 제국의 동방정교를 받아들인 것이다. 둘째, 러시아가 1240년 몽골제국의 침입을 받아 1480년까지 몽골의 압제 속에서 유럽과 단절된 역사적 발전 과정을 거친 것이다. 셋째, 1917년에 러시아가 볼셰비키 혁명을 성공시키고 20세기 대부분을 공산주의 종주국으로 자리매김하면서 서구의 자본주의 국가들과 대립하며 양극체제를 구축한 것이다.

기 무렵 드네프르 강 주변 지대를 기반으로 성장한 도시국가로서 13세기 중엽에 몽골의 침략으로 멸망했다. 이후 15세기에 이르러 동슬라브족의 중심이 모스크바를 기반으로 발전해온 러시아로 바뀌었고 우크라이나는 시대 변화에 따라 러시아와 폴란드, 리투아니아 등 접경한 강국들의 변방 지대에 놓인 채 지속적으로 분할 지배를 받게 되었다(랴자노프스키, 1994: 147). 따라서 20세기에 이르기까지 수세기에 걸쳐 우크라이나 서부 지역에서는 폴란드 이민족의 영향을 받아 문화적 침윤이 발생했고, 동부 지역은 러시아의 직접적인 지배를 받으며 지속적으로 '러시아화(Russification)' 과정을 겪었다.

우크라이나의 독립적인 정체성은 유럽 전역에서 민족주의가 발호하기 시작한 19세기 이후에 유럽적 문화를 많이 수용한 서부 지역의 갈리치아를 중심으로 구축되기 시작했다. 그 결과 20세기 우크라이나 민족주의는 러시아와 구분되는 뚜렷한 특징으로 자리 잡았다. 우크라이나는 유럽 문화의 특징인 자유와 개인주의 그리고 연방주의를 선호하게 된 반면, 러시아는 집단주의와 권위주의 그리고 전제군주적 중앙집권주의를 선호하게 되었다(Duncan, 1996: 189). 결국 우크라이나의 정체성은 러시아와 분명하게 구분되는 독립적인 것이기에 같은 동슬라브 형제국으로서 공동체를 구성하자는 러시아의 주장은 억지에 불과하다는 것이다. 우크라이나의 이러한 독자적 민족주의 정체성 계발은 탈소비에트 국가 건설 과정에서 친유럽 성향이 강한 농업 중심의 중서부 지역과 친러시아적 성향이 상대적으로 강한 공업 중심의 동남부 지역으로 우크라이나를 이원화시켰다. 그 결과, 우크라이나에서는 심각한 정치적·사회적·경제적 균열 구조로 내부 격돌이 일어났다.

1991년 8월 24일 독립을 선언한 우크라이나는 소련의 계승 공화국 중 독립 이후의 경제적 잠재력이 가장 높은 나라로 평가받았다. 그러나 지난 23년간 러시아와 EU의 줄다리기 속에서 우크라이나는 진퇴양난의 국면에 있었으며 뚜렷한 국가 발전을 이룩하지 못한 상태이다. 우크라이나는 1994년 6월 CIS 회원국 가운데 최초로 EU와 동반자협력협정을 체결했다. 그리고 우크라이나를 '소(小)러시아' 또는 '남서부 러시아'로 기억하면서 언젠가 러시아와 동슬라브 공동체를 형성하게 될 것이라고 여기는 국내외의 시선을 극복하고 유럽 문명의 일원이 되고자 꾸준히 유럽화의 길을 모색했다. 특히 2004년 11월에 발생한 오렌지 혁명에서 EU와 북대서양조약기구(NATO) 가입, 그리고 민주주의 확대를 공약으로 내세워 집권에 성공한 빅토르 유셴코(Viktor Yushchenko) 대통령은 EU와의 관계 강화와 가입 조건 충족을 위한 체제개혁을 시도했다.

그러나 큰 기대를 모았던 유셴코 대통령은 집권 5년 동안 율리아 티모셴코(Yuliya Tymoshenko) 총리와 대선 경쟁자였던 빅토르 야누코비치(Viktor Yanukovych) 전 총리 등 주요 정치 세력과의 권력 다툼으로 시간을 허비했고 정국을 혼란에 빠뜨렸다. 이로 인해 우크라이나의 부정부패는 더욱 심각해졌으며, 특히 2008년 세계 금융 위기 때 IMF의 구제금융을 받아서 연명해야 할 만큼 경제난에 허덕였다. 여기에는 친유럽적인 정책에 집착한 유셴코 정부를 곤경에 몰아넣어 자국의 영향력을 회복하려는 러시아의 정책적 노력도 강하게 작용했다. 러시아와 우크라이나 간에 치열하게 전개되었던 2006년과 2009년의 가스 분쟁은 러시아가 친유럽적 진로를 선택하는 우크라이나를 어떻게 회유하고 통제하는지를 극명하게 보여준 사례이다(우준모, 2013).

2010년 2월 대선에서 유셴코 대통령을 누르고 친러시아 성향을 지닌 야누코비치가 당선되었다. 그러나 야누코비치 대통령 역시 취임 후 수년간 러시아와 EU 사이에서 오락가락하느라 우크라이나 국가 진로의 향배를 명확하게 결정하지 못했다. 야누코비치는 러시아가 주도하는 유라시아 관세동맹에 옵서버로 참여하기로 결정하면서 동시에 EU와의 협력협정 체결도 모색하는 양다리 전략을 추진했다. 이는 수도 키예프를 남북으로 가로질러 흐르는 드네프르 강을 기준으로 동부·남부 대 중부·서부로 대립하는 우크라이나의 격심한 국론 분열 상황을 그대로 투영한 결과이다. 그러나 우크라이나에 대한 러시아와 EU의 영향력 확대 전략은 배타적 제로섬 게임 양상을 지니고 있어 우크라이나 국내의 심각한 균열 구조를 배려할 여유가 없었다.

결국 2013년 11월 야누코비치 대통령은 EU와의 협력협정이 성사되기 직전에 협정 서명을 보류하는 자충수를 두었다. 야누코비치의 돌발적인 행태는 우크라이나의 경제적 어려움과 러시아의 회유에 기인한 것이다. 이 당시 우크라이나의 경제 상황은 경상수지 및 재정 적자가 지속적으로 악화되었고 대외 채무도 누적되어 국가 부도 상황에 직면한 상태였다. 긴박한 상황에서 야누코비치 대통령은 EU의 미온적인 지원 약속과 달리 150억 달러의 차관과 천연가스 공급가격 30% 인하라는 전폭적이면서 구체적인 지원을 약속한 러시아를 택했다. 그 결과, 야누코비치는 친유럽 성향의 우크라이나 중서부 지역 주민들의 대규모적인 저항에 직면해야 했다. 이른바 '우크라이나 사태'가 촉발된 것이다.

2014년 2월 야누코비치 대통령은 '유로 마이단(Euro Maidan)' 운동[5]으로 탄핵되어 대통령직을 박탈당했다. 그리고 5월 조기 대선에서 친유럽적 선거공약을 내세운 페트로 포로셴코(Petro Poroshenko)가 대통령직에 당선되었다. 6월 27일 포로셴코 대통령은 브뤼셀에서 개최된 EU 정상회의에 초대를 받았다. 이 자리에서 우크라이나와 EU는 자유무역지대 창설과 경제적인 통합 강화 및 정치적인 연합 등을 골자로 하는 광범위한 협력협정을 체결했다. 포로셴코 대통령은 러시아의 반발에 아랑곳하지 않고 향후 지속적으로 EU와 관계 발전을 이루어 2020년에 우크라이나가 EU 회원국으로 가입하기를 희망한다는 포부를 밝혔다. 2014년 9월 16일 유럽의회와 우크라이나 의회는 각각 총회를 개최해 협력협정을 비준했으나, 양측 모두 협력협정의 이행을 2015년 12월 31일까지 보류하기로 결정했다. 러시아는 이 협력협정이 발효되면 러시아 경제가 큰 피해를 입을 것이라고 주장하면서 협정 내용 중 관세 경계선의 세부 조항에 대해 대폭적인 수정을 요구했기 때문이다(≪세계일보≫, 2014.9.27). 러시아는 협정 유예기간에 우크라이나 및 EU와 더불어 별도의 협상 팀을 꾸려 협정 내용을 수정해야 한다는 입장을 밝힌 상태다.

EU를 향한 포로셴코 대통령의 행보는 유라시아 지역통합체 건설을 추진 중인 러시아에 큰 타격을 입히는 결과를 초래했다. 우선 경제적 맥락에서 4600만 인구를 지닌 우크라이나 시장이 EU와 연대하면서 2015년 1월 1일을 기해 출범한 EEU와 거리를 유지하게 되었다. 정치적 맥락에서는 과거 소련 지역을 자국의 영향권역이라고 주장해온 러시아의 유라시아

5 유로 마이단이라는 용어는 유럽을 의미하는 유로(Euro)와 반정부 시위대의 집결지인 키예프 중심가의 독립 광장(Maidan Nezalezhnosti)에서 마이단을 따서 지어졌다. 우크라이나 사태의 전개 과정에서 '마이단'이라는 말은 국민 정치 행동 그 자체를 의미하는 단어로 쓰이게 되었다.

지역 강국으로서의 이미지가 손상되었다. 특히 러시아인들은 동슬라브 문명권과 정교회의 장자(長子)로서 동슬라브족 공동체 건설에 대한 사명 의식을 지니고 있는데 그러한 자긍심에 상처를 입게 되었다.

러시아는 우크라이나 사태에 대해 러시아 방식의 대응책을 추진해왔다. 먼저 2014년 3월 주민 투표를 통해 크림반도의 러시아 합병이 결정되자 곧바로 의회를 소집해 영토 합병을 승인했다(RIA Novosti, 2014.3.18). 푸틴 대통령은 크림반도와 군항 도시인 세바스토폴을 재합병하면서 니키타 흐루시초프(Nikita Khrushchyov)가 소련 체제였던 1954년 당시에 크림반도를 우크라이나에 양도하면서 크림반도 거주자들의 의사를 도외시했을 뿐 아니라 당시의 소련 실정법도 어겼다고 비난했다. 또한 러시아는 다음 행보로 포로셴코 대통령이 이끄는 우크라이나에 합류하기를 거부하며 반정부 무장투쟁에 나선 동부 지역 도네츠크 주와 루간스크 주의 독립을 적극 지원하고 있다. 푸틴은 우크라이나 사태의 원인을 유라시아 지역에 대한 미국과 서구 세력의 침투로 규정하면서 러시아는 '러시아어 사용자(Russian Speaker)'들의 권익 보호에 앞장설 것이며 국제연합도 적극적으로 이 문제 해결에 나서야 한다고 주장했다. 러시아는 대결이 아닌 협력과 접근을 통해 이 문제를 해결하고 국제법을 준수할 것을 강조했다(Voice of Russia, 2014.7.1).

2014년 11월 2일, 도네츠크 주와 루간스크 주를 장악한 친러시아 분리주의 반군은 정부 수장 및 의회 의원 선출을 위한 선거를 자체적으로 실시했다. 그 결과 루간스크 주에서 이고르 플로트니츠키(Igor Plotnitsky)가, 도네츠크 주에서는 알렉산드르 자하르첸코(Aleksandr Zakharchenko)가 당선되었다. 도네츠크 주와 루간스크 주는 각각 새로운 지도자를 공식적으로 선출함으로써 우크라이나로부터 완전히 독립해 도네츠크인민공화국과 루간스크인민공화국으로 출범했음을 기정사실화했다. 러시아는 우크라이나 중앙정부와 서구의 반대, 비난에도 불구하고 두 공화국이 자체적으로 실시한 선거를 인정했으며, 두 공화국이 결성한 노보로시야 연방(федеративное государство Новороссия)을 지지하고 있다.

향후 러시아는 도네츠크인민공화국과 루간스크인민공화국을 러시아가 주도하는 EEU 회원국으로 수용함으로써 우크라이나를 동과 서로 분할해 EU와 나토(NATO)의 동진을 저지하는 전략을 구사할 것으로 보인다. 러시아는 우크라이나의 EU행을 좌시하지 않고 전략적 대응책을 마련해가고 있다. 더욱이 2014년 9월 이후에 미국을 위시한 국제사회가 테러 집단 이슬람국가(IS)에 대한 대규모 공습에 나서면서 우크라이나 사태에 대한 국제사회의 관심과 지원이 눈에 띄게 약화되고 있다. 이제 우크라이나는 스스로의 힘으로 자국의 분열 사태를 해결해야 하는 상황에 내몰리고 있는 셈이다. 게다가 우크라이나와 EU는 러시아로부터 천연가스 공급이 중단될까 우려하고 있다. 가스 공급이 중단될 경우 우크라이나와 EU는 산업용은 물론 생활용 난방도 어려워져 에너지 대란에 빠질 수밖에 없다. 2014년 11월 현재 시점에서 우크라이나 사태가 어떤 형태로 마무리될지는 속단하기는 어렵다. 그러나 지정학적 요충지인 우크라이나에 대한 미국, EU와 과거 소련 지역에 대한 영향력을 복원하려는 러시아 사이에서 양측 모두가 만족할 만한 균형점을 찾을 때까지 갈등 상황은 지속될 것으로 판단된다.

4. 벨라루스의 전략적 선택과 한계

벨라루스는 역사적·문화적으로나 지정학적으로 볼 때 비잔틴의 동방 정교를 계승한 러시아와 로마 가톨릭의 유럽 문화가 경계를 이루는 중간 지대에 위치해 있으며, 두 문화의 역학 관계에 따라 자신들의 이해관계와 정체성을 맞춰가며 생존을 모색해왔다. 벨라루스가 1000년이 넘는 긴 민족적 연원에도 불구하고 접경한 리투아니아, 라트비아, 폴란드, 그리고 우크라이나와 러시아에 비해 뚜렷한 독자적 정체성을 형성하지 못한 이유가 여기에 있다. 19세기 유럽을 휩쓴 민족주의 물결 가운데서도 벨라루스의 민족의식은 일부 지식인 계층에 국한되어 나타났다. 벨라루스인들은 고유 언어를 사용했지만 문맹률이 매우 높아 민족 문학이나 신문 같은 활자를 통한 민족의식의 전파가 불가능했다(Guthier, 1977: 37~40). 특히 대다수 벨라루스인들은 농촌 지역에 거주하면서 농업에 종사했기 때문에 구조적으로 민족주의 운동을 주도할 핵심부를 구성하기도 어려웠으며 민족운동의 거점 역할을 담당할 도시도 존재하지 않았다. 1917년 러시아혁명이 발발할 때까지 벨라루스인 대다수가 자신들과 러시아인들을 같은 정교도 신도로서 동일시하고 있었으며(Бендин, 2011) 독립국가 건설의 필요성을 느끼지 못하고 있었다(Резник, 2002).

이와 같이 벨라루스는 소련 해체 이후에 우크라이나보다 역사적·문화적으로 독자적인 민족 정체성이 미약한 상태에서 독립국가 건설의 길로 들어섰다. 따라서 벨라루스의 정체성을 대표하는 집권 엘리트 그룹은 벨라루스와 러시아를 하나의 민족으로 규정했다. 그들은 전통적인 종족, 가족의 가치와 러시아의 민족주의를 복합적으로 섞어놓은 터 위에서 벨라루스의 정체성을 구싱한 것이나. 벨라루스인들은 러시아인을 '타자(他者)'로 간주하는 것은 곧 '우리'를 소멸시키는 일이라고 주장한다. 나아가 벨라루스의 존재와 정체성을 정교회, 슬라브 문화와의 역사적 통합, 그리고 이에 대한 '서구'의 침투를 방어하는 보호의 필요성 등으로 관념화시킨다. 특히 이들은 소련 시기 '대조국 전쟁'으로 불리던 제2차 세계대전의 시기를 중요시한다. 이는 이 시기에 벨라루스인들이 개인과 종족, 민족보다 전체로서의 소련이라는 국가에 충성심을 발휘했다는 것을 보여준다. 따라서 벨라루스가 독립국가를 건설하는 과정에서 민족적 관념이 중요하게 작동한 적은 없던 것으로 판단된다(Оржеховский, 2011). 벨라루스는 소련 해체 이후 격변의 체제 전환 초기에 정치·경제·사회 등 모든 측면에서 러시아에 의존했으며 1999년 말에 이르러 러시아와 국가 통합 협상을 마무리하고 '러시아·벨라루스 국가연합'을 구성한 상태다. 벨라루스와 러시아는 국가연합을 이뤘지만 국제사회에서는 독립과 국제적 지위를 유지하기로 합의해 EU와 유사한 초국가적 국가형태를 유지한다. 국가연합은 벨라루스가 러시아의 동슬라브족 공동체 국가 형성 이데올로기에 호응한 것으로 이해할 수 있다.

이처럼 벨라루스는 러시아에 종속된 국가로 보이기도 하지만 종종 자국 고유의 목소리를 내기도 하면서 러시아의 기대에 상반되는 입장을 내세우기도 한다. 특히 유라시아 경제통합을 꾀하는 러시아의 전략과 구조가 자국의 경제 발전에 어떤 이익을 줄지에 대해 지속적으로 문제를 제기하고 있다. 벨라루스가 러시아에 경제적으로 심각하게 의존하고 있는 상황이고 비록 지정학적으로도 독자적인 활로를 선택할 여지가 별로 없는 국가지만, 유라시아 지역통합체 참여에 대한 전략적 선택과 한계에는 몇 가지 쟁점이 있다.

벨라루스는 카자흐스탄과 함께 러시아 주도의 유라시아 지역통합체에 적극적으로 참여한 국가다. 벨라루스는 1991년 12월 CIS 창설 때부터 지속적으로 러시아의 유라시아 지역 전략에 동참해왔다. 2015년 1월 1일을 기해 EEU가 출범할 때까지 벨라루스는 2010년에 만들어진 관세동맹에도 창립 회원국으로 시작했으며 2012년 공동경제구역에도 가입했다. 게다가 유라시아 집단안보조약기구의 창립 회원국이기도 하다.

또한 벨라루스의 루카셴코 대통령은 소련 계승국 가운데 가장 친러시아적인 국가 지도자로 알려져 있다. 그렇다고 벨라루스를 러시아의 맹목적인 추종국으로 분류하는 것은 곤란하다. 루카셴코와 푸틴이 개인적으로 특별한 밀월 관계를 맺고 있는 것은 아니기 때문이다. 엄밀히 볼 때 루카셴코는 러시아로부터 구체적인 경제 지원을 획득하고자 러시아가 주도하는 유라시아 통합체 건설 정책을 수사(修辭)적으로 지지할 뿐이다. 실제로 루카셴코 대통령은 EEU 가입을 위한 협정서에 서명하면서 러시아로부터 20억 달러의 차관을 제공받고 가스를 비롯한 에너지자원의 안정적인 공급도 보장받았다(MacFarquhar, 2014.5.29). 벨라루스는 2011년 자국의 통화가치 급락과 물가 급등으로 혹독한 국제수지 위기를 맞은 상황에서, 유라시아 개발은행으로부터 기금을 대여받은 것을 비롯해 계속해서 러시아로부터 경제적 특혜와 보조를 받아왔다.[6] 보조금이 벨라루스가 원하는

6 2011년 여름에 절정을 이뤘던 벨라루스의 재정 위기는 벨라루스 화폐가치를 1/3로 토막 냈을 정도로 격심했다. 그러나 러시아의 경제적 지원으로 2012년 벨라루스 경제는 완연한 회복세를 보였다. 특히 2012년 상반기 6개월 동안 러시아산 원유를 정제해 제3국으로 수출할 때 러시아에 관세를 지불하지 않아 마련한 현금만 해도 20억

만큼 충분하지는 않더라도 루카셴코의 장기 집권을 가능케 한 밑천으로 작용한 것은 틀림없다.

결국 러시아 주도의 유라시아 지역통합체 건설에 벨라루스가 참여하려는 전략적 이유는 분명하다. 벨라루스는 무엇을 얻고자 하는가? 유라시아 개발은행은 벨라루스가 공동경제구역에 가입할 경우 2030년까지 매년 15%씩 GDP 성장을 이룰 것이라는 낙관적인 전망을 내놓은 바 있다.[7] 이와 유사한 낙관주의는 벨라루스 정부에도 팽배해 있다. 벨라루스는 지역통합체 건설을 통해 잠재적인 이익 실현이 가능한 요소들을 몇 가지 강조했다. 첫째, 벨라루스의 상품 시장이 러시아와 카자흐스탄으로 확대될 것이라는 전망이다. 둘째, 러시아로부터 에너지 공급이 안정적으로 이루어질 것이라는 기대이다. 여기에는 몇 가지 구체적인 내용이 포함되는데 벨라루스에서 정제한 러시아산 석유제품에 대한 제3국 수출관세 인상과 탄화수소의 공급가를 러시아 국내시장가격 수준으로 하는 것, 그리고 카자흐스탄산 원유를 러시아 송유관을 통해 손쉽게 공급받는 것 등이 포함된다. 셋째, 벨라루스에 대한 서구 국가의 외국인 직접투자가 증대될 것이라는 기대이다. 끝으로 유라시아 지역의 통합체 건설을 위한 초국가적인 프

달러에 달했다. 이는 러시아에 의존적인 벨라루스 경제의 양상을 잘 보여준다(Ioffe, 2013.10.1). 벨라루스에 대한 러시아의 보조금 총량은 벨라루스 GDP의 약 15~16%로 추산된다(Plaschinsky, 2014.6.6).

7 2012년 1월 1일을 기해 출범한 공동경제구역은 첫째, 상품·서비스·자본·노동 공동시장의 효과적 기능, 둘째, 주민 생활수준 향상을 위해 모든 체약국 경제의 구조적 재건과 안정적으로 발전할 수 있는 조건 수립, 셋째, 조화로운 세금, 금융·신용, 화폐·재정, 무역, 관세와 세율 정책의 실행, 넷째, 통일된 교통, 에너지 및 정보 시스템의 발전, 다섯째, 우월한 분야의 경제, 생산과 과학기술협력 발전에 대한 국가 지원 대책의 통합 시스템 구축을 목표로 제시하고 있다(Revera Consulting Group, 2012).

로젝트 협력기구(운영위원회 등)의 의사결정 과정과 권한에 벨라루스가 러시아와 동등한 목소리를 낼 수 있을 것이라는 전망이다. 유럽부흥개발은행(EBRD)은 「2012년 체제 이행 보고서(Transition Report 2012)」를 통해 비록 초기 단계지만 유라시아 관세동맹이 표면적으로 볼 때 성공하고 있다고 평가했다.

벨라루스 국가 차원에서나 루카셴코 대통령 개인 차원에서나, 유라시아 지역통합체에 참여함으로써 에너지 보조금을 비롯한 러시아의 전폭적인 경제 지원을 기대하기 때문이다. 그러나 루카셴코 대통령은 벨라루스를 러시아의 진정한 형제국으로 신뢰받는 위치에 올려놓지는 못했다. 그는 러시아로부터 많은 것을 얻어낼 궁리를 하면서도 정작 벨라루스가 유라시아 통합체에 깊이 빠져들지 않도록 만들었고 항상 러시아가 주도하는 유라시아 지역통합체로부터 빠져나올 장치를 마련하고자 했다.[8]

벨라루스는 지역통합 참여를 망설이고 있다. 러시아의 경제적 보상을 바라면서 지역통합체 건설에 참여하고 있지만 현실적으로 벨라루스가 러시아의 신뢰할 만한 참여국이 되기는 어렵다. 벨라루스는 러시아가 벨라루스의 경제적 파탄을 좌시하시 않을 것이라고 계산하고 있다. 또한 벨라루스를 믿는다기보다 러시아가 벨라루스를 참여시킴으로써 자국이 누리게 될 많은 혜택과 국가 경제의 안정적 성장을 통해 우크라이나와 다른 구

---

8 벨라루스는 러시아 및 카자흐스탄과 EurAsEC, 관세동맹, 공동경제구역 등 유라시아 지역통합체를 만들 때마다 운영위원회의 의사결정 과정과 권한에 이의를 제기했다. 러시아가 57%, 카자흐스탄과 벨라루스 각각 21.5%씩 갖고 있는 의사결정권 지분을 국력에 상관없이 동등하게 배분해야 한다며 통합 속도를 조절하거나 러시아의 통제로부터 빠져나갈 장치를 마련했다(Jarabik, Pikulik and Yeliseyev, 2013.6: 1).

소련 국가를 지역통합체로 유인하려 한다는 러시아의 입장을 이용한다. 루카셴코는 러시아의 관세동맹이나 공동경제구역 확장에 별다른 적극적인 보조를 취하지 않고 있으며, 2013년 우크라이나가 EU와 협력협정을 체결한다는 입장을 분명히 했을 때도 별다른 반대 입장을 내놓지 않았다(Leiden, 2014.4.7).

그렇다면 벨라루스의 전략적 선택이 지닌 한계는 무엇인가? 우선 벨라루스는 관세동맹이나 EEU 합류로 러시아, 카자흐스탄과 공동시장을 마련했으나 이것이 벨라루스에 기회 요소가 되는 것만은 아니다. 벨라루스의 대카자흐스탄 무역량이 총무역액의 1% 수준에 머물고 있어 공동시장 효과가 미비하며 러시아 시장의 경우에도 효과가 미미하다. 2012년에 러시아가 WTO에 가입했기 때문에 벨라루스 상품이 러시아 시장에 관세장벽 없이 진출하더라도 세계의 상품과 경쟁해야 하는 상황이기 때문이다. 오히려 WTO 회원국이 아닌 벨라루스는 러시아의 시장 개방과 강제적인 무역자유화 조치 때문에 대러시아 수출 주력 상품인 약품, 냉장고, 트랙터, 오토바이, 수산가공품, 그리고 조명, 전기 분야에서 러시아 시장 진출에 불리한 상황에 내몰렸다.

벨라루스는 에너지 분야에서 러시아로부터 보조금을 받아 최저 가격으로 천연가스와 원유를 받게 되었으나 카자흐스탄에서 원유를 수입하는 것은 아직 약속받지 못했다. 원유를 정제해 다른 나라로 수출할 때 러시아에 지불하는 수출관세도 여전히 유효하다. 루카셴코는 정제유 수출관세를 면제해줄 것을 러시아에 요구하고 있지만 러시아는 즉답을 피하고 있다(Leiden, 2014.4.7). 향후 러시아가 유럽으로 가스와 원유 수출 경로를 다변화해 벨라루스 통과 물량을 축소할 경우, 마땅한 대응책이 없다는 점이 벨라루스가 가진 취약성이다. 벨라루스는 체제 전환 이후 줄곧 러시아에 지대추구행위(rent-seeking behavior)로 이익을 얻었으나 러시아의 에너지 보조금이나 가스 통과료 감소가 현실화되면 매우 큰 타격을 받게 될 것이다.

벨라루스가 EEU에 참여함으로써 러시아 시장 진출의 전진기지로서 벨라루스의 가치가 올라갈 경우, EU를 비롯한 서구와 중국으로부터 외국인 직접투자가 증대할 것이라고 기대했지만 아직 성공적인 결과는 보고되지 않았다. 벨라루스는 투자가치가 높은 국유재산을 많이 보유하고 있고 제조업의 수출 비중이 전체 수출의 25%를 차지할 만큼 비교적 산업화가 잘 되어 있어, 무역과 자본 흐름의 자유화 조치가 이루어질 경우 외국인 직접투자가 증대할 수 있는 상황이다.[9] 그러나 아직까지 벨라루스의 해외직접투자(Foreign Direct Investment: FDI) 대부분은 러시아에서 온 것이며 이 자본은 국유재산의 사유화에 집중 투자되고 있다. 칼륨 생산 시설이나 정유 공장, 자동차 공장 및 가스관 회사 등이 주요 투자 대상이며 가스관 회사 벨트란스가스(Beltransgaz)는 이미 2011년에 가스프롬(Gazprom)에 매각되었다(황성우, 2013).

벨라루스인의 러시아 노동 이주와 이민, 이중국적 허용 문제는 벨라루스에 치명적인 한계로 작용한다. 벨라루스는 연간 20~30만 명의 노동자

---

9 벨라루스와 접경국인 폴란드와 리투아니아, 라트비아는 2000년대 초에 EU에 가입한 이래로 외국인 직접투자가 급등하고 있으며 안정적인 경제 발전을 구가하고 있다(Plaschinsky, 2014.6.6). 벨라루스가 EU 가입 조건을 충족하려면 정치, 경제, 사회 등 모든 면에서 자유화와 민주화 조치를 단행해야 하지만 이는 루카셴코의 권위주의 정권에서 불가능한 일이다.

를 러시아에 보내고 있나. 이주 노동자들이 러시아로 많이 가는 것은 지리적 근접성 외에도 언어와 문화가 동일하고 비자 등 법적 장애 요소가 없어 EU에 비해 진출이 용이하기 때문이다. 이주 노동자 덕택에 벨라루스 국가통계위원회는 공식적인 실업률이 0.6%(2012년 기준)라고 주장할 수 있으며, 그들이 송금하는 임금은 벨라루스 국가경제에 큰 보탬이 되고 있다. 그러나 러시아 국가두마(Duma)에 상정되어 있는 '재외동포법', 즉 러시아의 이중 시민권 정책이 통과될 경우 이주 노동자들이 아예 러시아에 남게 될 수도 있어, 벨라루스의 국가 존립에 큰 문제가 될 수도 있다(Jarabik, Pikulik and Yeliseyev, 2013.6: 1).

또한 젊은 벨라루스인의 경우 러시아의 대학 입학시험에 합격하면 러시아인과 마찬가지로 대학 교육을 무료로 받을 수 있다. 많은 벨라루스 젊은이들이 러시아에서 대학 교육을 받고 난 뒤 벨라루스로 귀국하지 않은 채 러시아에서 경제활동을 한다. 벨라루스에 비해 러시아가 임금수준뿐 아니라 사회적·문화적 토양이 우수하기 때문인데, 이는 결과적으로 벨라루스의 우수한 인재가 러시아의 번영에 기여하는 꼴이다. 한편 저출산으로 인한 인구의 자연 손실이 러시아의 사회문제로 꼽히고 있어 젊은 이주자들의 유입이 이를 해결하는 방안이 되기도 한다(Plaschinsky, 2012.1.10).

우크라이나 사태는 벨라루스의 전략적 가치를 상승시켰으나 동시에 러시아의 속박으로부터 벗어날 수 없다는 한계를 명확하게 보여주기도 했다. 러시아는 우크라이나가 EU로 가겠다고 선언한 뒤 구소련 지역에 대한 지배력 복원 계획에 타격을 입었다. 따라서 푸틴 러시아 대통령은 벨라루스와 카자흐스탄을 중심으로 러시아의 구심력을 더욱 강력하게 투사하기 위해 과거 소련 지역 영토에 대한 경제적 통합뿐 아니라 정치적 통합까지 종용하고 있다. 따라서 이미 합의된 EEU를 EU와 유사한 형태의 'EAU'로 발전시키자는 제안을 밝힌 상태이다. 이에 대해 벨라루스와 카자흐스탄은 한 목소리로 수용 불가를 천명하고 경제통합의 제도적 완성에 집중해야 한다는 주장을 개진했다.[10]

벨라루스는 푸틴의 지역통합 노력이 여타 소련 계승국가들로부터 지지를 받지 못해 난관에 부딪힐수록 자국이 러시아로부터 더 많은 양보를 얻어내어 이익이 증대할 것이라고 기대했다. 그러나 크림반도가 러시아에 환수되고 도네츠크 주와 루간스크 주가 분리 독립을 추구하면서 우크라이나의 국가 분열이 진행되자 벨라루스도 독립국 지위를 잃을까 우려하고 있다. 더욱이 루카셴코 정권의 부패와 무능, 장기 집권에 실망한 벨라루스 국민들 사이에서 정치 불신이 고조되어 있는 상태다. 벨라루스 국민의 70%는 경제적으로 이익이 된다면 러시아와의 국가 통합에 찬성한다는 입장이다. 그러나 지역통합체 참여로 국가 진로를 설정한 이후에도 벨라루스는 별다른 국가 발전 전략을 제시하지 못해 역량 부재가 드러나고 있다. 분명한 것은 러시아 주도의 유라시아 지역통합체에서 주요 의사결정자는 러시아일 수밖에 없으며, 여타 참여국은 러시아의 영향력에 종속될 것이라는 점이다(Yeliseyeu, 2003).

10 http://logistory.by/ru/news/Evrazs(검색일: 2014.11.4).

5. 결론: 우크라이나와 벨라루스의 엇갈린 국가 진로

우크라이나와 벨라루스는 러시아와 함께 동슬라브족이 9세기 중반에 세운 최초의 도시국가인 키예프 루시에서 분화된 국가이다. 이 가운데 러시아는 지난 1000여 년의 역사적 발전 과정을 통해 제국을 건설했고 동슬라브족의 맏형 국가로서 굳건한 지위를 만든 반면, 우크라이나와 벨라루스는 러시아 변방 지대에서 러시아와 유럽 문명권의 교차 침윤을 받으며 독자적인 정체성 형성에 어려움을 겪어왔다. 19세기 중반 이후에 유럽 전역을 휩쓴 민족주의의 물결은 우크라이나와 벨라루스에도 커다란 영향을 미쳤다. 우크라이나는 서부 지역 갈리치아 지방을 근거지로 독자적인 민족주의의 기틀을 마련했으나 벨라루스는 그에 미치지 못하는 변방 민족에 머물렀다. 1917년 볼셰비키 혁명의 성공으로 러시아제국이 붕괴된 후, 1922년 12월 소련이 건설될 때 우크라이나와 벨라루스는 명목상 사회주의 공화국을 만들었으며 자캅카스 소비에트 사회주의 공화국과 함께 러시아 소비에트 사회주의 공화국이 주도하는 소연방 구성 공화국으로 참여했다. 오늘날의 우크라이나와 벨라루스는 1991년 소련이 해체될 때 구성 공화국에서 주권국가로 독립하면서 등장한 국가다.

탈소비에트 체제 전환 과정에서 우크라이나와 벨라루스는 엇갈린 국가 진로를 택했다. 우크라이나는 2004년 오렌지 혁명과 2013년 11월 유로마이단 운동 등 여러 차례의 정치 변동 과정을 겪었으며 현재 EU 가입을 지향하고 있다. 이를 위해 우크라이나는 EU와 경제적 협력협정을 이미 체결한 상태이다. 반면 벨라루스는 루카셴코 대통령이 장기 집권을 이어가면서 러시아, 카자흐스탄과 함께 유라시아 지역통합체 건설에 참여하고 있다.

그러나 EU 합류를 지향하는 우크라이나에 장밋빛 미래가 보장된 것은 아니다. 왜냐하면 첫째, 우크라이나가 EU에 가입하려면 국가 개조를 위한 전면적인 혁신 노력이 선행되어야 하기 때문이다. EU는 회원국 가입 조건으로 '코펜하겐 기준(Copenhagen Criteria)'을 제시하고 있다.[11] 체코, 헝가리, 폴란드, 그리고 발트 3국 등 탈공산주의 체제 전환을 거친 국가들이 EU에 가입하기까지 EU가 제시한 기준을 충족시키기 위해 오랜 준비 기간과 노력이 있었다.

둘째, 우크라이나의 경제·무역구조를 볼 때 현실적으로 러시아를 비롯한 유라시아 관세동맹국들과 교류하는 것이 유리하다. 우크라이나 대외무역을 살펴보면 EU와의 교역 규모는 350~400억 달러이고 러시아와 다른 관세동맹 국가들(벨라루스, 카자흐스탄)과의 교역 규모는 500~600억 달러이다. 게다가 우크라이나는 관세동맹 국가에 첨단 기술 제품(기계, 엔진, 장비)을 수출하지만 EU 국가에는 반제품(철금속, 석유제품, 곡물)과 자원(광석 등)을 공급한다. 이와 동시에 관세동맹 국가들이 EU에 비해 경제성장 속도가 더 빠르고 관세동맹 국가 내에 진행되는 신산업화와 관련해 우크라이나 제품 수요도 증가할 것이라는 점을 고려해야 한다. 따라서 우크라

---

11 1993년 6월 코펜하겐에서 개최된 유럽이사회에서 마련한 EU 회원 가입 기준을 말한다. 코펜하겐 기준으로는 우선 정치적으로 민주주의의 제도적 안정성을 꼽는데 여기에는 법치와 인권, 그리고 소수자에 대한 권익 존중과 보호가 포함된다. 그리고 경제적으로는 시장경제체제의 확립과 EU 내의 경쟁, 시장 조정력 수용 능력을 갖출 것을 요구한다. 끝으로 EU의 공동체 규범 준수를 규정하고 있으며 EU 회원국 간 정치적 협력과 경제통화동맹(EMU)을 비롯한 EU 관련 조약 및 공동체 법규가 요구하는 모든 의무 수행이 적시되어 있다.

이나는 EU와의 협력협정 이행도 중요하지만 동시에 유라시아 관세동맹과도 협력해야 더 높은 경제성장률과 고용률을 보장할 수 있고 금과 외환도 비축할 수 있다(스코핀, 2014.7.11). 더욱이 우크라이나는 러시아에 대한 에너지 의존도가 높고 이를 극복할 마땅한 대안이 없다는 점도 어려운 문제이다.

셋째, 우크라이나는 현재 직면한 내전과 국가 분열 상태를 수습해야 한다. 2절에서 지적한 바와 같이 우크라이나의 동서 간 균열 구조는 고착화되어 있으며 이는 단기간에 해결될 수 있는 문제가 아니다. 우크라이나가 코펜하겐 기준을 충족하기 위해서 가장 우선적으로 해결해야 할 과제가 바로 국론 통합과 국민 통합인 것이다.

넷째, 러시아와 선린 우호관계를 회복할 방안을 마련해야 한다. 유로마이단 운동처럼 노골적인 반러시아 움직임이 우크라이나 정부 차원에서 계속 진행된다면 러시아는 에너지나 무역통제, 친러시아계 주민을 동원한 국론 분열 등을 조장하고 나아가 군사적 보복까지 단행할 수 있다.

한편 유라시아 지역통합체 건설에 참여하기로 결정한 벨라루스의 미래도 밝지 않다. 왜냐하면 첫째, 벨라루스는 국가 비전을 제시할 역량과 의지가 매우 부족하다. 루카셴코는 국가 발전에 대한 계획을 마련하지 못한 상태에서 자신의 장기 집권 체제를 지속할 권력 기반 공고화에 몰두해 있으며, 국민들 역시 독립적인 국가 진로 모색보다는 경제적 이해의 충족 여부에 따라 움직이는 성향을 보이고 있다. 앞 절에서 설명한 것처럼 벨라루스는 역사적으로 독자적인 민족 정체성을 확립하고자 노력을 경주한 경험이 없으며 오히려 자국을 러시아와 동일시하는 경향이 팽배하다.

둘째, 유라시아 지역통합체가 가속화되면 벨라루스가 러시아에 흡수될 가능성이 농후하다. 2015년 1월을 기해 출범한 러시아 경제연합에서 푸틴은 화폐 통합을 제안했으며 궁극적으로 EEU를 정치적·사회적 통합으로 이어가서 EU와 유사한 초국가적 공동체인 EAU로 발전시키고자 한다. 그러나 카자흐스탄과 마찬가지로 벨라루스 역시 EEU를 진전된 지역통합체로 만드는 것에 반대하고 있다. 벨라루스는 통합의 심화가 주권 상실로 이어질 것을 우려해 참여국이 모두 대등한 의사결정권한을 가질 것을 요구하고 있다.[12] 그러나 EEU 참여국의 역량을 보면 EU처럼 회원국 간의 견제와 균형이 가능한 구조가 아니며 사회적·문화적 토양에서 볼 때도 참여국 간의 자유와 평등이 실현되기 어렵다. 유라시아 지역 국가들과 유럽 국가들은 국가 규모나 역사적 경험에서 큰 차이를 보이기 때문이다.

셋째, 루카셴코의 장기 집권 청산과 민주주의 제도화를 낙관하기 어렵다는 점이다. 오늘날 민주주의는 인간이 만들어낸 최고의 정치제도이자 숭고한 가치로 자리 잡았다. 그러나 벨라루스는 탈소비에트 독립국가 건설에 나선 지 23년째 별다른 민주화의 진전을 이루지 못하고 있으며 루카셴코의 장기 독재 정권으로 운영되고 있다. 미국과 유럽 등으로부터 유럽의 마지막 독재자라는 비난을 받는 루카셴코가 푸틴이 주도하는 유라시아 지역통합체에 참여하는 이유는 명확하다. 벨라루스를 EU로 끌고 가려면 코펜하겐 기준에 맞춰 국가 혁신을 이루어야 하는데 그럴 경우 자신의 권력을 내려놓아야 하기 때문이다. 결국 러시아는 루카셴코를 신뢰하지는 않지만 권력을 유지할 수 있도록 후견인 노릇을 하는 상황인 셈이다.

---

12 벨라루스의 정치·경제 전문가들은 EEU에 대한 푸틴의 구상이 발표되었을 때 주권 상실, 경제적인 종속과 부패 창궐, 민주화 비전 차단, 독자적인 사회경제 모델 중단 등을 심각하게 우려했다(Баженин, 2011).

민주주의는 각 정치사회마다 자신들의 문화적·역사적 경험과 역량, 그리고 토양에 맞춰 다양한 형태로 발전해왔다. 그러나 EEU 합류로 인해 벨라루스의 민주주의 제도화는 당분간 어려울 것으로 보인다.

우크라이나와 벨라루스는 러시아와 함께 동슬라브족 공동체라는 공통의 역사적 연원을 가지고 있으나 국가 진로는 상반된 방향으로 선택했다. 양국은 자국이 선택한 국가 진로를 현실화하기 위한 저마다의 난제를 지니고 있다. 따라서 러시아의 서쪽 국경 지대에 존재하는 우크라이나와 벨라루스의 미래는 러시아의 대유럽 전략과 유라시아 지역공동체의 향후 전개 양상에 따라 크게 좌우될 것으로 보인다. 강대국 변방에 놓인 두 나라는 지정학적 운명 탓에 과거도 현재도 미래도 밝지 않다.

| 참고문헌 |

구갑우. 1998. 「지역통합 이론의 재검토 - 국가중심주의와 탈국가중심주의」. ≪한국과 국제정치≫, 14권 1호, 153~181쪽.

랴자노프스키, 니콜라이(Nicholas V. Riasanovsky). 1994. 『러시아의 역사 I』. 이길주·김현택 옮김. 도서출판 까치.

우준모. 2005. 「러시아의 지정학적 목표: 유라시아 주의의 확립과 실현」. ≪국제정치논총≫, 45권 1호, 255~280쪽.

_____. 2013. 「러시아 - 우크라이나 가스분쟁의 본질과 전망」. ≪평화학연구≫, 14권 1호, 125~149쪽.

황성우. 2013. 「에너지 안보 공간의 갈등: 러시아와 벨라루스의 가스 갈등과 EU」. ≪EU연구≫, 34호, 189~223쪽.

Duncan, Peter J. 1996. "Ukraine and the Ukrainians." in Graham Smith(ed.). *The Nationalities Question in the Post-Soviet States*. London and New York: Longman Group Limited.

Guthier, Steven L. 1977. "The Belorussians: National Identification and Assimilation, 1897~1970." *Soviet Studies*, Vol. 29, No. 1, pp. 37~61.

Ioffe, Grigory. 2013.10.1. "Belarus: A Countdown Toward Political Change?" *Eurasia Daily Monitor*, Vol. 10, Issue. 4, p. 5.

Jarabik, Balazs, Alexei Pikulik and Andrei Yeliseyev. 2013.6. "Belarus and the Eurasian Union: Incremental Integration." *Policy Brief*, No. 159, pp. 1~5.

Leiden, Matthew Frear. 2014.4.7. "Belarusian Perspectives on Eurasian Economic Integration." *Russian Analytical Digest*, No. 146, pp. 10~12.

MacFarquhar, Neil. 2014.5.29. "Russia and 2 Neighbors Form Economic Union That Has a Ukraine-Size Hole." *New York Times*.

Moravcsik, Andrew. 1998. *The Choice for Europe: Social Purpose and State Power from Messina to Maastricht*. Ithaca, New York: Cornell University Press.

Revera Consulting Group. 2012. *The Common Economic Space: The history of creation, institutional framework and the scope of coordinated spheres of activities*. Minsk: Revera Consulting Group.

Solzhenitsyn, Aleksandr. 1991. *Rebuilding Russia: Reflections and Tentative Proposals*. Translated by Alexis Klimoff. Gordonsville: Farrar, Straus and Giroux.

Yeliseyeu, Andrei. 2003. "What Eurasian Integration Brings to Belarus." *Belarus-Info Letter*, Issue. 5(35), pp. 1~3.

Резник, А. Н. 2002. *К вопросу о государственности БНР, или так была ли БНР государством?* Минск: УП Технопринт. pp. 20~34.

신문 기사

≪세계일보≫. 2014.9.27. "푸틴 'EU·우크라 협력협정 발효 땐 보복'".

온라인 자료

스코핀, 알렉세이(Aleksey Scoffin). 2014.7.11. "우크라이나－EU 경제협력협정의 이면." ≪Russia 포커스≫. http://russiafocus.co.kr/opinion/2014/07/11/-eu_44959.html(검색일: 2014.10.21).

프릿친, 스타니슬라브(Stanislaw Pritschin). 2014.1.21. "유라시아경제연합(EEU) 출범을 바라보는 두 가지 시각." ≪Russia 포커스≫. http://russiafocus.com/business/2014/01/21/eeu_43713.html(검색일: 2014.9.21).

EBRD. *Transition Report 2012*. INTEGRATION ACROSS BORDERS. http://tr.ebrd.com/tr12/(검색일: 2014.12.19).

EurAsEC. 2008.2.25. "CONCEPT of Establishment of the Common Transport Space of the Eurasian Economic Community." No. 374. http://www.evrazes.com/docs/view/156(검색일: 2014.11.19).

Plaschinsky, George. 2012.1.10. "Why Young Belarusians Go to Russia, Not Europe." *Belarus Digest*. http://dev.belarusdigest.com(검색일: 2014.10.18).

______. 2014.6.6. "Eurasian Integration: Does Lukashenka Have a Choice?" *Belarus Digest*. http://dev.belarusdigest.com(검색일: 2014.10.18).

RIA Novosti. 2014.3.18. "Treaty to accept Crimea, Sevastopol to Russian Federation signed." http://rt.com/news/putin-include-crimea-sevastopol-russia-578/(검색일: 2014.11.16).

Voice of Russia. 2014.7.1. "West should get rid of ambitions to build 'global barracks' dictating its rules－Putin." http://sputniknews.com/voiceofrussia/news/201407_01/West-should-get-rid-of-ambitions-to-build-global-barracks-dictating-its-rules-Putin-8380/(검색일: 2014.11.18).

Бендин, Александр. 2011. *Белорусы в Российской империи. К вопросу о формировании этнической идентичности(вторая половина XIX－начало XX вв.)*. http://zapadrus.su/zaprus/istbl/345--xix-xx-.html(검

색일: 2014.10.21).
Важенин, Евгений. 2011.10.13. *Белорусские мифы о Евразийском союзе: потеря суверенитета, коррупция и консервация*. MAXPARK. http://maxpark.com/community/2969/content/822655(검색일: 2014.11.3).
Оржеховски, Игорь. В. 2011.3.14. "Белорусская идея, Что это такое?" Западная Русь. http://zapadrus.su/zaprus/filzr/291-l-r-.html(검색일: 2014.10.10).
"Так ли все гладко при вступлении в Евроазиатский экономический союз?" http://logistory.by/ru/news/Evrazs(검색일: 2014.10.24).

제6장

유라시아경제연합과 아르메니아

대러시아 경제적 의존의 함의

박지원

1. 서론

> 러시아가 없다면 아르메니아는 생존하지 못할 것이다. 또한 아르메니아가 없다면 러시아는 캅카스 지역에서 중요한 지위를 상실하게 될 것이다. (중략) 아르메니아는 작은 국가지만 남캅카스 지역에서 러시아의 전초기지이다. 러시아에게 아르메니아는, 미국에게 있어 이스라엘보다 더 중요한 국가다(Mehdiyeva, 2011: 80).

한때 러시아 국가두마 국방위원장이었던 알렉세이 아르바토프(Aleksei Arbatov)는 아르메니아와 러시아의 관계를 위와 같이 정의했다. 그의 발언은 양 국가의 관계를 조망하는 데 있어 몇 가지 시사점을 제공한다. 첫째, 아르메니아는 약소국으로서 러시아의 지원과 도움이 필요하다는 사실이다. 아르메니아는 인구가 약 300만 명에 불과한 작은 국가로 주변에 아제르바이잔, 터키 등 역사적으로 적대적 관계인 국가들과 인접한 내륙 국가이다.[1] 아르메니아는 소련 해체 이후 독립한 카스피 해 연안의 많은 국가들과 달리 천연자원이 부족하고 지리적으로 바다와 인접하지 않은 산악지형인 한계가 있어, 경제성장을 위한 환경과 투자자를 유인할 수 있는 산업이 부족하며[2] 이 때문에 다른 국가들에 비해 경제 발전의 양상이 더디게 나타나고 있다.

둘째, 러시아와 같은 강대국의 지원은 필연적으로 아르메니아가 러시아에 의존하도록 하는 기제가 될 수 있다는 점이다. 약소국으로서 아르메니아가 갖는 한계와 러시아의 지원을 통한 양국의 협력은 아르메니아로서는 자국의 생존이 걸린 중요한 문제이며 아르메니아가 러시아에 의존하는 상황을 지속적으로 조성할 수 있다. 한 국가가 가진 자원이 클수록 주변국에 대한 잠재적인 위협은 크게 나타날 수 있는데(Walt, 1987: 22에서 재인용), 이는 작은 국가(small country)로서 아르메니아가 가진 선택지가 현실적으로 매우 제한적이라는 것을 시사한다. 셋째, 아르메니아가 가진 전략적 중요성 때문에 러시아는 아르메니아에 대한 영향력을 유지하는

---

1 내륙 국가라는 특성 때문에 아르메니아의 주요 수출품에 대한 운송비와 보험료 부과 비중은 29%에 달하며 바다와 접한 동유럽·중앙아시아 국가들의 평균보다 24%, 그렇지 않은 내륙 국가들의 평균보다는 13%나 높은 비용 상승 요인이 나타났다. 이와 같은 비용 상승은 아르메니아 제품의 대외 가격 경쟁력을 하락시키는 요인으로 작용한다(faye et al., 2004: 41).

2 아르메니아 정부는 이 같은 단점을 보완하고 외국인 투자 유입을 활발히 해서 경제성장을 촉진하기 위해 투자 환경 개선에 많은 노력을 기울여왔다. 세계은행(World Bank)의 2014년도 국가별 사업 환경 평가에 따르면 아르메니아의 사업 환경은 비교 대상인 동유럽·중앙아시아 27개국 가운데 5위에 해당하는 양호한 투자 환경을 가진 것으로 평가되었다. 평가 지표에는 기업의 창업과 등록, 투자자 보호, 기업 청산에 이르기까지 기업 활동 전반에 이르는 항목 등이 포함된다(World Bank, 2013a: 6).

정책을 지속할 가능성이 높다. 러시아에게 아르메니아는 전략적으로 중요한 국가다. 러시아는 남캅카스 지역에서 오스만 제국의 후예인 터키의 영향력 확대를 경계하고 있고, 아르메니아는 터키 및 아제르바이잔과 뿌리 깊은 적대적 관계를 지속하고 있다(Minassian, 2008: 5). 여기에 친 서방적인 터키와 아제르바이잔의 정책은 이란까지 포함해 그 대척점에 있는 러시아와 아르메니아의 관계를 결속시키는 역할을 하고 있다.

따라서 아르메니아와 러시아의 관계는 양 국가의 전략적 필요성에 기반을 둔 협력적인 관계로서 강대국인 러시아에 소국인 아르메니아가 의존하는 형태로 나타나고 있다. 특히 2000년대 이후 러시아 경제가 본격적으로 회복되면서 EEU를 통해 CIS 회원국들에 대한 정치적·경제적 영향력을 복원하려는 러시아의 노력이 계속되었다. 많은 CIS 회원국이 1990년대 초반에 독립한 이후 탈러시아 시도를 해왔지만 러시아는 여전히 상당수 국가에 대해 다양한 측면에서 경제적 구심력을 갖고 있다(박지원, 2013: 109~150). 그리고 러시아의 경제적 영향력은 아르메니아와 같은 약소국으로서는 생존을 위해 거부할 수 없는 관계의 다양성과 연속성에 기초하고 있으며 그 관계는 시간이 지날수록 다양한 측면에서 더욱 공고해지고 있다. 아르메니아 역시 러시아에 대한 의존을 통해 즉각적인 경제적 보상을 받아왔다. 이 글에서는 경제협력의 관점에서 아르메니아의 대러시아 의존성과 이러한 관계 속에서 아르메니아의 경제적 이익을 분석한다. 경제적 핀란드화(Finlandization)의 체계화된 구성을 통해 세 가지 측면에서 아르메니아와 러시아의 경제적 관계를 이해하고, 이러한 점이 양국 관계의 공고화를 통해 EEU의 구성과 발전에 주는 시사점과 전망을 도출하고자 한다.

2. 분석의 구조: 경제적 핀란드화의 다면성

핀란드는 지리적으로 러시아와 인접한 소국으로 역사적으로 강대국인 러시아의 영향에서 자유로울 수 없었다. 1917년 러시아로부터 독립한 이후에도 러시아의 강력한 영향력 아래 놓여 있었는데, '핀란드화'란 핀란드가 인접한 러시아와 평화적인 관계를 유지하기 위해 러시아에 의존적인 정책을 펴왔던 데 기인한 용어로서 대국(大國)의 영향으로 한 국가의 주권이 감소되는 과정 또는 상태를 의미한다(Laqueur, 1980: 7). 핀란드는 대외관계에서 볼 때는 러시아에 종속되었지만 핀란드 국내의 정치적·사회적 문제에서는 러시아로부터 비교적 독립적이고 자유로운 권리를 보장받았다(Laqueur, 1980: 8~10). 핀란드화라는 용어는 주로 정치적인 의미에서 핀란드와 같은 작은 국가가 러시아와 같은 강대국에 대해 의존적인 행태를 보이는 것을 규정하는 의미로 사용되어왔으나 이 글에서는 경제적인 의미에서 소국인 아르메니아와 대국인 러시아의 경제적 거리와 관계를 분석하기 위한 분석의 틀로 확장된 경제적 의미에서 핀란드화를 구조화한다. 즉, 러시아에 의존적인 아르메니아의 경제구조를 경제적 관계에 근거한 요소들을 통해 살펴보고 그와 같은 구조 속에서 아르메니아의 대러시아 의존 및 반대급부로 아르메니아가 얻는 경제적 이익을 분석한다.

국가 간의 경제적 거리(distance) 또는 인접성(proximity)에 대한 측정은 다양한 경제적 변수들로 정의될 수 있다. 이러한 변수들의 상관관계가 높게 나타나면 경제적 거리는 가까운 것으로, 상관관계가 낮게 나타나면 경제적 거리는 먼 것으로 볼 수 있다. 결국 경제적 거리와 인접성은 양 국가의 경제적 이해관계에 대한 수렴 여부와 발전 방향을 예측할 수 있게 하며

(Mazurek, 2012: 278), 이해관계의 수렴은 경제적 협력의 가능성을 더 높일 수 있다는 점에서 유의미하다. 한 국가가 다른 국가와 맺는 경제적 거리와 관계는 다음과 같은 요인들로 측정될 수 있다.

프랭클(J. A. Frankel)과 로즈(A. K. Rose)에 따르면 상품 무역의존도가 높은 국가 간에 상호 경기순환 구조도 매우 흡사하게 나타나는 것으로 측정되었다(Frankel and Rose, 1998: 1009~1025). 긴밀한 무역구조가 국가 간 경기 동조화에 직접적인 영향을 미치는 것이다. 오비오라(K. I. Obiora)는 EU와 러시아의 경제 상황이 이들에 대한 교역 의존도가 큰 발트 3국에 미치는 영향을 분석하면서, 궁극적으로 발트 3국의 경기와 EU 및 러시아의 경기가 밀접한 관계가 있다고 보았다(Obiora, 2009: 1~38). 따라서 한 국가의 수출이 특정 국가에 지나치게 집중되어 있을 경우, 경제 규모가 작은 국가들은 주요 수입국의 교역 여건 변화에 따라 경제적으로 큰 타격을 받을 수 있다(Easterly and Kraay, 2000: 2022). 이처럼 국가 간 무역의존도와 교역은 해당 국가들의 경제적 의존도를 나타내는 직접적인 지표로서, 단순하지만 의미 있는 시사점을 이끌어내는 데 충분한 변수 중 하나이다.

국가 간의 노동 이주 증가와 이에 따르는 송금 확대는 송금 유출국과 송금 유입국 간의 경제적 관계를 더욱 밀접하게 할 수 있는 요소이다. 대체로 저개발 국가로 유입되는 송금은 전 세계적으로 1990년에서 2008년 사이에 약 12배가량 크게 증가하는 모습을 보였지만 2009년 세계 금융 위기의 영향으로 감소했다(Cooray and Mallick, 2010: 3). 송금 유출국인 선진국의 경기 악화가 송금 유입국의 자금 유입에 직접적인 영향을 미친 것이다. 하지만 세계은행에 따르면 송금액은 2010년부터 다시 증가하기 시작해 저개발 국가에 대한 연간 송금 유입액은 2010년 3340억 달러에서 2016년에는 5400억 달러로 확대될 것으로 예상되며 저개발 국가에게는 송금 유입이 외화 획득의 주요 원인이 되고 있다(World Bank, 2013b: 3). 결국 해외에서 유입되는 외화는 유입국 경제에 영향을 주며 애덤스(R. H. Adams)와 페이지(J. Page)는 71개 개발도상국에 대한 실증 연구에서 노동 이주와 이로 인한 송금이 개도국에서의 빈곤을 감소시키는 데 직접적인 영향을 준다는 점을 증명했다(Adams and Page, 2005: 1645~1669).

국가 간의 투자 역시 양국 간의 경제 관계가 밀접한지를 알아보는 데 유용한 지표이다. 해외직접투자는 기술, 자본, 지식 등의 요소를 이전시킬 뿐 아니라 국내외의 전후방 산업에까지 영향을 주어, 교역과 함께 국가 간 경제통합을 촉진시키는 중요한 요소로 평가된다(Resmini, 2003: 205~206). 일라히(N. Ilahi)와 셴디(R. Shendy)는 원유 수출국의 자금 유출이 중동 지역 내의 투자에 큰 영향을 미친다고 보았다(Ilahi and Shendy, 2008: 1~17). 따라서 원유 수출국의 투자로 인해 지역 내 다른 국가의 경제성장이 촉진될 수 있다. 리브만(A. Libman)은 구소련 지역에서 러시아 기업의 CIS 지역에 대한 직접투자가 지역통합을 강화하는 중요한 요인임을 지적했다(Libman, 2007: 401~430).

위에서 언급한 무역, 이주 및 송금, 투자의 세 가지 요인들은 모두 복수의 국가 간의 경제적 관계를 규명하는 데 중요한 요소로 활용될 수 있으며, 이러한 요인들에 대한 분석을 통해 국가 간 경제적 인접성과 의존도를 파악할 수 있다. 따라서 아르메니아와 러시아의 경제적 관계를 분석하는 틀로서 세 가지 요인으로 구조화된 경제적 핀란드화 모델을 정의하고 이를 통해 아르메니아 경제의 대러시아 의존성을 규명한다. 또한 아르메니아가 경제적인 의존을 통해 러시아로부터 얻게 되는 이익은 경제적 핀란드화의 또 다른 부면을 구성한다.

3. 러시아와의 관계 설정과 대외 교역

1) 아르메니아의 대러시아 의존과 배경

과거 아르메니아는 소련의 일원으로서 사회주의 경제체제에 속해 있었다. 당시 러시아를 중심으로 한 공산권 국가들은 서유럽 경제 공동체에 대응하기 위한 코메콘(Council for Mutual Economic Cooperation: COMECON) 체제로 강력한 경제적 연대 관계를 맺고 있었다. 당시 소련 정부는 중앙집권적 경제 시스템에 의거해 각 공화국들의 지리적 위치와 필요에 따라 산업의 분업화 시스템을 실시했기에 각 공화국들은 더욱 소련 중앙정부에 의지할 수밖에 없었다(박지원, 2013: 117). 따라서 당시 소비에트 공화국들의 교역은 대부분 코메콘 국가들의 테두리 안에서 이루어졌고(Robson, 2006: 5), 그중에서도 교역을 조정하는 소련 정부에 대한 의존은 매우 컸다. 소련 해체 이후 CIS 회원국들이 서구 국가들과 교역하기 시작하면서 회원국 간 상호 의존성은 낮아졌으나 주요 교역국으로서 러시아에 대한 의존은 계속되었다. 체제 전환을 한 다른 많은 국가들과 마찬가지로 아르메니아의 주요 산업은 1990년대 체제 전환기를 거치면서 큰 변화를 겪었는데, 특히 소련 체제의 산업 기반이 붕괴하면서 제조업 수출 비중이 크게 줄게 되었다.[3]

아르메니아는 독립한 이후에도 내륙국으로서 주변 국가와의 관계 설정이 중요함을 인식했다. 아르메니아의 초대 대통령인 레본 테르-페트로샨(Levon Ter-Petrosyan)은 주변의 강대국인 러시아와 우호적인 관계 설정을 통해 아르메니아를 고립시키지 않는 것을 중요한 대외 정책 과제 가운데 하나로 삼았다. 또한 1992년 4월 러시아와 공식적인 외교 관계를 구축하고 CIS에 가입한 최초의 캅카스 국가가 되면서 러시아와의 정치적·경제적 관계를 강화하기 시작했다(Petros, 2003: 3). 특히 나고르노-카라바흐 지역에 대한 아제르바이잔과의 영토 분쟁으로 인해 아제르바이잔의 입장을

---

3 아르메니아의 수출 구조는 시장경제 도입 이후 크게 변화했다. 다음의 표는 소련 시기와 체제 전환기의 아르메니아 수출 구조이다.

아르메니아 수출 상품 구조의 변화(1988년과 2000년)

(단위: %)

구분	전기	석유·가스	철광석	비철광석	화학제품	기계류
1988년	1	0	1	3	11	22
2000년	7	0	4	14	4	11

구분	경공업	식품	종이·목재	농업	기타 제조업	기타
1988년	40	16	1	0	6	0
2000년	5	8	0	1	39	6

자료: Freinkman, Polyakov and Revenco(2004: 10).

소련 붕괴 이전 아르메니아의 대외 수출에서 가장 높은 비중을 차지했던 경공업 부문은 체제 전환 이후 5%의 비중으로 그 밖의 기계류, 화학제품, 식품류 등의 비중도 크게 축소되었다. 이는 소련 계획경제 당시 각 공화국이 분업 체제를 이루었던 제조업 생산이 크게 약화된 결과이다. 다만 기타 제조업 부문이 6%에서 39%로 크게 상승한 것은 아르메니아의 특화된 다이아몬드 가공 산업이 발전한 결과이다. 국외에 거주하는 아르메니아 디아스포라들이 1990년대 아르메니아 내 다이아몬드 가공 설비투자를 확대하면서 다이아몬드 가공 산업이 전체 수출에서 큰 비중을 차지하는 등 주력 산업으로 성장하게 되었다.

지지하는 터키가 아르메니아와의 국경을 차단하자 대외적으로 아르메니아의 입지가 약화되었고, 러시아와 같은 강대국의 지원이 절실히 필요했다. 이에 따라 테르-페트로산 대통령은 1994년에 러시아 군대의 아르메니아 영토 내 주둔을 허락하는 등 1998년까지의 임기 동안 러시아와 우호적인 관계를 성립하고 유지하기 위해 노력했다. 그의 뒤를 이어 1998년부터 임기에 오른 로베르트 코차리안(Robert Kocharian) 대통령은 아르메니아의 지나친 러시아 의존을 완화하려 했으나 나고르노-카라바흐 지역 분쟁이 계속되고 터키와 아제르바이잔과의 외교 관계가 정상화되지 않은 상황에서 아르메니아에서 러시아의 지원과 영향력 약화를 추진할 수 없었다(Kasim, 2002).

소련 해체 이후 1990년대 말까지 아르메니아는 다른 CIS 회원국과 다양한 형태의 양자 간 FTA를 체결했다. 아르메니아와 FTA를 체결한 국가들은 조지아, 키르기스스탄, 몰도바, 우크라이나, 타지키스탄, 러시아 등 6개국에 달했다. 그러나 이 중 러시아를 제외한 어떤 국가도 아르메니아와 실효적인 자유무역 체제를 유지할 수 없었는데, 이 국가들과 거의 무역이 이루어지지 않았기 때문이다(Roberts and Wehrheim, 2001: 319). 러시아를 제외한 다른 국가들은 아르메니아와 주요 수출 상품이 유사하거나 아르메니아의 상품을 판매할 수 있는 시장 규모를 형성하지 못했다. 반면 러시아와의 자유무역은 1990년대 협정 초기에 전면적인 시행에 어려움을 겪었으나 1997년 4월에는 모든 상품에 대한 자유무역이 이루어지기 시작하면서 교역 기반이 강화되었다.

또한 러시아가 1990년대 초반의 체제 혼란기 동안 외교적 우선순위를 아르메니아를 포함한 남캅카스와 CIS 지역보다 서구에 두었던 것이 사실이나, 1995년 9월 당시 보리스 옐친 대통령의 성명을 통해 러시아의 외교적 우선순위를 CIS 지역에 둘 것임을 천명하면서(Perovic, 2005: 63) 외교 정책의 변화가 이루어졌다. 2000년 푸틴 대통령이 집권한 이후 이러한 현상이 더욱 심화되었다.

2) 양국 간 교역 관계와 함의

2000년 이후에 아르메니아의 경제성장이 가속화되기 시작했다. 특히 2003년 WTO에 회원국으로 정식 가입하면서 대외 개방의 속도를 높여나갔다. 표면적으로 아르메니아의 경제 규모는 성장했고 소득도 늘었지만 WTO에 가입한 2003년부터 2009년까지 아르메니아 경제의 질은 크게 개선되지 못했다. 제조업이 약화되고 서비스업 비중이 늘어나는 것과 동시에 대외 교역에서 무역 적자가 크게 확대되었다. 특히 세계 금융 위기의 여파로 2009년 경상수지 적자가 GDP의 약 25%에 달하는 등 대외 교역 여건이 크게 악화되었다. 게다가 지리적으로 고립된 소규모 국가로서 국경을 접하고 있는 터키 및 아제르바이잔과의 지속된 외교적 갈등과 이로 인한 국경 폐쇄는 아르메니아의 대외 교역 루트를 북쪽의 조지아에 의존하게 만들었다. 또한 그에 따른 높은 물류비용과 물류 불안정성은 아르메니아를 국제 생산 시스템 및 메커니즘과 고립되게 만들었다(Hayrapetyan and Hayrapetyan, 2011: 9).

반면 푸틴 대통령 집권 이후 러시아는 CIS 지역에서의 영향력 회복과 성장하는 이 시장의 선점을 염두에 두고 각 국가들과의 경제적 관계를 강화해나가기 시작했다. 특히 러시아는 CIS 회원국 간 통합 및 협력이 향후

〈표 6-1〉 아르메니아의 대러시아 연도별 수출입 금액 변화(2007~2012년)

(단위: 100만 달러)

구분/연도		2007	2008	2009	2010	2011	2012
수출	전체	1,152.3	1,057.2	710.2	1,041.1	1,334.3	1,380.2
	러시아	166	204	111	159	209	301
	비중(%)	14.4	19.3	15.6	15.3	15.7	21.8
수입	전체	3,267.8	4,426.1	3,321.1	3,748.9	4,145.3	4,261.2
	러시아	656	692	612	700	785	916
	비중(%)	20.1	15.6	18.4	18.7	18.9	21.5

자료: 아르메니아 통계청, 러시아 통계청.

이 지역의 경제 발전을 위해 필수적인 요소라 판단하고(Гурова, 2009: 89~101) 역내의 경제통합 과정을 강화해왔다. 2000년 EurAsEC, 2003년 공동경제구역 등을 창설하면서 러시아는 CIS 내에서 국가 간 경제통합을 지속적으로 추진해나갔다. 러시아는 2000년대에도 아르메니아의 수출입에서 단일국가 중 가장 높은 비중을 차지하면서 꾸준한 교역 관계를 이어나갔다. 〈표 6-1〉은 아르메니아와 러시아의 연도별 수출입 규모를 보여준다.

아르메니아의 전체 수출은 2007년도에 약 11억 5230만 달러를 기록했으며 2008년과 2009년에는 세계 금융 위기의 영향으로 전체 수출 금액이 크게 감소했다. 하지만 2011년과 2012년에 13억 달러를 넘어서는 등 회복세를 보이고 있다. 전체 수출에서 러시아에 대한 수출은 2007년 1억 6600만 달러로 14.4%에 불과했으나 2012년에는 3억 달러를 넘어서 아르메니아 전체 수출의 21.8%를 차지하는 높은 비중을 보이고 있다. 총수입 금액 또한 2007년 32억 6780만 달러에서 2012년 42억 달러 이상으로 늘어났으며 러시아의 수입 비중은 20.1%에서 21.5%로 늘어나 아르메니아 전체 교역에서 러시아가 1위를 차지하게 되었다.

아르메니아가 러시아에서 주로 수입하는 것은 원유와 천연가스 등 에너지자원이다. 아르메니아는 원유와 가스의 자국 생산량이 없으며 원유의 경우 연간 약 1800만 배럴, 천연가스는 약 865억m^{3}에 달하는 양을 수입에 의존하고 있다(미국 에너지 정보청, 2014). 러시아는 주변 국가들에 공급하는 에너지의 가격 조정이나 보조금 지급을 자국의 이익을 극대화하는 주요 수단으로 활용해왔다(박지원, 2013: 133~137). 2013년 4월 아르메니아 정부가 EU와의 FTA 체결에 대해 고려하고 있다고 발표하자 러시아 정부는 아르메니아에 대한 천연가스 수출가격 인상을 통보하면서 아르메니아를 압박했다(Nichol, 2014: 13). 이어 2013년 9월 아르메니아가 러시아와 벨라루스, 카자흐스탄이 참여하는 관세동맹에 대한 참여를 약속하자, 12월 아르메니아 방문한 푸틴 러시아 대통령은 아르메니아에 대한 천연가스 공급가격을 1세제곱피트(CBF)당 270달러에서 189달러로 인하하는 데 합의했다(Nichol, 2014: 34~35). 이 합의를 통해 아르메니아는 러시아로부터 EU 국가들은 물론 다른 CIS 회원국들보다 상대적으로 낮은 가격에 에너지를 공급받게 되었고 이를 통해 수출보다 수입의 규모가 훨씬 큰 상황에서 경상수지 적자를 줄이고 인플레이션을 억제할 수 있게 되었다. 반면 에너지를 수입하는 소국으로서 에너지 가격을 활용한 러시아의 대외 정책에 취약한 한계를 여실히 드러냈다.

4. 노동 이주와 송금 경제구조의 고착화

경제적인 이유로 인해 개발도상국에서 선진국으로 이동하는 노동 이주 현상은 역사적으로 뿌리가 깊다. 러시아와 CIS 회원국의 경우 국가 간의 이주가 1991년 소련 붕괴 이후에 본격화된 것으로 알려져 있지만, 실제로 아르메니아인들의 대규모 노동 이주는 1970년대 소련 시기에 시작되었다. 이 시기의 노동 이주는 연간 약 7~10만 명에 달하는 아르메니아인들이 주로 미국으로 영구 이주를 떠나는 경우와 약 15만 명의 노동자들이 주로 다른 소비에트 공화국으로 단기 계절노동 이주를 떠나는 경우로 나눌 수 있다(Yeghiazaryan et al., 2014: 3). 영구 이주는 1988년의 대지진으로 인해, 단기 노동 이주는 나고르노-카라바흐 분쟁으로 인해 크게 촉발되었다(Gevorkyan et al., 2003: 9). 그리고 1990년대 초반에 소련이 붕괴되자 극심한 경제적 혼란과 실업이 야기되었으며 이 시기 노동 이주 인구 대다수가 경제적 목적으로 러시아로 이주했으며(Gevorkyan et al., 2006: 14), 이러한 경향은 현재까지도 크게 변화가 없다. 〈표 6-2〉의 2001년 아르메니아의 해외 노동 이주자들에 대한 설문 조사 결과에 따르면, 이주자들의 약 70%가 러시아를 주요 목적지로 선택하고 있는데, 그 이유로 러시아와의 오랜 역사적 유대감, 언어와 비자 획득의 장벽이 없다는 것, 다른 CIS 회원국에 비해 고용의 기회가 많은 점, 다른 국가에 비해 아르메니아인 이민자가 많다는 점이 꼽혔다(Gevorkyan et al., 2003: 6).

설문 결과에 따르면 해외 이주 원인 가운데 '일자리 없음', '생활비 벌기 어려움', '적성에 맞는 일자리 없음' 등 일자리와 관련되어 이주를 선택한 비중이 90.7%로 대부분의 이주 목적이 경제적인 것임을 보여준다. 그러

〈표 6-2〉 아르메니아 대외 이주자의 이주 이유(2001년)

(단위: %)

구분	일자리 없음	생활비 벌기 어려움	아르메니아 발전 전망 없음	적성에 맞는 일자리 없음
비중	55.6	30.1	5.2	5.0
구분	기업 경영의 어려움	사회, 도덕, 정신적 불안정	지정학적 불안정	기타
비중	1.0	1.0	0.6	1.5

주: 설문 대상은 20세에서 49세까지의 연령대로 남녀 구분은 없음.
자료: Gevorkyan, Gevorkyan and Mashuryan(2003: 8)에서 재인용.

〈표 6-3〉 러시아와 아르메니아의 연도별 이주 변화(2001~2013년)

(단위: 명)

러시아로 유입	2001	2008	2009	2010	2011	2012	2013
CIS 전체	173,976	261,170	261,495	171,940	310,549	363,955	422,738
아르메니아	5,814	35,216	35,753	19,890	32,747	36,978	42,361
비중(%)	3.3	13.5	13.8	11.7	10.5	10.2	10.0
러시아에서 유출	2001	2008	2009	2010	2011	2012	2013
CIS 전체	60,231	25,542	20,326	21,206	22,568	95,572	147,853
아르메니아	1,362	1,032	983	698	1,000	4,980	10,182
비중(%)	2.3	4.0	4.8	3.3	4.4	5.2	6.9

자료: 러시아 통계청(2014), http://www.gks.ru/wps/wcm/connect/rosstat_main/rosstat/ru/statistics/population/demography/#(검색일: 2014.7.25).

나 아르메니아인들의 러시아로의 노동 이주는 1990년대 초반 폭증한 이후, 1990년대 동안 러시아의 경기 침체가 지속되고 1998년 러시아가 모라토리엄 위기를 겪자 2000년대 초반까지 꾸준히 감소했다. 이후 국제 원자재 가격 상승과 함께 러시아의 경기가 호전되자 다시 러시아에 대한 노동 이주 인구가 증가했다. 〈표 6-3〉은 2001년부터 2013년까지 아르메니아

〈표 6-4〉 아르메니아에 대한 러시아의 연도별 송금액(2004~2013년)

(단위: 100만 달러)

연도	2004	2006	2009	2010	2011	2012	2013
금액	419.0	739.4	904.0	1,062.3	1,295.2	1,444.9	1,606.6

자료: Central Bank of Armenia(2014), https://www.cba.am/en/SitePage-s/statexternalsector.aspx (검색일: 2014.8.27).

인구의 러시아 이주와 전체 이주에서의 비중 및 아르메니아에 대한 러시아인 이주 현황을 보여준다.

러시아로 이주한 아르메니아 인구수는 2001년에 약 5800명 수준으로 전체 CIS 이주 인구의 3.3%에 불과했으나 2008년 중반 이후 크게 증가해 2009년 13.8%까지 확대되었다. 2010년 세계 금융 위기 이후 잠시 감소하기도 했지만 2013년 4만 2000명을 상회하면서 CIS 이주 인구 중 10%의 비중을 유지하고 있다. 또한 아르메니아로 이주한 러시아인의 수도 같은 기간 크게 늘었다. 2001년에는 연간 1300여 명에 불과했으나 2012년에 4980명, 2013년에 1만 명을 넘어서는 등 크게 늘어나는 추세다. 2000년대 러시아로 이주하는 아르메니아인의 수가 늘어나면서 이들이 러시아로 송금하는 금액 또한 크게 늘어나고 있다. 아르메니아 GDP에서 송금이 차지하는 비중이 약 21.4%이며 외환 보유고 대비 송금 비중이 약 118%에 달하는 등 아르메니아는 대표적인 송금 의존 국가이다(World Bank, 2013b: 2~15). 〈표 6-4〉는 2004년부터 2013년까지 러시아에서 아르메니아로 송금한 금액의 변화를 보여준다.

2004년에 4억 1900만 달러에 불과했던 송금액은 2006년에 7억 달러, 2010년에는 10억 달러를 넘어서는 등 가파른 상승세를 보였다. 이후에도 송금액은 계속 증가해 2012년 14억 4490만 달러, 2013년에는 16억 660만 달러에 달하는 등 매년 송금액이 크게 증가하고 있다.

2000년대 초반에 아르메니아에서 실시된 조사 결과에 따르면 노동 이주에 의해 송금을 받는 가정의 23%가 송금 수입 이외에는 별도의 수입이 없는 것으로 나타났으며 모든 가구에서 송금 수입이 가계 수입의 평균 76%를 차지하는 것으로 조사되었다(Roberts and Banaian, 2004: 42). 송금 수입이 없다면 빈곤층으로 떨어졌을 가정이 송금 수입으로 인해 일정 수준의 생활을 유지하고 있으며, 이는 이주 송금이 아르메니아의 부의 불균형을 해소하는 데 기여했다고 볼 수 있다. 또한 2010년대에 이루어진 연구에서도 송금 수입이 있는 아르메니아 가정의 소득 개선 효과가 뚜렷하게 나타나 러시아에서의 송금이 아르메니아 가정의 소득에 긍정적인 영향을 미치고 있는 것으로 나타났다(Dermendzhieva, 2011: 392). 전체 아르메니아 송금 수입의 약 89%는 러시아에서 유입되는데 송금액은 러시아 경제성장률과 밀접한 정(+)의 관계가 있다(IMF, 2012: 4~5). 러시아 경제가 호전될수록 아르메니아로 유입되는 송금액이 더 크게 나타나는 것이다. 러시아로부터 유입되는 송금액을 통해 아르메니아 정부는 성장을 위한 재원을 마련하고 경상수지 적자를 보전하며 국민의 생활수준을 높이는 방편으로 활용해왔다.

하지만 이러한 상황은 그 반대급부로 아르메니아의 경제가 러시아에 의존하게 되는 부작용도 낳았다. 아르메니아 정부의 정책적 노력과 관계없이 러시아의 경제 상황에 따라 아르메니아 경제가 직접적인 영향을 받게 된 것은 아르메니아 경제가 러시아에 동조화(coupling)되는 것을 의미한다. 이것은 유라시아 지역에서 경제적 영향력을 강화하려는 러시아 정부의 입장에서는 긍정적인 결과일 수 있으나, 아르메니아와 같은 작은 국가로서는 달갑지 않은 현상이다. 송금으로 인해 자국 경세에 외부 요인이 미치는 영향이 커질수록 통화정책 등에서 정부의 정책적 효과가 반감할 가능성이 높고 교육이나 보건 등의 사회복지 영역에서도 정부가 적극적인 정책을 펴지 않는 도덕적 해이(moral hazard)가 나타날 가능성이 있기 때문이다.[4] 즉, 경제 영역의 일부에서 정부의 기능이 약화되고 러시아의 경제 상황이라는 외부 요인에 의존하는 현상이 촉진될 수 있다.

5. 러시아 기업의 아르메니아 진출과 아르메니아의 입장

1) 러시아 기업의 아르메니아 직접투자

해외직접투자는 일반적인 금융 투자와는 달리 투자 모국(home country)과 투자 유입국(host country)과의 장기적인 경제 관계를 형성시킨다. 특히 러시아는 2000년대 이후 CIS 지역에 대한 직접투자 확대를 통해 유라시아 지역에서 경제협력체의 틀을 공고히 하려는 노력을 기울여왔다(박지원, 2011: 223~255). 이러한 러시아 정부의 정책적 의도에 부응해 러시아 대기업의 아르메니아에 대한 투자는 지속적으로 이루어져왔다. 〈표 6-5〉는 아르메니아에 대한 직접투자 상위 5개국의 투자 금액을 보여준다.

---

4 아르메니아 정부에서 도덕적 해이 현상은 아직 발견되지 않았다. 그러나 달러화로 유입되는 송금으로 인한 인플레이션과 지하경제의 활성화 등 여러 문제 때문에 정부는 통화정책 시행에 어려움을 겪고 있다(Karapetyan and Harutyunyan, 2013: 23~24).

〈표 6-5〉 국가별 대아르메니아 직접투자 금액(누적 금액 상위 5개국)

(단위: 100만 달러)

구분	2008	2009	2010	2011	2012	1988~2012
총금액	1,118.4	828.7	535.7	703.2	598.4	6,529.0
러시아	735.4	399.5	201.8	357.8	90.6	2,602.6
프랑스	84.5	197.4	146.8	115.4	230.4	934.5
독일	24.5	19.4	22.8	25.3	50.7	396.8
아르헨티나	87.7	48.3	29.8	8.8	51.3	316.8
그리스						301.7

자료: Статистический ежегодник Армении(2013).

1988년부터 2012년까지 아르메니아에 대한 직접투자 상위 5개국의 누적 금액가운데, 러시아가 26억 달러를 상회하는 금액을 투자해 전체 투자에서 약 40%를 차지하고 있다. 특히 러시아의 투자는 2000년대 후반 이후 더 강도 높게 진행되었는데 2008년에만 약 7억 3540만 달러를 투자하는 등 아르메니아의 직접투자 유입액에서 절대적으로 큰 비중을 차지하고 있다. 공식적인 투자 이외에도 키프로스나 룩셈부르크 등의 조세 회피처에서 유입된 자금까지 포함한다면 러시아 기업으로부터의 직접투자액은 더 높을 것으로 예상된다. 러시아 외에도 프랑스, 독일, 아르헨티나 등이 아르메니아에 대한 주요 투자국으로 평가되나 러시아의 투자 금액에 비하면 현저히 낮은 수준이다.

아르메니아에 대한 러시아의 이러한 투자는 주로 러시아 공기업에 의해 이뤄지고 있다. 러시아 기업들은 주로 전력, 가스 등 주요 기반 시설과 관련된 아르메니아 기업들을 인수해왔다. 아르메니아 정부는 2002년과 2003년에 걸쳐 흐라즈단(Hrazdan) 지열발전소, 메드자모르(Medzamor) 원자력발전소, 세반-흐라즈단(Sevan-Hrazdan) 수력발전소 등 전력생산과 관련한 주요 국영기업들을 러시아의 전력통합공사(RAO UES)에 각각 3100만 달러, 2500만 달러, 4000만 달러 등 총 9600만 달러로 매각했다 (Sargsyan et al., 2006: 6~8). 이에 대한 반대급부로 러시아 정부는 해당 금액에 상응하는 아르메니아 정부의 대러시아 채무를 탕감해주었다. 러시아 최대의 천연가스 개발 기업인 가스프롬은 아르메니아 정부와 합작으로 아름루스가스프롬(ArmRusGazprom)을 운영해왔으나 2014년 1월 아르메니아 정부가 갖고 있던 지분을 모두 인수해 아르메니아 국내 천연가스 공급의 대부분을 책임지게 되었다(ПРАЙМ, 2014.1.16). 또 러시아의 이동통신 사업자인 빔펠콤(Vimpelcom)은 2006년 아르메니아의 최대 이동통신 사업자인 아르멘텔(ArmenTel)의 지분을 인수해 현재 비라인(Beeline)이라는 러시아와 똑같은 브랜드 명으로 마케팅 활동을 하고 있다. 이처럼 러시아 기업은 아르메니아의 에너지, 가스, 통신 등 주요 산업 및 기업을 인수하면서 아르메니아의 기간산업을 장악하는 결과를 가져왔다.

아르메니아에 대한 러시아의 투자는 특히 2000년부터 2006년까지 집중적으로 이루어졌는데 당시 러시아의 CIS 지역에 대한 직접투자 금액 중 아르메니아가 33%를 차지해 가장 높은 비중을 보였다(Nestmann and Orlova, 2008: 4). 2004년 푸틴 러시아 대통령은 "러시아 정부가 추진하는 대외 정책의 우선순위는 CIS 지역에서 국가 간 통합을 촉진하는 것으로 그 바탕은 유라시아 경제협력체를 근간으로 해야 한다"고 밝힌 바 있다.[5]

5 푸틴 대통령의 2004년 5월 의회 연설. В. ПУТИН, "Послание Федеральному Собранию Российской Федерации," http://archive.kremlin.ru/text/appears/2004/05/71501.shtml(검색일: 2014.9.4).

러시아 기업들은 CIS 지역 내에서의 적극적인 투자를 통해 러시아와 아르메니아의 경제적 인접성을 강화하고 아르메니아에 대한 러시아의 경제적 영향력을 확대해 유라시아 경제협력의 기반을 공고히 하는 데 중요한 역할을 하고 있다.

2) 러시아의 투자 확대와 EEU에 대한 아르메니아의 입장

아르메니아의 티그란 사르키샨(Tigran Sarkisyan) 총리는 2014년 메드베데프 러시아 총리와의 면담에서 러시아의 투자 확대에 대해 "러시아 기업들이 아르메니아 경제에 핵심적인 역할을 하고 있다"고 평가했다. 그리고 "특히 아르메니아가 아직 관세동맹에 가입하지 않았지만 가스프롬을 통해 저렴한 가스 구매가 가능하도록 한 것은 아르메니아로서는 매우 중요한 사안이다"라고 이야기한 바 있다(Itar-Tass, 2014). 가스프롬이 아르메니아 천연가스 공급 시장을 장악하는 등 경제적 관점에서 대러시아 종속이라는 핀란드화에 대한 우려의 입장보다는 단기적인 경제적 실익에 대해 긍정적으로 평가했다. 유라시아 지역 내에서 러시아의 영향력이 강한 국가들에 대해 러시아가 EEU 가입을 강력하게 유도한 가운데, 세르즈 사르키샨(Serzh Sargsyan) 아르메니아 대통령은 2013년 9월 푸틴 대통령과의 면담에서 아르메니아가 러시아 주도의 관세동맹에 참여할 것임을 명확히 했다. 또한 2014년 2월 아르메니아 총리는 "아르메니아는 관세동맹에 가입하기 위한 작업에 있어 약 50%의 진척도를 보인다"고 밝힌 바 있다(Itar-Tass, 2014). 아르메니아 수반급 인사들의 이러한 발언은 사실상 아르메니아 정부가 러시아 기업이 아르메니아에 진출해서 아르메니아의 경제를 장악했음을 인정하고 나아가 러시아 주도의 EEU에 가입할 것을 기정사실화했으며 그 계획에 따라 내부 절차가 진행되었음을 보여준다. 결과적으로 지난 2014년 10월 10일 벨라루스의 수도 민스크에서 열린 EEU 최고의회에서 러시아, 카자흐스탄, 벨라루스는 2015년 1월 1일부터 아르메니아를 EEU의 공식 회원국으로 받아들이는 서안에 합의했다(아르메니아 대통령 홈페이지, 2014).

아르메니아 국민들 역시 주요 협력 국가로서 러시아에 대한 지속적인 신뢰를 보이고 있다. 2006년 5월 아르메니아 국민들을 대상으로 한 여론조사에서 아르메니아인의 95%는 아르메니아와 러시아의 관계가 긍정적인 것으로, 86%는 향후 주요 파트너로 러시아를 선호한다고 대답해(Armenian National Voters Study, 2014) EU나 다른 국가에 비해 월등히 높은 선호도를 보였다. 그뿐만 아니라 2008년 1월 동일한 항목에 대한 질문에서도 98%의 아르메니아인이 러시아와의 관계를 긍정적인 것으로 평가했고 중요 파트너로서 러시아에 대한 선호도는 95%까지 치솟았다(Armenian National Voters Study, 2014). 가장 최근인 2013년 10월에 여론조사 기관인 갤럽(Gallup)에 의해 실시된 여론조사에서도 역시 이와 같은 아르메니아인들의 정서가 나타났다. 조사 대상인 1067명의 아르메니아인 중 28%는 아르메니아의 관세동맹 가입이 매우 긍정적일 것으로, 36%는 대체로 긍정적인 결과를 가져올 것으로 기대했으며 64%의 아르메니아인들은 러시아 주도의 경제연합체 가입에 긍정적인 입장을 나타냈다(Armenia Now, 2013). 물론 일부 정치인들을 포함한 소수의 여론은 아르메니아 경제의 지나친 러시아 종속에 대해 우려를 표명해왔다. 이미 많은 러시아 기업이 아르메니아의 핵심 산업과 기업들을 장악하고 있고 아르메니아가 러시아 주도의 경제연합체에 가입할 경우 아르메니아 경제의 대러시아 종속화는 불가피하다는 것이다.

하지만 아르메니아 내부적으로 EEU 가입에 대한 전반적인 우호적 기류가 지속되어오면서 큰 반대나 무리 없이 EEU의 공식 회원국으로 가입하게 된 것은 EEU 가입을 통해 러시아가 제공하는 실익이 아르메니아가 현재 처한 경제적 현실을 헤쳐 나가는 데 그만큼 가시적이기 때문이다. 아르메니아가 직면하고 있는 주변국과의 외교적 문제와 이로 인한 고립, 군사적 위협을 차치하고서라도, 러시아가 아르메니아에 주는 경제적 도움은 EU가 장기적으로 제시하는 도움보다 상대적으로 실용적이며 즉각적이다. 아르메니아로서는 EEU 가입에 따르는 현실적인 이익을 선호할 수 밖에 없는 상황이다.

6. 결론

2014년 7월 러시아의 여론조사 기관인 브치옴(ВЦИОМ)이 러시아 국민들을 대상으로 실시한 여론조사 결과에 따르면 "(이미 관세동맹에 가입한) 카자흐스탄과 벨라루스를 제외하고 EEU에 가장 먼저 가입해야 하는 CIS 회원국은?"이라는 질문에 아르메니아가 43%(복수 응답)를 차지해 1위를 차지했다(ВЦИОМ, 2014.7.3). 이 결과는 러시아 국민들이 EEU와 관련해 아르메니아에 대해 기대하는 바가 무엇인지를 단적으로 보여준다. 그리고 이러한 러시아 국민들의 기대는 러시아와 아르메니아의 경제적 관계의 밀접함에 기인한다.

양국 간 경제적 관계의 밀접함은 다양한 측면에서 나타난다. 아르메니아는 대외 교역에서 소련 시기부터 러시아에 의존하고 있었으며 이러한 현상은 독립 이후에도 계속되었다. 러시아는 아르메니아의 수출입에서 가장 높은 비중을 차지하는 국가이다. 특히 에너지를 자급하지 못하는 아르메니아로서는 러시아로부터 원유와 천연가스를 수입하는 것에 의존할 수밖에 없는 상황이며, 이와 같은 상황이 단기간에 크게 개선되기는 어려울 전망이어서 아르메니아의 대러시아 교역 의존은 당분간 지속될 가능성이 크다. 또한 작은 국가로서 국내에서의 다양한 산업과 일자리 창출이 어려워 아르메니아의 많은 국민이 언어와 문화적 장벽이 적은 러시아로 노동 이주를 선택했다. 이들은 러시아에서 벌어들인 돈을 대부분 아르메니아로 송금하고 있는데, 이 때문에 아르메니아의 대러시아 송금 의존도는 매우 높게 나타나고 있으며 아르메니아 경제가 러시아 경제에 동조하는 현상은 심화되고 있다. 러시아의 경기가 호조일수록 아르메니아에 대한 송금도 늘어나며 러시아 경기가 하락할수록 아르메니아에 대한 송금액도 줄어든다. 또한 2000년 이후 러시아 기업들의 대아르메니아 투자가 꾸준히 지속되고 있다. 러시아는 자국의 대기업을 통해 아르메니아의 전력, 가스, 통신 등 주요 산업 부문을 장악했다. 이와 같이 무역, 노동 이주와 송금, 직접투자라는 3가지 부문에서 아르메니아의 대러시아 의존은 '경제적 핀란드화'라는 경제적 종속화를 낳았다. 반면 아르메니아도 러시아에 대한 경제적 의존을 통해 에너지를 저가로 공급받고, 자국에 대한 직접투자를 유치하며 러시아로부터의 송금을 통해 국민의 삶의 질이 향상되는 등 긍정적 효과를 보고 있다. 러시아에 대한 아르메니아의 경제적 의존을 통해 양 국가가 기대하는 요인들을 구도화하면 〈그림 6-1〉과 같다.

〈그림 6-1〉 아르메니아의 대(對)러시아의존과 경제적 핀란드화의 구도

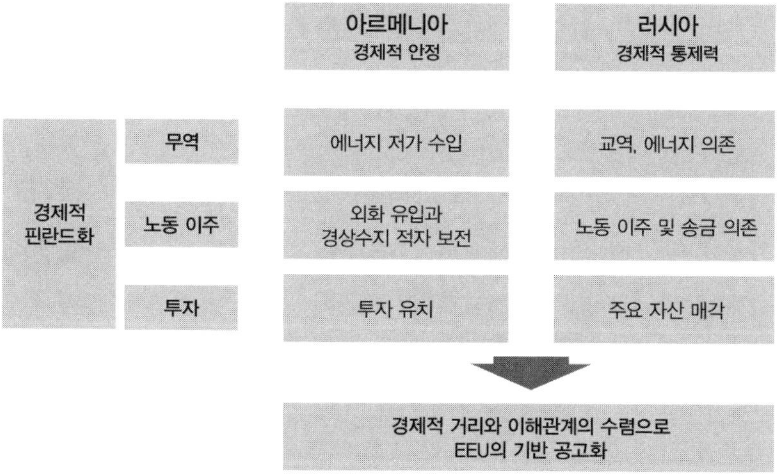

러시아가 아르메니아 경제에 대해 다양한 측면에서 그 영향력을 확대하고 아르메니아의 대러시아 의존이 강화됨에 따라, 아르메니아 대통령과 총리 등도 아르메니아의 EEU 가입을 기정사실로 해왔으며 가입에 필요한 절차를 밟아나갔다. 아르메니아 국민들을 대상으로 한 여론조사에서도 다수의 국민들은 아르메니아의 EEU 가입을 지지해왔으며, 그 결과 아르메니아가 EEU에 가입하게 되었다. 아르메니아의 입장에서 EEU는 러시아에 대한 경제적 의존을 심화시키면서 자국의 경제적 안정성을 보장받는 기제가 될 것이며, 러시아로서는 아르메니아에 대한 경제적 통제력을 강화하는 틀이 될 것이다. 그리고 양국의 경제적 이해관계의 수렴과 경제적 거리 축소는 향후 EEU 내에서 협력의 기반을 강화하고 지속하는 데 중요한 역할을 할 것이다.

하지만 아직까지 EEU는 러시아가 의도하는 만큼 빠른 속도와 깊이로

그 영역을 확대하지 못하고 있다. 그리고 일부 구소련 국가들로서는 소련 해체 이후 다시 러시아 주도의 경제연합체에 가입하는 것을 과거 사회주의 시대로의 회귀와 유사한 국면으로 판단하거나 국가주권을 침해당할 위협으로 느끼고 있는 것도 사실이다.

그러나 소국인 아르메니아는 러시아와 같은 강대국이 제공하는 경제적 이익에 대해 무심할 수 없다. 러시아로부터 얻는 경제적 이익은 EU가 제시하는 이익에 비해 즉각적이고 가시적이어서 아르메니아의 생존과 직결되어 있기 때문이다. 최근 EU 내 재정 위기 당시 그리스, 포르투갈 등의 문제에 대해 EU가 무기력하게 대처한 일은 아르메니아와 같은 소국을 받아들이는 데 한계를 드러낸 것일 수도 있다. 러시아로서는 무역, 노동 이주, 투자 등 다양한 부면에서 아르메니아에 대한 경제적 영향력을 강화해 왔으며 그 결과 의도한 대로 아르메니아의 EEU 가입이 성사되었다. 그리고 아르메니아의 EEU 가입은 유라시아 지역 내에서 아르메니아와 비슷한 경제적 상황에 처한 국가들의 가입을 촉진시킬 가능성이 높다.

| 참고문헌 |

박지원. 2011. 『러시아 기업의 CIS 직접투자: 배경과 투자동인』. ≪중소연구≫, 35권 3호.

_____. 2013. 『CIS 경제통합에서 러시아의 역할: 개발도상국간 경제협력에서 강대국의 경제적 구심력』. ≪슬라브학보≫, 28권 1호.

Adams, Jr. R. H. and J. Page. 2005. "Do International Migration and Remittances Reduce Poverty in Developing Countries?" *World Development*, Vol. 33, No. 10.

Cooray, A. and D. Mallick. 2010. "International Business Cycles and Remittance Flows." *MPRA Paper*, No. 25675.

Dermendzhieva, Z. 2011. "Emigration from the South Caucasus: who goes abroad and what are the economic implications?" *Post-Communist Economies*, Vol. 23, No. 3.

Easterly, W. and A. Kraay. 2000. "Small States, Small Problems? Income, Growth, and Volatility in Small States." *World Development*, Vol. 28, No. 11.

Faye, M. L., J. W. Mcarthur, J. D. Sachs and T. Snow. 2004. "The Challenges Facing Landlocked Developing Countries." *Journal of Human Development*, Vol. 5, No. 1.

Frankel, J. A. and A. K. Rose. 1998. "The Endogeneity of the Optimum Currency Area Criteria." *Economic Journal*, Vol. 108.

Freinkman, L., E. Polyakov and C. Revenco. 2004. "Trade Performance and Regional Integration of the CIS Countries." *World Bank Working Paper*, No. 38.

Gevorkyan, A. V., A. Gevorkyan and K. Mashuryan. 2006. "Economics of Labor Migration from Armenia: a Conceptual Study." Armenian International Policy Research Group. *Working paper*, No. 06/05.

Hayrapetyan, G. and V. Hayrapetyan. 2011. "Regional and International Trade of Armenia: Perspectives and Potentials." Economics Education and Research Consortium. *Working paper*, No. 11/14E.

Ilahi, N. and R. Shendy. 2008. "Do the Gulf Oil-Producing Countries Influence Regional Growth? The Impact of Financial and Remittance Flows." *IMF Working Paper*, WP/08/127.

Karapetyan, Lili and Liana Harutyunyan. 2013. "The Development and the Side Effects of Remittances in CIS Countries: the Case of Armenia." *CARIM-East*

Research Report, No. 24.

Laqueur, W. 1980. *The political psychology of appeasement.* New Jersey: Transaction Inc.

Libman, A. 2007. "Resionalisation and Resionalism in the Post-Soviet Space: Current Status and Implications for Institutional Development." *Europe-Asia Studies*, Vol. 59, No. 3.

Mazurek, J. 2012. "The Evaluation of Economic Distance Among Countries: A Novel Approach." *Prague Economic Papers*, Vol. 3.

Mehdiyeva, N. 2011. *Power Games in the Caucasus.* London: I. B. Tauris.

Minassian. G. 2008. "Armenia, Russian Outpost in the Caucasus?" IFRI Russia/NIS Center. *Russie.Nei.Visions*, No. 27.

Nestmann, T. and D. Orlova. 2008. "Russia's outward investment." Deutsche Bank. *current issues.*

Nichol, J. 2014. "Armenia, Azerbaijan, and Georgia: Political Developments and Implications for U. S. Interests." *CRS Report.*

Obiora, K. I. 2009. "Decoupling from the East Toward the West? Analyses of Spillovers to the Baltic Countries." *IMF Working Paper*, WP/09/125.

Perovic, J. 2005. "From Disengagement to Active Economic Competition: Russia's Return to the South Caucasus and Central Asia." *Demokratizatsiya*, Vol. 13, Issue. 1.

Petros, T. G. 2003. "Evolution of Armenia's Foreign Policy." Armenian International Policy Research Group. *Working Paper*, No. 03/13.

Resmini, L. 2003. "Economic integration, industry location, and frontier economies in transition countries." *Economic Systems*, Vol. 27.

Roberts, B. W. and K. Banaian. 2004. "Remittances in Armenia: size, impacts, and measures to enhance their contributions to development." Center for Policy Studies. *Economic Analyses and Commentaries.*

Roberts, M. and P. Wehrheim. 2001. "Regional Trade Agreements and WTO Accession of CIS Countries." *Intereconomics.*

Robson, M. 2006. "Estimating Russia's Impact on the Economic Performance of the Commonwealth of the Independent States since 1991: The Cases of the Kyrgyz Republic, Tajikistan, Armenia, Georgia and Ukraine." Overseas Development Institute. *ESAU Working paper, 16.*

Sargsyan, G., A. Balabanyan and D. Hankinson. 2006. "From Crisis to Stability in

the Armenian Power Sector." World Bank. *Working Paper*, No. 74.
Walt, S. M. 1987. *The Origins of Alliance*. New York: Cornell University Press.
World Bank. 2013a. *Doing Business 2014: Understanding Smarter Regulations for Small and Medium-Size Enterprises*. Washington DC: World Bank Group.
World Bank. 2013b. "Migration and Development Brief 21." Washington DC: World Bank Group.
Гурова, И. П. 2009. "Региональная Торговля и Торговая Интеграция СНГ." *Евразийская экономическая интеграция*, T. 3, No. 2.

온라인 자료

러시아 통계청. 2014. http://www.gks.ru/wps/wcm/connect/rosstat_main/rosstat/ru/statistics/population/demography/#(검색일: 2014.7.25).
미국 에너지 정보청. 2014. http://www.eia.gov/countries/country-data.cfm?fips=am (검색일: 2014.8.24).
아르메니아 대통령 홈페이지. http://www.president.am/en/press-release/item/2014/10/10/President-Serzh-Sargsyan-Minsk-Supreme-Eurasian-Economic-Council/ (검색일: 2014.10.10).
ArmeniaNow. 2013. "Gauging opinion: New survey in Armenia shows 64-percent approval for Customs Union accession." http://armenianow.com/news/50405/armenia_russia_customs_union_galluppublic_opinion_survey(검색일: 2014.9.8).
Armenian National Voters Study. 2014. http://www.iri.org/Eurasia/PublicOpinonPolls(검색일: 2014.9.7).
Central Bank of Armenia. 2014. "Non-commercial money transfers of sent to and received from abroad through Armenian commercial banks." https://www.cba.am/en/SitePages/statexternalsector.aspx(검색일: 2014.8.27).
Gevorkyan, A. V., A. Gevorkyan and K. Mashuryan. 2003. "Managed Temporary Labor Migration: Case of Armenia and Russia." http://www.iep.ru/files/publications/managed_tlm_case_of_armenia_russia-01.30.06.pdf(검색일: 2014.9.9).
IMF. 2012. "Remittances in Armenia: Dynamic Patterns and Drivers." http://www.imf.org/external/country/arm/rr/2012/062012.pdf(검색일: 2014.8.11).
Itar-Tass. 2014. "Armenian PM: Russian companies play core role in many sectors of Armenia's economy." http://en.itar-tass.com/economy/720419(검색일: 2014.9.2).

______. 2014.2.22. "Премьер Саркисян: Армения выполнила работы по вступлению в Таможенный союз почти на 50%." http://itar-tass.com/mezhddunarodnaya-panorama/993179(검색일: 2014.9.2).

Kasim, K. 2002. "Armenia's Foreign Policy: Basic Parameters of Ter-Petrosyan and Kocharyan Era." http://www.turkishweekly.net/articl-e/13/armenia-039-s-foreign-policy-basic-parameters-of-ter-petrosyan-and-kocharyan-era.html(검색일: 2014.8.21).

The Government of the Republic of Armenia. 2014. http://www.gov.am/en/demographics/(검색일: 2014.7.16).

WTO. 2010. "WTO Trade Policy Review－Armenia." http://www.intracen.org/BB-2010-04-14-WTO-Trade-Policy-Review-Armenia/(검색일: 2014.8.22).

Yeghiazaryan, A., V. Avanesian and N. Shahnazaryan. 2014. "How ro reverse emigration?" http://www.amerialegal.am/pdf/d5c0447534321fa8e3db55f97def1070.pdf(검색일: 2014.8.9).

ВЦИОМ. 2014.7.3. "Россияне－о создании Евразийского экономического союза." http://wciom.ru/index.php?id=459&uid=114883(검색일: 2014.9.14).

ПРАЙМ. 2014.1.16. "Газпром, увеличивает долю в 'АрмРосгазпром' до 100%." http://www.gasprom.ru/press/news/2014/january/article182595/(검색일: 2014.9.4).

ПУТИН, В. 2004. "Послание Федеральному Собранию Российской Федерации." http://archive.kremlin.ru/text/appears/2004/05/71501.shtml(검색일: 2014.9.4).

Статистический ежегодник Армении. 2013. "ПОТОКИ И ЗАПАСЫ ИНОСТРАННЫХ ИНВЕСТИЦИЙ ВСЕГО ПО СТРАНАМ В РЕСПУБЛИКЕ АРМЕНИЯ."

제3부 유라시아 지역통합의 국제적 환경

제7장 유라시아경제연합과 EU

정체성 대립의 새로운 전선

제8장 유라시아경제연합과 한국의 대유라시아 정책

제7장

유라시아경제연합과 EU*

정체성 대립의 새로운 전선

강봉구

1. 서론

러시아가 주도하는 EAU와 구소련 지역으로 영역을 확장하려는 EU 간의 대립은, 우크라이나 사태의 전개에서 보듯이 단순한 경제권역 경쟁을 넘어 총체적인 대결과 충돌의 양상을 보이고 있다. 많은 논자가 신냉전의 도래를 우려할 정도로 러시아와 서방 간의 갈등은 경제적 영향권 경쟁과 지정학적·지전략적 대결의 성격을 띠고 있다. 이 대립의 근저에 있는 근본적인 이질성, 양편을 나누는 기준선은 정체성의 상이성이다. EU와 EAU의 전 단계인 EEU 사이에는 '민주주의 대 비민주주의', '자유주의 대 보수주의', '개인주의 대 공동체주의', '유럽적 가치 지향 대 비유럽적 가치 지향' 등 그것이 무엇이든 정체성을 기준으로 대립 전선이 형성되어 있다.

* 이 글은 ≪슬라브연구≫, 30권 4호, 1~28쪽에 게재된 글을 수정한 것이다.

소련 해체 이후 EU와 나토의 동진 정책에 대해 러시아는 발트 3국을 제외한 구소련 지역을 러시아의 고유 영향권역으로 인정해줄 것을 요구했지만 서방은 이를 거절했다. 서방의 영향권역 확대에 대응해 러시아가 국부와 주권을 수호하기 위해 만든 구소련 지역의 경제통합 기획이 바로 EEU이다. 한 국가의 대외 정책과 국제 관계 전반을 규정하는 핵심적인 두 요인은 각각 해당 국가의 국제적 정체성과 이해관계이다. 러시아가 유럽적 가치와 정체성에 대한 대안으로서 비유럽적 정체성을 내세워 EEU를 결성하고 EU에 맞선 것은, 자신의 민족적·역사적·문화적 정체성보다 이해관계를 우선순위에 둔 것이다. 크렘린의 입장에서는 러시아의 국익과 고유 영향권역을 인정하지 않는 서방의 일방적인 태도, 글로벌 기준을 수용하고 준수하라는 국제적 압박 등 해소되기 어려운 이해관계의 대립 때문에, 러시아의 사상적·이념적·이론적 독립성의 토대 위에 독자적이며 비서방적(때로는 반서방적)인 정체성을 강화해온 것이다.

과거 러시아는 부국강병, 근대화, 개혁, 개방을 목표로 유럽적인 규범과 제도를 모방하고 수용하려 했다.[1] 그러나 유럽적 정신, 가치, 문화 등을 반영하는 규범과 제도를 도입하고 정착시키는 데 실패했기 때문에 러시아는 '고유한 길'이라고 흔히 표현되는 독자적인 발전 방식을 모색하고 추

---

1 러시아는 지리적으로 유라시아 대륙에 걸쳐 있지만 그 (국제적) 정체성은 언제나 아시아보다는 유럽에 가까웠다. 러시아는 오랫동안 유럽적 계몽과 근대화를 자신의 국가/사회의 비전으로 삼아, 이를 모델로 한 개혁과 발전의 시도를 여러 차례 했던 바 있다. 러시아가 서유럽의 과학기술을 받아들여 부국강병을 꾀하거나(표트르 대제) 낙후된 사회의 개혁과 근대화를 추구한 것(알렉산드르 2세), 그리고 제정 붕괴 후 새로운 사회주의 체제의 건설을 모색하거나(멘셰비키의 단계적 혁명론) 소련 말기와 옐친 시대의 개혁 등은 모두 서유럽의 사회와 문화, 가치를 지향하는 것이었다.

구해왔다. 이러한 모색의 기본 사고는 '러시아의 아이디어(Russian idea)'(Helleman, 2004; McDaniel, 1996)라는 담론에서 가장 근본적이며 포괄적인 형태로 제시되어왔다. 러시아의 막대한 천연자원과 그것을 보전할 주체인 주권을 지키기 위해[2] 푸틴 시대의 대유럽 관계 기조는 비유럽적 지향성에 의해 규정되어왔다. 크렘린이 생각하는 러시아의 국익과 독자적 가치 지향성이 정치 담론의 수준에서 가장 잘 드러난 것이 '주권 민주주의(sovereign democracy)'론과 '국제 보수주의'이며, 이것은 러시아의 비유럽 지향 정체성을 구체적으로 표명한 근본적 입장이자 공인된 논리이다. 이런 정체성을 반영한 푸틴 대통령의 EEU 기획 역시 과거 제정러시아 이래의 국가 발전 기획과 비교해보면, 유럽적 발전 모델을 이상화한 것이 아닌 유럽 모델에 대한 대안적 성격 또는 비유럽적 성격을 강조하고 있다는 데 그 차이점이 있다. 또 크렘린의 EEU 기획은 영향권역을 확장하려는 공세적 성격보다는 제정러시아와 소련 시절의 영토를 자신의 고유 영향권역으로 복원하고 유지하려는 방어적 성격의 것이다. 냉전이 종결되고 사반세기가 지난 뒤, 해체된 소련 제국의 영역 위에 경제통합을 시작으로 다시 다면적인 협력 관계를 강화하려는 러시아의 움직임이 있었다. 러시아의 이러한 지역통합 기획으로 발화된 서방과 러시아 간의 갈등이 왜 EU와[3]

---

2 러시아 역사에서 21세기의 러시아만큼 지켜야 할 것이 많았던 적은 없었던 것 같다. 자원전쟁의 시대에 에너지자원을 비롯한 천연자원은 러시아 국가와 국민의 최대 경제적 실물 지산으로 부각되었고 국익으로 지켜야 할 최우선순위에 놓여 있다. 주권 민주주의의 주창자인 블라디슬라프 수르코프(Vladislav Surkov)는 러시아의 막대한 천연자원을 이용하려는 "국제적 프로젝트로부터 얻게 되는 수익의 중심이 견고해야 하며, 그러기 위해서는 러시아의 현재와 미래의 권력 중심이 견고해야 한다"고 말하며 독립적이고 강한 주권의 존재를 강조했다(Surkov, 2009: 13).

EEU 간 정체성 대립 전선을 형성하게 되었는지, 또 정체성 구분의 가치와 이념은 무엇인지, 그 전선은 어떤 형태로 얼마나 오랫동안 지속될 것인지 등에 대한 관심이 증폭되고 있다.

이 글의 논지는 EEU와 EU 간 경쟁과 갈등이 정체성 대립의 성격을 갖게 된 이유와 양자 간 정체성 대립 전선이 형성된 근본적인 동인, 러시아가 내세우는 비(반)서방적 정체성 강화 및 이에 대한 서방의 대응, 그리고 러시아와 서방 간 정체성 대립 전선의 미래 전망을 제시하는 데 있다. 이 글의 구성은 다음과 같다. 먼저 EEU 출범과 동쪽 지역으로 영역을 확장하려는 EU의 시도가 충돌하는 양상이 지역통합 블록 간의 지경학적 경쟁과 지정학적 대결 등의 요소를 포함하면서 근본적으로 정체성 간 대립으로 상징되고 있음을 지적한다. 그다음으로 EU와 EEU 간의 정체성 대립을 촉발시킨 원인이 큰 범주에서 볼 때는 세계 정치의 구조 변화이며, 직접적인 원인은 '푸틴주의'로 표현되는 러시아의 비유럽적 정체성 선택, 독자적인 발전 전략 추구 및 자신의 발전 모델 확산 기획(EAU 형성) 때문임을 설명한다. 그리고 러시아의 비유럽적 정체성의 이념적 기초인 '주권 민주주의'론과 '국제 보수주의' 등의 개념적 내용을 EEU 기획과 연관해 분석한 뒤, 이에 대한 서방의 대응 특히 미국의 대러시아 정책 변화를 '크렘린 흔들기'로 설명한다. 결론에서는 전술 내용의 요약과 함께 러시아가 비서방적 정체성을 선택한 것이 견고한 이해관계의 토대에서 결정된 것이며, 비서방적 정체성을 내세우는 중국의 존재도 지지 요인으로 작용했음을 설명한다.

3 제2차 세계대전이라는 열전의 참화를 딛고 1952년에 서유럽의 전후 경제 복구와 공동 번영을 위해 'ECSC'로 시작된 작은 경제협력 기획이 경제, 사회 통합을 넘어 공동 대외 정책과 안보 통합을 포괄하는 EU에까지 이르렀다.

또 이러한 정체성의 대립 전선이 상당 기간 지속될 것으로 전망한다.

2. 왜 EU와 EEU 간 정체성 대립인가

푸틴 정부는 2015년 1월 EEU 출범을 목표로 관세동맹(2010년 7월 1일 관세법 발효)을 체결하고 회원국 간 상품, 자본, 서비스, 노동력의 자유로운 이동을 보장하는 공동경제구역(2012년 1월 1일 출범)을 형성하는 등 그동안 구소련 지역의 경제통합 작업에 박차를 가해왔다. EEU가 EAU의 전 단계로 설정되어 있기 때문에 크렘린은 여기에 관세동맹 가입국인 카자흐스탄과 벨라루스 외에 아르메니아를 가입(2014년 10월 10일 서명)시키고(ArmeniaNow, 2014.10.10) 키르기스스탄을 합류시키기 위해 적지 않은 공을 들여왔다. 푸틴 집권 3기의 핵심 국정 과제는 국내적으로는 동시베리아·극동 지역의 발전이고, 대외적으로는 EEU의 성공적 출범과 운용이라고 할 정도로 푸틴 대통령은 구소련 지역의 경제통합 필요성과 중요성을 강조해왔다. 두 과제를 달성했는지 여부는 푸틴의 3기 집권, 나아가 15년간 지속되고 있는 '푸틴주의'의 성과와 정치적 정당성을 판가름하는 요인이 될 수 있다.

푸틴 3기의 유라시아 경제통합 기획의 저변에는 구소련 지역의 경제적 네트워크를 복원하고 강화해, 이 지역에 대한 러시아의 경제적·정치적·군사적·사회적·문화적 영향력을 공고히 하려는 중·장기적인 국가 전략적·정책적 원려와 의도가 있다. 이와 동시에 간과하지 말아야 할 것은 왜 하필 푸틴의 3기 집권기인 2012년 전후에 크렘린에서 이러한 기획을 입안하고 적극적으로 수행하려 했는가 하는 점이다. 이것은 2009년 5월 EU가 구소련 지역 6개국과 협력을 강화할 목적으로 시작한 '동방 동반자 관계 프로그램(the Eastern Partnership Program: EPP)'의 진전 및 그에 따른 최초의 결실과 관련이 있다.

그런데 동방 동반자 관계 프로그램에 따른 EU와의 '협력협정(Association Agreement)'은 '심도 있고 포괄적인 FTA(Deep and Comprehensive Free Trade Agreement: DCFTA)' 체결을 포함하고 있다. 따라서 EU와의 협력협정은 일반적인 수준의 FTA보다 훨씬 더 포괄적이며 심도 있는 협력, 즉 경제 영역뿐만 아니라 정치적·법적·사회적·문화적 영역을 포괄하는 다면적 협력 기획이다.[4] 관세 폐기나 점진적 인하를 통한 체결국 간 교역 증진 정도의 단순한 경제 효과에 그치지 않는다는 의미이다.

일각에서는 나토와 EU로 대표되는 서방 세력의 동진을 제국주의 시대와 별반 다름없는 지정학적 팽창의 관점에서 이해하고 있으나 그 성격상 본질적인 차이가 있다. 냉전 이후 현대 유럽의 새로운 동진은 영향권을 넓히고 그 영향권역에 있는 국가의 영토와 경제를 침탈하기 위한 목적이 아니라 새로 편입되는 국가와 주민들이 자신들의 경제적·정치적 표준을 사용하고, 자신들과 동일한 가치와 생활양식을 따르도록 하는 데 목적이 있

4 물론 협력협정 체결이 EU 가입을 약속하는 것은 아니며 단지 EU와 체결국 간의 다면적 협력 강화와 통합 준비 과정이라고 할 수 있다. 협력협정 체결국은 EU가 요구하는 투명하고 공평한 법치, 부와 권력을 배분하는 공정한 게임의 룰을 마련하기 위해 350개의 EU 법률을 채택해나가야 한다. 광범위한 정치적·사회적 개혁을 통해 법과 규범, 제도를 정비하고 EU의 표준과 기준에 맞추어야 하는 쉽지 않은 과정을 거쳐야 한다. '유럽 공동의 집'의 일원이 될 태도와 자격 요건을 구비한 것이 확인된 뒤에야, 기존 성원들의 동의를 거쳐 EU 회원권이 주어진다.

다. 즉, 침탈하고 착취하기 위해 동방에서 새로운 이웃을 구하는 것이 아니라, 자신의 가치와 문화가 스며들고 지배하는 공간을 확장해서 그 공간 속에서 공동 번영을 누리고 공동의 안보를 확보하며, 궁극적으로 자신의 안보를 더욱 견고히 할 목적에서 새 이웃을 구하는 것이다.

EEU에 가입하는 대신에 EU와 협력협정을 맺는다는 것은 유럽적 가치와 정체성을 선택한다는 의미이며, 러시아 주도의 관세동맹에 가입해 EEU 참여를 준비하는 것은 현재 푸틴주의로 대표되는 러시아적 가치와 사회 운영 방식을 선택한다는 의미이다. 이처럼 협력협정 체결은 단순히 한 경제블록에 편입된다는 의미를 넘어 포괄적인 가치와 삶의 양식에 대한 선택을 의미한다. 이것이 EU와 협력협정도 맺고 러시아 주도의 관세동맹에도 가입하는 것이 불가능한 이유이다.

자국의 가치와 귀속 문명, 사회 발전 모델을 특정 경제적·사회적·정치적 블록과 일치시키는 것은 그 블록이 대표하는 가치에 대한 국가적 선호와 선택을 의미한다. 국제 세력 관계에서 한 국가가 어느 한 진영이나 세력을 택하는 과정은 경제적·정치적·군사적 이해관계뿐만 아니라 국민적·국가적 정체성의 표현과 선택을 뜻한다는 점에서 명백한 가치 지향적 성격을 갖는다. 특정 국가를 자신의 진영 또는 블록에 편입시키려는 노력이 불가피하게 정체성 대립의 성격을 내포할 수밖에 없음을 알 수 있다.

EU와 EEU 사이의 국제적 정체성 대결과[5] 충돌이 단적으로 드러난 예

---

5 과거 냉전기, 이질적 체제의 양 진영은 그 기저에 세계관과 가치를 포함한 이데올로기 투쟁과 지정학적 대결을 범세계적 규모에서 전개했다. 양 진영은 체제 경쟁과 대결로 인해 교역과 교류를 단절하면서 국지적 무력 충돌과 항구적 전시 준비 상태에 있었다. 그러나 현재는 동일한 자본주의 시장경제 내에서 선호 가치와 발전 모델을

가 우크라이나다. 우크라이나의 국가적·국민적 정체성의 한 표현인 '국제적·대외정치적 정체성(international identity)'6 선택의 문제가 계기가 되어 서방과 러시아 간 지경학적·지정학적·지전략적 갈등과 충돌이 전개되고 있다. 모스크바는 구소련 지역의 두 번째 대국인 우크라이나의 EU 접근을 차단하기 위해 대규모 경제 지원을 내세운 회유와 압박을 하는 등 비군사적인 모든 수단과 역량을 동원했다. 크렘린의 다각적 노력이 주효해 2013년 11월 빌뉴스 EU 정상회의에서 조지아와 몰도바는 협력협정에 가조인한 반면, 우크라이나의 서명은 불발되었다. 그러나 이 사건을 계기로 유로 마이단 시위의 확산과 과격화, 야누코비치 대통령 축출, 크림 합병, 우크라이나 동부 지역 내전 등 우크라이나의 국제적 정체성 선택을 둘러싸고 서방과 러시아 간의 경쟁과 대결로부터 비롯된 사태들이 차례로 전개되었다(강봉구, 2014b: 165~170).

기준으로 경쟁을 벌인다는 점에 정체성 대결의 특성이 있다. 냉전기의 동서 대결과 비교해 오늘날 서방과 러시아 사이의 정체성 대결은 군사적 위협과 점령 및 강압보다는 경제적 유인과 가치와 문화적 매력 등을 수단으로 동원해 동일한 글로벌 시장 경제체제 속에서 벌이는 경쟁이라는 점에서 본질적 차이가 있다.

6 '국제적·대외정치적 정체성'은 "한 나라가 대외적으로 어떤 나라로 보이기를 원하는지, 어떤 국가 이미지를 갖기를 원하는지, 즉 일국이 타국과 구분되는 국제사회에서의 자기규정을 나타내는 것이다. 동시에 어떤 나라들과 역사적·문화적 정체성을 공유하고 있다고 생각하는지, 또 어떤 나라를 본받아야 할 전범(典範)으로 간주하는지 등 다양한 주관적 인식 범주들과 연관되어 있다. 그러므로 대외적·정치적 정체성은 일국의 지리적·역사적·문화적 요인 그리고 가치와 미래지향성을 포함한 포괄적 개념이다"(강봉구, 2014a: 4).

3. EU와 EEU 간 정체성 대립의 동인

무엇이 이 시점에 EU와 EEU 간의 정체성 대립을 촉발했는가. 하나는 세계 정치의 구조 변화이며, 또 하나는 '푸틴주의'로 표현되는 러시아의 비서구적 정체성 선택 및 독자적인 발전 모델과 전략 추구이다.

EU와 EEU 간 경쟁과 대립이 정체성 대립의 성격을 갖게 된 가장 넓은 범주에서의 추동 요인은 물론 세계 정치의 구조 변화다. 러시아와 서방 간의 갈등이 우크라이나 사태를 두고 폭발한 것은 세계 정치의 질적 변화와 지각변동이 일어났다는 것을 보여준다. 대 지각변동은 느리지만 거대한 규모로 진행된다. 이미 오래전부터 시작되었지만 우리는 느끼지 못하다가 지진이 나거나 화산이 폭발하고서야 그것을 감지, 인식하고 재고찰한다. 냉전이 끝난 후 약 사반세기가 경과한 이 시점에서 보자면, 탈냉전의 세계에서 세계 정치 또는 글로벌 질서에 영향을 미친 핵심 변수이자 대 지각변동을 초래한 요인은 두 가지이다. 첫 번째는 인류 역사상 처음으로 단일한 글로벌 자본주의 세계 체제가 완성되었다는 것이고, 두 번째는 서방이 그 질서를 주도하는 가운데 후발 주자인 아시아가 중국의 고도성장에 힘입어 서방의 경제력에 도전할 만한 의미 있는 세력으로 등장했다는 것이다. 단일 세계 체제 속의 권력관계에서 동아시아가 부상한 것은 16세기 대항해 시대 이래 처음으로 유럽이 주도해온 서방 중심의 세계관과 세계 질서가 도전받게 되었음을 의미한다. 이것은 근대국가 체제가 시작된 이래 처음 등장한 낯선 현상이다.

물론 여전히 서방이 월등히 강하다. 기술력과 총체적 경제력에서 한참 앞서 있다. 그러나 세계경제에서 차지하는 서방의 비중은 점점 더 줄어들고 있으며 그 추세는 강화되고 있다. 핵심은 추세이다. 하현달은 서방을, 상현달은 동방의 힘을 가리키고 있다. 아시아의 추축국(樞軸國)은 중국과 인도인데 세르게이 카라가노프(Sergey Karaganov)의 말대로 "비서방 전체를 대표해 서방과 대결하는 국가가 러시아"라는 사실은 참 아이러니하다. 동방의 대표 선수는 러시아가 아니라 중국이 되어야 하는 데 말이다. 더 깊이 들어가서 러시아인의 정체성은 '아시아보다는 유럽'인 데 말이다. 왜냐하면 주지하다시피 러시아는 지리적 위치뿐만 아니라 역사적·정치적·문화적으로 유럽과 근친성을 갖고 있기 때문이며, 따라서 직접적 압력이 바로 밀려들 수 있기 때문이다. 이것은 오랜 역사가 보여주는 객관적 사실이다. 오늘날 서방과 러시아의 대결에 직접적인 추동력이 된 것은 유럽 또는 서방 세력의 동진이다. 서방은 중동유럽의 구사회주의권을 포괄한 뒤, 구소련 국가들을 향해 동진했다. 8세기 전 몽골의 서진을 막은 유럽의 방파제인 러시아가 탈근대 시기에 종족적·문화적·역사적 정체성의 측면에서 유럽의 동진에 대항하고 있는 셈이다.

비서방적 정체성을 내세운 러시아의 행보가 서방에게 특히 문제가 되는 이유는 무엇일까. 가장 직접적으로는 러시아의 국부와 경제적 효용성 때문이다. 러시아는 자원이 풍부하며 큰 시장을 갖고 있다. 자원과 시장을 두고 경쟁하는 글로벌 기업들이 각축을 벌이고 싶은 무대인 것이다. 그런데 세계시장에서 러시아의 경쟁력은 매우 낮은 편인 반면, 러시아의 정치적·군사적·외교적 역량은 높은 편이다. 러시아가 외부 세계에 대해 갖는 두려움과 의심, 그리고 러시아와 서방의 갈등을 발생시킨 원천은 바로 이러한 낮은 경제 능력과 높은 정치 능력 간의 괴리이다. 서방은 러시아라는 새로운 거대 시장으로 자신의 영향력을 침투, 확장하려고 시도하는 반면 러시아는 서방의 조건, 즉 '글로벌 스탠더드'에 맞추어 시장 환경을 제공하지 않고 자신의 조건에 맞게 서방 기업들의 경제활동을 허용하겠다는 것이다. 이러한 러시아의 태도는 진정한 '주권국가'라면 자국의 막대한 천연자원을 최대의 수익성으로 개발, 판매하고 경쟁력이 취약한 국내 산업을 보호하기 위해서 필수적인 것이다. 그러나 러시아는 홀로 서방 주도의 '글로벌 거버넌스'에 대항할 힘이 없다. 러시아가 국제 문제에서 자국의 목소리와 국익을 인정하라고 서방에 주장할 수 있는 이유는 기존의 글로벌 거버넌스에 무작정 동조하려 하지 않는 중국이라는 동반자가 있기 때문이다. 적어도 현 국면에서 러시아의 정체성은 아시아보다 유럽에 더 가까운데도 불구하고 러시아의 정책과 전략을 결정하는 지배 엘리트의 선호와 판단에 따라 '이해관계'가 '정체성'을 압도하고 있다. 이것이 러시아가 비서방적 정체성의 대표 주자로 나선 이유다.

지난 5세기 동안 자신의 문명과 가치를 기준으로 세계질서를 주도해온 서방국가들은 2008년 세계 금융 위기와 이후 유럽의 재정 위기를 겪으며 한 차례 어려움을 겪었다. 이러한 상황에서 중국이 세계 2위의 경제 대국으로 부상하고 러시아가 '자신의 조건에 따라(on its own terms)' 독자적인 발전 노선을 주장하자,[7] 위기의식을 더욱 깊이 느끼게 되었다. 바로 이 지점에서 구소련 국가들과 협력을 강화하려는 EU의 '동방 동반자 관계 프로그램'이 2009년에 시행되었다는 것은 그 시기상 의미하는 바가 있다. 러·중 관계가 사상 최고의 밀월 관계를 자랑하는 가운데, 크렘린이 세계 질서

7 리처드 사콰(Richard Sakwa)도 유사한 표현으로 지적하고 있다. 러시아는 서방국가들의 공동체에 반드시 '자신(러시아)의 방식대로(in its own way)' 참여해야 한다고 주장한다(Sakwa, 2008: 245~246).

의 나극화와 다중심주의를 주장하면서 비유럽적·독자적 발전 방식을 고집하자 EU는 나름의 적극적 대응책으로 EPP 프로그램을 추진한 것이다. 이처럼 유럽의 문명적 공통성을 기치로 한 EU의 동진에 맞서 러시아 홀로 정체성 대립의 전선에 나설 역량이 없었는데도 그것이 가능했던 이유는, 역시 비서방적 정체성을 공유한 중국의 힘과 지원이라는 요인이 든든한 배경으로 작용했기 때문이다.

두 번째 추동 요인은 푸틴주의의 견고화와 함께 명료화된 러시아의 비서구적 정체성 선택 및 독자적 발전 모델 고수이다. 러시아는 '자신의 조건에 따라' 세계경제통합을 주장하고 자신의 발전 모델을 고집해왔다. 바로 푸틴주의 발전 모델이다. 이 모델 속에서, 이 모델에 따라 이루어진 지역통합 기획이 EAU이다. 크렘린으로서는 서쪽 EU의 동진과 압박, 동쪽 중국의 서진, 즉 중앙아시아지역에 대한 경제적 진출과 문화적 영향력 증대에[8] 대해 적극적인 대응책을 마련하지 않을 수 없었다. 이렇게 해서 구소련 지역의 통합이 크렘린의 당면 과제로 부각되었던 것이다.

러시아의 독자적 발전 방식에 대한 주장과 집착은 푸틴의 집권과 더불어 갑자기 생겨난 것이라기보다 1990년대 신자유주의하에서 자유화와 개방화의 미명 아래 '민주적 시장경제'를 도입한 경험에서 도출된 판단이며 결론이다. 소련 해체와 냉전의 종결에 대한 서방의 보수적인 시각을 가장 잘 대변한 담론은 프랜시스 후쿠야마의 『역사의 종언』(Fukuyama, 1992) 주장이다. 이 주장에 따르면, 동서 간 체제 대결이 소련 붕괴로 마무리된

---

8 중국과 중앙아시아 지역의 교역 규모는 획기적으로 증대되었으며, 베이징은 공자학당의 설립과 중국으로의 유학생 유치 프로그램을 통해 중국어를 비롯한 문화적 영향력 확산에 주력해왔다.

것은 현실 사회주의에 대한 자유주의적 자본주의의 체제 우월성 증명과 이념의 승리일 뿐만 아니라, 가치 전쟁에서 자유민주주의의 승리를 단적으로 보여주는 것이다. 다만 당시에는 시장경제체제와 자유민주주의 이념, 정치군사적 안보 레짐 등 서방 모델의 우위에 초점이 맞춰진 나머지, 보편적인 가치 영역에서의 서방의 우위가 크게 강조되거나 부각되지 않았다.

서방이 기획한 구사회주의 국가들의 신자유주의적 체제 전환은 당시 대부분의 국가가 당연하게 여기던 실천 과제였다. 그러나 몇 년이 지나자 세계화의 추세 속에서 상품, 자본, 서비스의 자유로운 이동이 가져올 총합적 풍요를 찬미하는 신자유주의 그 자체가 서방이 기획한 서방 중심의 '문명화 디자인'[9]이었다는 점이 모두에게 자명해졌다. '자유와 개방'을 위한 문명화 디자인은 서방이 정의하고 보장하는 질서, 서방이 설립한 규범과 제도를 체제 전환국들이 자발적으로 따르도록,[10] 또는 재정원조 등의 조건을 달아 강제로 준수하도록 하는 데 그 요체가 있었다. 구소련 지역 문명 교화의 대상자들은 제도와 규범을 도입하고 적용하는 과정에서 일부 게임의 규칙들을 그대로 수용했지만, 나머지 대부분은 자국의 문화와 관행에 맞게 '변용'(서방의 시각에서는 '왜곡')했다. 결과적으로 현재 구소련 지

9 '지구화'는 영국 제국의 헤게모니가 미국에 넘어가고 아울러 초국적 기업이 대두되던 시기에 '문명'이 새로운 의미 맥락을 띠며 나타난 것이라 할 수 있다. 이러한 관점에서 볼 때, 신자유주의가 단지 하나의 경제적·재정적 문제가 아니라 새로운 문명화 디자인임을 알 수 있다(미뇰로, 2013: 462).

10 국가 건설은 미국의 것과 본질적으로 유사한 정치 경제 기구의 건설, 사실상 '미국 복제'를 의미한다. 미국은 직접 나서서 지배하기를 열망하기보다는 다른 나라 스스로가 미국식 지배 체제를 갖추기를 바라는 것이다(퍼거슨, 2010: 19).

역 국가들의 경제는 서방식 자유시장경제와는 판이한 모습을 보이게 되었다.

1990년대 옐친 시대에 구소련 신생국들은 서방식 제도와 법규를 도입하고 이에 적응하려는 모습을 보였다. 단일 자본주의 세계 체제, 세계화의 추세 속에서 유럽의 근대 규범을 수용하고 이에 적응하는 데 역점을 두었던 것이다. 세계시장 경제체제에서 후발국이 세계경제에 편입 또는 통합되는 과정은 기존의 자유 자본주의적 경제활동과 국가 또는 기업 운영 방식을 도입하고 배워나가는 것을 의미한다. 이 과정을 통틀어 구소련 국가들의 '체제 전환' 과정이라고 객관적으로 지칭하지만, 그 과정에서의 국가·사회 자산과 부의 배분은 결코 공정하거나 형평에 맞게 이루어지지 않았다. 그것은 올리가르히(oligarchy)[11]가 득세한 러시아 국내뿐 아니라 국제적 맥락에서도 마찬가지이다. 흔히 1990년대에 후자는 전자에 비해 상대적으로 강조되지 못했지만, 급진적 체제 전환론자들이 주도한 '충격 요법'과 두 차례 사유화(私有化)의 귀결을 보면 국내외적 수혜 메커니즘이 손쉽게 파악된다. 초국적 기업들은 러시아를 비롯한 구소련 지역의 광대한 시장과 투자처를 통해 자본순환의 새로운 장을 확보했던 것이다. 냉전의 종언과 함께 단일 세계시장 경제체제의 시작이 의미하는 것은 "초국적 기업들이 집행하는 글로벌 식민주의를 가시화했다"(미뇰로, 2013: 75의 그림 9에 대한 설명)는 말에 압축적으로 요약되어 있다.

만약 1990년대에 러시아가 서방이 요구하는 체제 전환 방식에 완전히 굴복했다면, 즉 세계화의 기준, 서방의 표준을 모두 조건 없이 수용했다면

---

11 러시아 과두 지배세력, 산업 및 금융 재벌을 뜻한다.

오늘날 EU와 EEU 간의 정체성 대결은 없을 것이다. 왜냐하면 20여 년 동안 러시아가 수세기 동안 서방이 형성하고 대표해온 근대성의 요소 또는 국제 관계 표준을 모두 받아들였다면, 서방이 주도하고 관할하는 국제경제 레짐, 규범과 법, 관행 등이 모두 적용되어 서방 자본이 러시아 시장에서 자유롭게 이윤 추구 활동을 해왔을 것이기 때문이다.

그러나 그렇게 진행되지 않았다. 이미 1990년대 후반, 특히 1996년 소련 해체 이후 성립된 러시아 최초의 대통령 선거에서 옐친이 승리한 후, 국내적으로는 '강한 국가' 건설이, 대외적으로는 서방과 러시아의 국익이 불일치하니 러시아의 전략적 독립성을 보장해줄 수 있는 독자적 대외 정책이 필요하다는 주장이 제기되었다. 이 담론은 곧 러시아의 국내외 정책에 영향력을 가진 정책 엘리트 사이에서 점점 더 주도적인 위치를 점하게 되었다. 그러나 1990년대 후반기의 집권 엘리트들은 서방에 대해 자신의 입장을 주장하고 정책을 실천할 만한 힘을 갖추지 못했다. 주지하다시피 옐친 리더십의 취약성, 러시아의 경제적 어려움과 총체적 국력의 약화가 그 원인이었다.

1990년대 미국은 유일한 초강대국이었으며 서방의 패러다임이 '정상과학(normal science)'의 지위를 누렸다. 러시아에게 1990년대는 서방 패러다임의 우월성을 인정하고 수용하는 시대였다면 2000년대는 서방 패러다임에 대한 '반격의 시대'였다. 푸틴 시대의 개막과 함께, 러시아는 대서방 관계 그리고 자국 경제의 세계경제통합 패러다임 전환을 본격적으로 시도하게 된다. 러시아는 '자신의 조건에 따라' 세계경제통합과 세계화를 주장하고 그에 부합하는 정책을 선호한다. 즉, 원칙적으로는 글로벌 시장경제를 수용하면서도 자국 또는 지역 경제 공간에서는 자신의 관행과 규칙을 고수하려는 태도를 견지한다.[12] 푸틴 집권 후 러시아의 독자적 발전 방식 '고유한 길' 찾기는, 정치 부문에서는 서구 자유민주주의에 대신 '주권 민주주의'를 주장하고 경제 부문에서는 석유, 천연가스 등 지대 추구 자산에 대한 재국유화를 통해 모색되었다.

푸틴 대통령은 조지 W. 부시(George W. Bush) 대통령과의 2003년 정상회담에서 서유럽식 자유민주주의의 도식적인 수용과 적용보다 러시아의 역사와 문화, 고유한 전통 등 현지의 조건에 맞는 민주주의의 적용과 정착이 중요하다는 점을 강조하면서 열띤 논쟁을 벌였다. 서구식 자유민주주의의 일방적 강요와 적용은 혼란과 무질서, 비효율로 귀결되며 러시아의 1990년대 전반의 모습이 그것을 증명한다는 것이 푸틴의 논리였다. 이후 색깔 혁명의 파고 위에서 러시아 민주주의의 정체성은 자신의 국제적 정체성과 '주권의 향유'를 강조하는 '주권 민주주의'로 정립되었다.

러시아가 경제 부문에서 '자신의 조건에 따라' 세계경제체제에 통합되겠다는 것을 서방에 분명히 밝힌 전환점이 바로 '유코스 사건'이다. 유코스 사건은 크렘린이 생각하는 러시아의 독자적 경제 논리, 주권적 경제정책이 어떤 모습으로 실현될 것인가를 확실히 서방세계에 보여주었다. 1990년대 제1차 바우처 사유화, 제2차 화폐 사유화 과정을 통해 러시아의 국유 자산이 민간에 배분된 과정은 안정된 중산층을 창출하고자 했던 원

---

12 국제 기준의 수용과 준수 요구, 글로벌 단일시장 형성과 효율성을 추구하는 경제 세계화의 압력에 대해 개별 국가들은 정도의 차이만 보일 뿐, 모두 고유한 경제 운용 방식과 정책으로 대응한다(Weiss, 2003). 러시아 역시 1990년대 초에 개방형 자유시장경제 제도와 법규를 수용하고 10년 뒤에 국익에 대한 폐해가 심각해지자, 뒤늦게 국가의 강한 개입을 통해 문제를 해결하고자 했다.

래 정책 의도와는 달리, 소수 올리가르히가 그 대부분을 독점하는 것으로 종결되고 말았다. 1990년대 말에 이르러 러시아 국공유 자산의 사유화가 거의 종결되고 사유재산권이 안정화 초기 단계에 들어서자, 때를 기다리고 있던 서방 자본이 본격적으로 침투하고 진출하기 시작했다.

유코스 최대 주주였던 미하일 호도르코프스키(Mikhail Khodorkovsky)는 사건 발생 전, 경영권 통제지분에 해당하던 자신 소유 지분의 25~40%를 미국의 석유 메이저 기업인 엑슨모빌에 매각하기로 계획하고 있었다. 그러나 유코스의 지배주주인 호도르코프스키가 탈세와 횡령 혐의로 구속되고(2003년 10월) 유코스의 핵심 자회사인 유간스크네프트가 경매를 통해 국유화되자 이 매각건은 무산되고 말았다. 유코스 사건은 서방 거대 자본이 석유, 천연가스 등 천연자원 소유권과 개발권을 올리가르히로부터 사들여, 러시아의 전략산업인 에너지산업과 에너지 정책 전반에 대해 접근권과 통제권을 가지려 한 것을 크렘린이 개입해 차단한 사건이다(강봉구, 2008). 러시아 여론은 '도둑 남작(robber baron)'으로 불리던 올리가르히가 국유 자산을 독점하고 전횡하는 것을 크렘린이 차단시키고 국부의 해외 유출을 막은 것에 대해 강력한 지지를 보냈다. 주민들은 이러한 조치가 '강한 국가'와 '강대국 건설'을 주장하는 푸틴의 리더십이 구체적인 결실로 나타난 것이라고 해석한 것이다.

EU를 비롯한 서방의 입장에서 이 같은 러시아식 경제 운용은 사유재산권 보호와 법치라는 유럽 근대성의 토대를 뒤흔든 것이며 서방의 기득 권익에 대한 도전이자 심각한 위협이었다. 세계화는 짧게 보면 지난 반세기에 진행된 다면적 네트워크의 형성과 작동을 의미하며, 길게 보면 근대 세계 체제가 형성되어온 지난 5세기 동안을 지칭한다. 지난 500년을 관통해

온 세계화의 네 가지 핵심적인 계기가 있는데 그것은 기독교, 비서방세계에 대한 문명화 사명, 발전, 세계시장 등이다(미뇰로, 2013: 461). 러시아의 독자적 발전 방식에 대한 주장과 국가 중심, 국익 우선의 경제 운용 방식은 서방의 입장에서 볼 때, 수세기 동안 서방 주도로 규범을 형성하고 내재화해온 '발전'과 '세계시장'에 대한 도전으로 읽힐 수밖에 없다. 크렘린의 대응 조치 혹은 반격은 단순한 경제적 다툼 수준을 넘어 서방 주도의 세계경제체제의 규범, 법규 및 제도를 위협하는 정체성 대결과 충돌로 이루어졌다.

4. 비서방적 정체성의 강화와 충돌

푸틴은 2011년 겨울부터 2012년 봄까지 선거 국면에서 집권 이후 처음으로 대규모 시위에 직면하고 3기 집권에 성공하면서, 유럽과 구별되는 대안적 문화와 가치를(어떤 면에서는 반유럽적 가치를) 추구해나가고 그것을 공공연히 수행 및 선포하기로 결심했던 것으로 보인다. 그런데 여기서 후자(공공연히 수행 및 선포하는 것)에 더 큰 강조점이 놓인다. 왜냐하면 '주권 민주주의'를 모색하고 유코스 사태 이후 '자신의 조건에 따라' 러시아식의 국가 발전 모델을 추구하는 것은 이미 계속되어왔지만, 그 모델을 서방·유럽의 것과 확연히 대비시킨 것은 처음이기 때문이다. '유럽식 대 러시아식'의 대비를 통해 러시아식 모델에 대한 확신과 자신감을 공공연히 표명하는 것은 문화적·정치적·심리적 측면에서 의미가 있다.

그 징후들은 여러 형태로 표현되었다. 먼저 푸틴 반대 공연을 한 여성록 그룹인 '푸시 라이엇' 멤버들을 재판에 회부해 실형을 받도록 했다. 지나친 처사라는 국내 여론과 표현의 자유에 대한 억압이라는 서방의 강한 비난에도 불구하고 법적 처벌이 실행되었다. 또한 유럽 동성애자들의 결혼과 입양의 권리 인정에 대해 유럽 문화와 삶의 방식의 퇴영을 반영하는 것이라고 강하게 비판했다. 그뿐만 아니라 가족의 가치, 종교와 신앙생활, 애국심 등을 강조하며 제정러시아의 차르(Tsar)가 '제3의 로마'를 자처했듯이 21세기 포스트모던의 시대에 푸틴 대통령은 '보수의 아이콘(conservative icon)'이 되었다(RFERL, 2013.12.19). 러시아는 '보수 가치의 성채'가 되기로 결심했음을 선포한 것이다.

크렘린의 지향성을 러시아의 국가·사회체제의 관점에서 보면, 러시아가 앞으로도 권위주의 체제를 유지하고 외부 세력의 정권 교체 시도에 대해 단호히 대응할 것임을 천명한 것이다. 세계 정치의 측면, 서방과의 관계 설정에 비추어보면, 러시아는 유럽과 다른 가치와 문화를 추구하겠다고 의사표시한 것이자 서방이 설정하고 주도해왔던 '게임의 규칙'을 더 이상 추종하지 않겠다고 표명한 것이다.

이러한 러시아의 정체성과 서방의 정체성 간 대립은 서방적 가치 대 비서방적 가치의 대립으로 표현되는데, 러시아가 추구하는 고유한 가치와 정체성을 본격적으로 표명한 것은 '주권 민주주의'론의 정식화에서 시작된다. 서방의 자유민주주의와 대비되는 러시아의 비유럽적 가치 지향을 나타내는 주권 민주주의는 2012~2013년경부터 '비유럽적'보다 좀 더 강한 톤의 반유럽적 가치 지향으로 강화되고 변용되었지만, 현대 러시아 이념과 정체성의 뿌리는 크렘린이 주창한 주권 민주주의에 있다.

주권 민주주의는 조지아(2004)와 우크라이나(2005)의 색깔 혁명 이후,

크렘린이 해외 세력의 침투와 영향력에 대해 러시아의 '주권적' 능력과 위상을 강조하면서 등장했다. 러시아의 '주권적 민주주의'에서 '주권적(sovereign)'은 민주주의의 특별한 종류를 나타내는 것이 아니다. '관리되는(managed) 민주주의'에서 '관리되는'이 민주주의를 꾸미는 관형어 역할을 하는 것과 다른 점이다. '주권 민주주의'는 '주권(sovereignty)'과 '민주주의'라는 양 개념이 병치된 상이한 두 관념의 조합이다.[13]

주권 민주주의의 주창자인 수르코프의 시각에서 볼 때, 현대 러시아에서는 민주주의보다 주권이 더 우선적이다.[14] 국내외로부터 주권을 침해받을 경우 주권을 방어하는 것이 우선이다. 주권의 보전을 위해 민주주의 원칙을 제한하는 것은 당연하다. 주권 없이는 독립적인 국가도 국민도 있을 수 없으며 따라서 민주주의를 논하는 것이 불가능하기 때문이다. 그러므로 주권 민주주의는 민주주의이지만 국제 무대에서 주권을 방어하고 유지하는 민주주의, 즉 주권의 수호를 우선시하는 민주주의이다. 민주주의가 중요치 않다는 말이 아니라 주권을 수호하지 못하고서는 독립적인 나라가 없으니 진정한 민주주의도 불가능하다는 뜻이다. 그러므로 국내외적 상황에 따라 주권과 민주주의 중 어느 한쪽이 더 강조될 수 있다. 그것

13 푸틴을 포함한 대부분의 주권 민주주의 입안자들은 주권이 국제사회에서 일국의 위상을 지칭하고 민주주의는 사회와 국가를 조직하는 방법을 말하는 것이기에, 주권 민주주의는 두 가지 다른 현상을 나타내는 관념의 조합이라고 본다(Okara, 2007: 4).

14 푸틴 집권 1기의 민주주의를 지칭하는 '관리되는 민주주의(managed democracy)'가 연방적 통일성과 법적 위계질서 확립, 주지사 임명제 도입, 국가 전략 산업에서 올리가르흐 통제 등 러시아 국내 문제에 초점을 두었다면, 주권 민주주의는 해외 국가의 내정에 대한 조종과 간섭을 예방하고 강력히 대응하는 것을 의미한다. 이는 국제 관계에 초점을 둔 것이며, 강조점은 '주권'에 있다(Surkov, 2009: 12).

은 언제나 특정 장소와 시점에 따라 달라지는 정황적인 것이다.

주권 민주주의에서 '주권'이란 "권력의 완전성과 독립(the plenitude and independence of power)"(Surkov, 2009: 12)을 의미한다. 크렘린의 시각에서 주권은 개별 독립국가가 자동적으로 향유하는 권리도 아니고 유엔의 의석도 아니다. 주권은 능력(capacity), 즉 경제적 독립, 군사력, 고유한 문화적 정체성을 의미한다(Krastev, 2006.11.16: 3). 그러므로 아무 나라나 주권을 확보하고 행사하는 것이 아니며 주권을 누리고 주권적이라고 불릴 수 있는 나라는 손꼽을 정도에 불과하다. 많은 국가가 주권을 주요한 목표로 설정하지도 못한 채 다른 강대국의 후견하에 생존하고 있다(Surkov, 2009: 13).[15]

'주권적'이라는 것은 국제적으로 대외 정책의 '전략적 독립성'을 의미하며 서방 특히 미국에 대한 전략적 독자성과 이를 확보하기 위한 독립적인 대외 정책 수행을 요구한다. 주권 민주주의를 통해 크렘린은 러시아의 핵심적인 국익과 권리를 해외의 간섭으로부터 보호하려 하며, 글로벌 문화의 영향력이 침투, 확산되는 것에 대응하려 한다. 이념적 측면에서는 서방에 대한 이념적 의존성을 탈피해 '민주주의'를 독자적으로 해석할 권리를 의미한다.[16] 또한 동시에 러시아의 역사와 문화, 국가성의 전통에 따라 민주주의 규범과 원칙들을 러시아의 현실에 적용할 수 있는 권리를 강조한

---

15 현재 대통령 행정실장을 맡고 있는 세르게이 이바노프(Sergei Ivanov) 역시 "국민들이 자신의 운명을 결정할 수 있는 국가의 수는 손꼽을 정도에 불과한 실정이다"라고 피력하면서 주권 민주주의 명칭에 대해 호감을 표했다(Orlov, 2008: 76).

16 수르코프에 따르면 러시아는 무지하고 교양 없는 추종자의 역할이 아니라 유럽 문명의 공동 저자이자 공동 행위자로서 역할을 해야 하며, 서방의 다양한 담론 분야에서 자신의 입장을 반드시 주장해야 한다(Surkov, 2009: 16).

다. 위협으로부터 주권을 방어하려면 외국의 민주주의 규범과 제도를 주체성 없이 무분별하게 수용하고 적용해서는 안 된다. 러시아의 역사와 문화, 현실에 부합되는 규범과 제도를 만들고 이를 정착시켜서 자신의 특수성에 맞게 변용된, 러시아 고유의 민주주의를 발전시켜나가야 한다는 입장이다. 그러므로 주권 민주주의는 개인의 자유와 권리, 권력에 대한 감시와 견제에 기초한 서방의 자유민주주의에 대한 거부와 반격을 의미한다. 이념적으로 독립성을 확보함으로써 주권 민주주의는 더 이상 서방의 평가를 기준으로 삼지 않을 수 있다(Krastev, 2006.11.16: 3).

대내적 측면의 '주권적'은 경제적·지역적·계층적 이해관계를 다루는 데 있어 국가의 자율성을 의미한다. 국가주의적 엘리트가 올리가르흐, 지방세력, 관료 집단, NGO 등 특수 이익에 흔들리지 않고 권력을 장악하고 행사하면서 강하고 안정된 '국가성'의 확립을 추구한다. 에너지자원, 군수산업 등 전략 산업은 국유화되어 권력 엘리트의 통제하에 운영된다. 강한 국가성을 기초로 국가·사회 통합과 국내적 안정을 이룰 것을 목표로 한다. 푸틴 정권의 주요 이념의 고안자인 글렙 파블로프스키(Gleb Pavlovsky)가 말한 특별한 '러시아적 주권'이란 통제되지 않는 모든 권위, 이니셔티브 및 최고의 재산권 등을 국가에 부여하는 것이다. 그 모든 특권은 부분적·일시적으로 정치 지도자에게 위임될 수 있다(From the Editors, 2009: 359~360). 즉, 권력의 중앙 집중화[17] 그리고 견제되지 않는 권력 행사를 정당화하는 비민주적 이데올로기로서 기능한다. 결국 주권 민주주의는 크렘린

17 수르코프는 주권 민주주의 개념이 러시아 정치 문화의 토대에 가장 잘 부합한다고 본다. 국민 또는 국가를 보호하고 보존하기 위해 권력의 중앙집중화를 정당화하기 때문이다(Orlov, 2008: 75~76).

이 내외부의 어떤 세력도 도전할 수 없는 배타적 권력을 바탕으로 국내외에 주도적 위상을 갖고 권력을 행사하는 것을 정당화하는 이념적 도구를 제공한다. 그리고 이를 통해 정권의 안정성을 지속적으로 보장하려는 목적에 기여한다.

주권 민주주의 개념이 요구하는 세계 질서는 민주적인 다극 체제, 다중심 체제이다. 여기에는 하나의 극을 형성한 주권적인 '강대국'으로 자리매김하고 대접받기를 바라는 러시아의 욕구가 내재되어 있다(From the Editors, 2009: 363). 과거 크렘린은 대서방 관계에서 자신의 예외성을 주장하면서도[18] 유럽 기준의 정상국가가 되기를 희망했다. 그러나 주권 민주주의 개념을 내세우는 현재는 더 이상 유럽적 발전 모델을 이상화하지도 않으며 유럽적 정체성을 지향하지도 않는다고 명백히 선포하고 있다. 그 이념적 성격을 볼 때 주권 민주주의는 보전적 테크놀로지(conservationist technology)를 구비한 보수적 혁명이다. 이는 국제 관계에 대한 현실주의적 시각과 민주주의에 대한 집단주의적 시각이라는 두 가지 반자유주의적 개념의 기계적 결합으로 이루어졌다(Okara, 2007: 4).

이러한 방식으로 푸틴 집권 2기부터 메드베데프 시기까지, 서방의 자유주의와 민주주의 가치에 대항해 러시아적·비서방적 정체성의 이념적 기둥 역할을 해온 주권 민주주의는 푸틴 집권 3기를 전후로 더욱 강화되고 변용되었다.

2011~2012년 의회 선거와 대선 등 선거 국면에서의 대도시 시위 사태,

---

18 EU와의 관계에서 러시아가 예외성을 주장하는 것은 중동유럽의 구사회주의권 국가를 포함한 EU의 다른 이웃국과 다르게 자국을 대접해 달라는 요구이다(Makarychev, 2008: 55).

그리고 EPP 등 구소련 국가들과의 협력 프로그램을 내세운 EU의 동진 등으로 크렘린은 국내외 양면에서 압박을 받고 위기의식을 느끼게 되면서 기존의 정치 심리적 메커니즘의 혁신 필요성을 인식했다. 국내적으로는 크렘린이 통제하는 언론을 통해 시위 세력과 정치적 반대 세력을 해외 세력에게 조종당한 것으로 홍보했으며 NGO법, 집시법, 미디어 외국인 소유주 지분제한법 등을 통해 언론과 정보를 통제하고 정치적 반대를 무력화하려 했다. 대외적으로는 '국제 보수주의'와[19] 같은 새로운 이념적 슬로건을 기초로 반서방적 정체성을 제시하고 크렘린이 그 옹호자이자 세계적 대표자로서 역할을 자임하고 나섰다.

기존의 주권 민주주의가 러시아의 대내외 정치적 지향성을 나타낸 것이라면, 이제는 그것을 강화하고 발전시켜서 러시아의 고유한 영향권역으로 간주되는 구소련 지역, 더 나아가 전 세계적 범위를 대상으로 한 이념적·국제적 정체성으로 발전했다. 적어도 구소련 지역이 러시아의 지경학적·지정학적 고유 영향권역임을 재확인하고 이를 통합하기 위해서는 경제적 유인뿐만 아니라 공통의 이념적 정체성을 제시하고 공유하는 것이 필수적이었기 때문이다. 바로 이 면에서 새로운 비서방적 정체성으로 추가된 것이 '국제 보수주의'이다. 러시아 소프트 파워의 새로운 핵심 개념으로 위상을 인정받은 국제 보수주의가 러시아뿐 아니라 구소련 지역, 더 나아가 전 세계적 범위로 확산되도록 러시아정부는 막대한 재원을 투입해 '공공 외교' 차원에서 이를 지원하고 있다.

---

19 '국제보수주의'는 안정과 안보를 추구하고 페미니즘과 동성애 권리, 다문화주의를 배격하며 전통적인 가치, 종교, 민족 기반 사회를 선호한다(RFERL, 2013.12.19).

가족의 가치, 종교, 공동체주의, 애국심을 강조하고 다문화주의를 반대하는 크렘린의 보수적 정체성과 이를 국제적으로 홍보하는 것은 단순히 유럽 전통과의 단절만을 의미하지 않는다. 이는 유럽적 가치와 정체성에 대한 거부이며 '다른 유럽'을 추구하는 러시아의 이념적 야심을 표현한다(Krastev, 2006.11.16: 5). 크렘린은 주권 민주주의와 국제 보수주의 등을 비·반유럽적 정체성의 이념적 기초로 삼아, EEU를 형성하고 장기적으로 EAU가 EU에 대한 대안이 되기를 기대한다. 이런 면에서 구소련 지역통합 기획은 서방의 자유민주주의 연합에 대한 지정학적 반격이자 재균형 전략의 소산이며 지구적 지역통합 추세 속에서 하나의 독립된 중심이 되려는 시도라 할 수 있다(Shevtsova, 2013.11: 2).

EEU의 회원국들(잠재적 회원국 포함)은 '국제보수주의'가 내세우는 전통적 가치에 대한 존중과 함께, '주권 민주주의'라는 이념적 슬로건 아래 주권 불가침성이라는 근대 국제 체제의 기본 원칙을 존중한다. 즉, 민주주의 증진을 내세운 서방국가들의 내정간섭을 반대한다. 달리 말해 색깔 혁명과 같은 정권 교체 시도를 반대하고 권력의 중앙집중화와 권위주의적 통치라는 공통의 가치를 중시한다. 즉, 서방의 기준을 일방적으로 따르는 것이 아니라 자국의 역사적·문화적 전통과 조건에 부합하는 민주적 규범과 제도의 발전이라는 공통 가치를 비유럽적·비서방적 정체성을 바탕으로 공유하고 있다.

또 다른 면에서 유럽적 정체성과 러시아적 정체성의 이질성은 '탈근대'와 '근대'의 대비로 잘 드러난다. 유럽에서는 이미 반세기 전 EEC를 결성(1958년)할 때부터 공동 이익의 증진을 위해 국민국가의 고유 기능과 역할을 조정해야 한다고 보았다. 또 이를 위해 불가분으로 간주되던 주권의 일부를 양도하지 않으면 안 된다는 전제도 있었다. 유럽의 탈근대로의 여정은 그때 시작되었던 것이다. 이에 비해 러시아는 1992년에야 비로소 서방식 근대로의 여정을 시작했다. 유럽도 러시아도 모두 21세기에 살고 있지만 유럽은 탈근대의, 러시아는 근대의 발전 단계에 놓여 있다. 러시아인이 중심이 된 국민국가가 형성되었지만 러시아의 국가적·국민적 비전, 미래 지향적 좌표와 직결된 국민적 정체성 형성의 문제는 여전히 미완으로 남아 있다. 푸틴 정권 지도부는 러시아가 근대의 세계에 더 오래 체류해야 하며, 당분간 권위주의적 통치 방식으로 사회 통합을 유지하면서 발전 과제를 수행해야 한다고 본다.

근대와 탈근대의 세계에서 적용 가능한 국제법의 흐름은 서로 다르다. 볼프강 프리드만(Wolfgang Friedmann)은 이미 1960년대에 국제법의 두 가닥 중 세계 사회(world society)에는 '협력의 법(the law of cooperation)' 또는 '초국적 법(supranational law)'이 부합되고, 전통적인 국가 간 국제사회에는 '공존의 법(the law of coexistence)'이 부합된다고 했다. 그렇다면 탈근대의 세계 사회가 도래한 유럽에서는 '초국적 법'을 신봉하면 되겠지만, 나머지 세계에서는 '공존의 법'을 더 엄격하게 준수하는 것이 필요하다. 그리고 이러한 법이 잘 작동하도록 하려면 일종의 세력균형이 필요하다는 것이다. 단극적 경향의 세계에서 국제법은 특히 민감하고 정치적으로 부담이 큰 영역들에서 잘 작동하지 않는다. 협상과 타협의 결과인 국제법과 그에 대한 해석이 단극의 중심에서 지시되기 때문이다. 근대와 탈근대가 공존하고 세계 사회가 도래하지도 않은 단계에서는 아직 그러한 국제 체제를 맞이할 준비가 되어 있지 않으며 결과적으로 세계법을 적용할 준비가 되어 있지 않다. 아직 이 세계는 너무 이질적이고 불균등하며 복합적이고 다양하다. 따라서 무력 사용 금지, 내정간섭 금지 등의 원칙을 가진 국제법이 이 홉스(Hobbes)적 세계를 길들여서 로크(Locke)적 세계로 나아가는 데 도움이 되어야 한다고 주장한다(Muellerson, 2014.6.7: 5~6).

이 시각에 따르면 푸틴의 러시아는 당분간 권위주의 통치라는 이유로 서방의 내정간섭을 받지 않고 나름의 방식으로 발전을 추구해나갈 권리가 있다. 구소련 지역의 '색깔 혁명'이라는 정권교체 위협에도 시달리지 않고 글로벌 시장경제체제 내에 자신의 위치를 구축할 권리가 있으며, 그것을 인정하는 것이 유럽 바깥의 홉스적 세계를 더 평화롭게 관리하는 데 도움이 된다. 이와 반대로 서방은 (적어도 유럽에서만은) 자신들이 추구하고 증진해온 자유와 '민주적 가치'를 한켠에 제쳐두고 싶은 생각이 없다. 서방의 시각에서 푸틴 통치하의 권위주의적 퇴행은 옳지 않은 것이며 사유재산권을 침해하는 국가 주도의 경제 운용도 자유시장경제 규범을 정면으로 위반한 것이다. 그러므로 당연히 교정되어야 한다.

우크라이나의 국제적 정체성 선택의 문제를 두고 격화된 EU와 EEU 간 지역통합 경쟁으로 양편 모두 상대방이 추구하는 가치의 이질성을 확연히 체감했으며, 이제 러시아 자체의 '선호'와 '정체성'을 수정·교체하기로 초점이 옮겨지고 있는 듯하다. 서방의 대러시아 제재가 지속되는 가운데 이제 그 대결의 초점이 러시아의 발전 방식, 푸틴주의, 러시아의 정체성 문제에 집중되고 있다.[20] 양자 대결의 근원이 러시아의 독자적 발전 방식, 러시아의 국제적 정체성 선택과 그 실현 기획인 EEU 형성 시도에 있기 때

20 서방의 제재하에 시간이 갈수록 상대적 손실이 커지는 쪽은 러시아다. 서방은 러시아의 대외 정책 비용과 부담이 증대되는 것을 노리고 있다(Koshkin and Trenin, 2014.9.15).

문이다. 미국과 EU의 대러시아 경제제재는 크림 병합과 동부 분리주의 반군 지원을 벌하려는 응징의 차원과 함께, 러시아 경제에 지속적인 충격을 가해 경제 상황을 어렵게 만들고 주민들의 불만을 증대시켜서 푸틴주의와 정권을 궁지로 몰려는 '정권 흔들기' 차원도 가미되기 시작했다.

크렘린뿐 아니라 적지 않은 서방의 분석가들까지도 서방, 특히 워싱턴이 경제적 압박을 통해 러시아의 '정권 교체'까지 염두에 두고 있다고 간주하고 있다.[21] 유럽은 4000억 달러에 달하는 러시아와의 교역, 약 25%에 달하는 러시아산 천연가스 의존율(2013년 말 기준) 등 경제적 요인으로 인해 대러시아 압박에 다소 소극적인 반면, 미국은 더 적극적이라는 데 서방 내부의 차이점이 있다.[22] 서방은 러시아의 정권 교체를 통해 푸틴주의와 다른 새로운 대외정치적 정체성의 선택을 기대하고 있는지도 모른다. 우크라이나 정부와 동부의 반군, 러시아 정부가 휴전에 합의하고(2014년 9월 5일), 민스크 평화안에 동의했는데도 3단계 제재를 부과했다는 점은 이러한 의심을 더욱 증폭시킨다.[23] 경제제재 완화가 기대되던 상태에서 서방

---

21 크렘린과 많은 러시아의 분석가들이 우크라이나의 시위와 쿠데타에 대한 서방의 지원은 중간 단계 목표이며 러시아의 정권 교체가 워싱턴의 궁극적인 목표라고 확신하고 있다. 즈비그뉴 브레진스키(Zbigniew Brzezinski)는 우크라이나에 대한 지원은 푸틴의 러시아를 변화시키는 열쇠이며, 러시아는 서방이 기획하고 있는 정권 전복의 목표라고 선언했다(Rumer, 2014.9.11).

22 워싱턴이 러시아와의 정체성 대결에서 정권 교체와 같은 공세적 접근 방법을 가동할 수 있도록 힘을 실어준 또 다른 요인은 셰일가스이다. 셰일가스의 생산 증대와 상용화가 현실이 되자 에너지자원 및 안보 문제를 자신에게 유리하게 통제하는 데 대해 자신감이 생긴 것이다. 지금은 아니겠지만 조금만 더 지나면 석유와 천연가스에 국가 세입의 상당 부분을 의존하는 러시아의 지대 추구 경제에 미국이 타격을 가할 수 있는 여유와 힘을 가지게 될 것으로 보인다. 자국의 에너지산업이 받을 충격을 최소화하고 러시아에 큰 타격을 줄 수 있다면, 미국은 이 카드의 사용도 불사할 것이다.

이 도리어 제재를 더욱 강화한 것은 푸틴주의로 대변되는 러시아의 권위주의 체제, 비서방적인 독자적 발전 노선과 전략적 독립성에 대한 러시아의 완고한 집착이 서방 주도의 거버넌스와 양립하기 어려움을 상기시킨 것이며 불편하고 마음에 들지 않는다는 것을 의미한다. 서방의 대러시아 제재의 강화와 지속은 크렘린의 대우크라이나 정책을 변화시키라는 다면적 압박의 일환임이 분명하지만, 이것을 넘어 러시아의 민주화를 포함해[24] 국가 전략과 정책, 그리고 접근 방법 전반의 재검토와 수정을 요구하는 강력한 신호로 해석된다.

5. 요약적 결론

이 글은 EAU의 전 단계로서 러시아의 EEU 구상과 EU 간 경쟁과 충돌이 경제적 영향권역 경쟁, 지정학적·지전략적 대결 등의 속성을 모두 포함하면서도 그 기저에 있는 근본적인 요인은 양자 간의 '정체성 대립'이라는 시각에서 논지를 전개했다. EEU 가입과 EU와의 협력협정 체결 중 하나를 택하는 것은 단순히 한 경제블록에 편입된다는 의미를 넘어, 포괄적인 가치와 삶의 양식에 대한 선택을 의미하기 때문이다. 즉, EU와의 협력협정

---

23 서방의 대러시아 강경 세력에게 "우크라이나는 푸틴과의 전쟁을 벌이는 대리 전쟁터"일 뿐 진정한 목표는 푸틴 정권이라는 것이다(Jarabik, 2014.8.8).

24 민주주의 증진에 관여하는 미국 관리들과 NGO 활동가들은 미국과 러시아가 동반자 관계가 될 수 있는 유일한 길이 러시아가 민주주의를 회복하는 것이라고 분명히 말하고 있다. 그러나 크렘린의 입장에서 그것은 바로 러시아의 정권 교체를 의미한다(Rumer, 2014.9.11).

체결은 유럽적 가치와 정체성을 선택한다는 의미이며, 러시아 수도의 관세동맹에 가입해 EEU 참여를 준비하는 것은 현재 푸틴주의로 대표되는 러시아적 가치와 사회 운영 방식을 선택한다는 의미이다.

EU와 EAU 간의 정체성 대결을 촉발시킨 동인은 첫째, 세계 정치의 구조 변화로서 인류 역사상 처음으로 단일한 글로벌 세계 체제가 완성된 것이다. 둘째, 글로벌 세력 관계에서 수세기 동안 유럽 근대의 타자로 규정되어왔던 후발 주자 아시아가 중국의 고도성장에 힘입어 서방의 경제력에 도전할 만한 의미 있는 세력으로 등장했다는 사실이다. 주권국가에 대한 내정간섭, 인권 보호를 명목으로 한 국제사회의 개입, '민주주의 증진'을 위한 정권 교체 시도 등 국제 문제에 대한 중국과 러시아의 공통된 반대 입장, 다극적 세계 질서 형성을 위한 공동보조 등 비서방적 정체성을 공유하는 중국이 러시아를 지지하지 않았다면 크렘린은 공공연히 서방과 정체성 대결을 표명할 수 없었을 것이다. 중·러 간 정체성 공유와 세계 정치에 대한 전략적 협력의 효율성은 상하이협력기구의 틀 내에서 증명되었다. 셋째, 러시아 '고유의 길', '러시아적 가치'를 내세우며 '푸틴주의'가 비서구적 정체성과 독자적인 발전 전략을 추구해왔다는 점이다. 서방과 차별적인 러시아의 독자성 추구는 유코스 사건, '주권 민주주의'와 '국제보수주의' 이념 표방 등에서 대표적으로 드러났다.

국제기구와 공동체에서 서방이 설정한 어젠다와 '게임의 규칙'을 맹종하지 않겠다는 크렘린의 지향성은 유럽과 차별적인 가치와 이념, 문화를 추구하겠다는 뜻이다. 유럽의 그것과 비교하면 자유주의와 보수주의, 민주주의와 권위주의, '포스트모던'과 '모던' 등으로 대비된다. 특히 새로운 비서방적 정체성으로 크렘린이 내세우는 '국제보수주의' 담론은 러시아나

탈소 지역만이 아니라 범 세계정치의 담론에서 비서방적 가치를 대변하고자 하는 이념과 소프트 파워를 향한 푸틴의 도전과 야심을 반영하고 있다. 워싱턴은 이러한 명백한 가치의 대립을 목도하면서 대러시아 제재의 강화와 지속을 통해 크렘린의 대우크라이나 정책이 변화될 것을 기대하고 있다. 또한 중장기적 시각에서 가능하다면 러시아의 정권교체, 즉 푸틴주의 자체의 종결까지 추구하는 것으로 보인다.

우크라이나 동부의 내전과 유혈 사태는 EU와 EEU, 서방과 러시아 간 정체성 대립의 전선으로부터 일시적으로 이탈한 에피소드에 가까운 것이며, 이를 둘러싼 서방과 러시아 간의 갈등과 충돌은 열전으로 비화하거나 냉전으로 고착되기보다 곧 자신의 전선, 즉 유럽적 정체성과 러시아가 대표하는 비유럽적 정체성 간의 경쟁 무대로 복귀할 가능성이 높은 것으로 보인다. 앞서 언급했듯이 EU와 EEU 간 갈등과 대결의 근저에는 유럽과 러시아가 추구하는 상이한 가치와 정체성이 깔려 있다. 그 때문에 정체성 대립 전선은 열전이나 냉전의 양상을 띠기보다 주로 경제와 소프트 파워를 동원한 경쟁과 대결 양상을 보였다. 어느 편 주민들이 더 풍요롭고 자유로우며 안전하고 행복한가를 두고 다투는 전장이라는 이야기이다. 내전이 이 상태에서 동결되면 전선은 다시 본연의 정체성 대립을 두고 형성될 것이다. 열전도 냉전도 아닌 정체성 대결의 전선에서 워싱턴은 여전히 공세적으로 나설 것으로 보인다. 서방은 협상 과정에서 우크라이나와 러시아의 소모적 대결을 유도하고 경제적 제재를 지속해 푸틴 시기에 러시아가 축적해온 힘과 에너지를 서서히 마모시킬 수 있으며, 러시아의 경제난국을 이용해 러시아의 엘리트 내부 또는 국가와 사회 간 내부 균열을 초래할 수 있기 때문이다.

정체성 대립의 상대편인 EU와 비교해 경제 규모, 생산성, 인구 등의 측면에서, 그리고 특히 다면적 지역통합의 성패를 가르는 핵심 요소인 소프트 파워의 매력이란 점에서 EEU는 매우 불리한 위치에 있다. 우크라이나, 몰도바, 조지아 등이 국제적 정체성으로서 이미 EU를 선택했다. 이들의 경제 사회 개혁 작업의 성공 여부가 EEU의 장래에 변수로 작용할 것이며, EU와 EEU 간에 형성된 정체성 대립 전선의 지속과 변화에도 결정적인 영향을 미칠 것으로 보인다. 푸틴주의가 유지되는 한 러시아와 서방 간 정체성 대립의 전선이 상당 기간 지속될 가능성도 있다. 먼저, 정체성의 대립이 양자가 내세우는 가치와 이념의 이질성과 함께, 크렘린과 러시아의 기득권 엘리트가 보존하려는 견고한 이해관계 위에 놓여 있기 때문이다. 또한 동일한 비서방적 국제 정체성을 공유하고 있는 중국의 러시아에 대한 지지와 지원이 안정적이며 지속적이라는 것도 근거로 들 수 있다.

| 참고문헌 |

강봉구. 2008. 「'국가 포획' 대 '국가 자율성': 올리가르히와 관련된 러시아 권력투쟁의 사례 비교」. 한국국제정치학회. ≪국제정치논총≫, 48집 1호.

_____. 2014a. 「'강대국'으로의 복귀?: 푸틴 시대의 대외 정책(2000~2014)」. 한국외국어대학교 러시아연구소. ≪슬라브연구≫, 30권 1호.

_____. 2014b. 「러시아의 크림 병합: 신냉전인가, 포스트 소비에트 시기의 종언인가?」. 한국외국어대학교 동유럽발칸연구소/아시아중동부유럽학회. ≪동유럽발칸연구≫, 38권 2호.

미뇰로, 월터(Walter D. Mignolo). 2013. 『로컬 히스토리/글로벌 디자인』. 이성훈 옮김. 에코리브르.

박길성. 2007. 「세계화와 문화: 자본, 소통, 정체성의 긴장과 이완」. 서울대학교 국제문제연구소. ≪세계정치≫, 28집 1호.

퍼거슨, 니알(Niall Ferguson). 2010. 『콜로서스: 아메리카 제국 흥망사』. 김일영·강규형 옮김. 21세기북스.

헌팅턴(Samuel P. Huntington)·해리슨(Lawrence E. Harrison). 2001. 『문화가 중요하다』. 이종인 옮김. 김영사.

후쿠이 노리히코(福井憲彦). 2013. 『유럽은 어떻게 세계를 지배했는가?』. 송태욱 옮김. 다른세상.

Cox, Michael, G. John Ikenberry and Takashi Inoguchi(eds.). 2000. *American Democracy Promotion: Impulses, Strategies, and Impacts*. New York: Oxford University Press.

De Blij, Harm J. 2012. *Why Geography Matters More Than Ever*. New York: Oxford University Press.

Faye, Michael L., M. John., S. Jeffrey and S. Thomas. 2004. "The Challenges Facing Landlocked Developing Countries." *Journal of Human Development*, Vol. 5, No. 1, p. 41.

Ferguson, Niall. 2004. *Colossus: The Price of America's Empire*. New York: The Penguin Press.

From the Editors. 2009. "'Sovereign Democracy' and the End of History." Ab Imperio.

Fukuyama, Francis. 1992. *The End of History And The Last Man*. New York: Avon Books.

Helleman, Wendy. 2004. *The Russian Idea: In Search of A New Identity*. Bloomington: Slavica Publishers Indiana University.

Iskandaryan, Alexander. 2013.10.27. "Why Are We Drifting Apart?" Россия в глобальной политике.

Koshkin, Pavel and Dmitri Trenin. 2014.9.15. "Russia-West Rivalry Over Ukraine Is Higher Priority Than Security." *Russia Direct*.

Krastev, Ivan. 2006.11.16. "'Sovereign Democracy', Russian Style." *open Democracy*.

Lankina, Tomila and Kinga Niemczyk. 2014.4.15. "What Putin Gets About Soft Power." *Washington Post*.

Lukyanov, Fyodor. 2014.8.6. "Vladimir Putin faces dilemma over Ukraine of empire or nation-state." *Россия в глобальной политике*.

Makarychev, Andrey S. 2008. "Russia's Search for International Identity Through the Sovereign Democracy Concept." *The International Spectator*, Vol. 43, No. 2.

McDaniel, Tim. 1996. *The Agony of the Russian Idea*. Princeton: Princeton University Press.

Mead, Walter Russell. 2002. *Special Providence: American Foreign Policy And How It Changed The World*. New York: Routledge.

Muellerson, Rein. 2014.6.7. "Two Worlds-Two Kinds of International Law." *Россия в глобальной политике*.

Okara, Andrey. 2007. "Sovereign Democracy: A New Russian Idea or a PR Project?" *Russia in Global Affairs*, No. 2(July-September).

Orlov, Dmitri. 2008. "The New Russian Age and Sovereign Democracy." *Russian Politics and Law*, Vol. 46, No. 5(September-October).

Petrov, Nikolai. 2005.12. "From Managed Democracy to Sovereign Democracy: Putin's Regime Evolution in 2005." *PONARS Policy Memo*, No. 396.

RFERL. 2013.12.19. "Vladimir Ilyich Putin, Conservative Icon."

Rumer, Eugene. 2014.9.11. "What's Worse Than Vladimir Putin?" *Politico Magazine*.

Sakwa, Richard. 2008. "'New Cold War' or Twenty Years' Crisis? Russia and International Politics." *International Affairs*, Vol. 84, No. 2.

Shevtsova, Lilia. 2013.11. "The Russian Matrix: The Art of Metamorphosis." Carnegie Moscow Center.

_____. 2014.8.28. "Putin Ends the Interregnum." *The American Interest*.

Skidelsky, Robert. 2007.5.30. "Liberal Empire vs. Sovereign Democracy." *Vedomosti*.

Smith, Tony. 1994. *America's Mission*. Princeton: Princeton University Press.

Surkov, V. Iu. 2009. "Nationalization of the Future: Paragraph pro Sovereign Democracy." *Russian Studies in Philosophy*, Vol. 47, No. 4(Spring).

Trenin, Dmitri. 2014.8.4. "WWI Lessons for Today." Carnegie Moscow Center.

Weiss, Linda(ed.). 2003. *States in the Global Economy: Bringing Domestic Institutions Back in*. Cambridge: Cambridge University Press.

온라인 자료

ArmeniaNow. 2014.10.10. "Membership Treaty Signed: Armenia formally accedes to Eurasian Economic Union." http://www.armenianow.com/news57522/armenia_eurasian_economic_union_membership_deal(검색일: 2014.10.28).

Jarabik, Balazs. 2014.8.8. "Hot Summer in Ukraine." *Eurasia Outlook*. http://carnegie.ru/eurasiaoutlook/?fa=56345(검색일: 2014.10.10).

_____. 2014.9.15. "EU and Ukraine: What a Mess." *Eurasia Outlook*. http://carnegie.ru/eurasiaoutlook/?fa=56618(검색일: 2014.10.10).

Krutikhin, Mikhail. 2014.7.31. "A Mixed Blessing?" *Eurasia Outlook*. http://carnegie.ru/eurasiaoutlook/(검색일: 2014.10.10).

Mclees, Alexandra and Matthew Kupfer. 2014.7.31. "A Proxy War in Ukraine?" *Eurasia Outlook*. http://carnegie.ru/eurasiaoutlook/(검색일: 2014.10.10).

제8장

유라시아경제연합과 한국의 대유라시아 정책*

우평균

1. 서론

러시아의 푸틴 대통령은 취임 이후 자신의 '근외 지역(near abroad)' 정책의 지향을 이른바 'EEU'로 설정했다. 그 전 단계로서 경제통합에 목적을 둔 'EEU'를 염두에 두고 이를 실천하기 위해 노력을 다해왔다. 푸틴 대통령은 유럽에서 경제연합을 거쳐 'EU'라는 통합체를 실현했듯이, 러시아와 이해관계를 같이하는 과거의 소련 구성 국가들과 함께 1차적으로 경제연합을 이루고 궁극적으로 EU와 같은 공동체를 만들겠다는 야심을 일관되게 표현해왔다. EEU는 상하이협력기구, 브릭스와 더불어 세계무대에서 영향력을 확대하려는 러시아 외교정책의 역동적인 접근 방식이라고 할 수 있다.[1]

* 이 글은 2014년 ≪한국북방학회 논총≫ 18·19집에 실린 글을 수정·보완한 것이다.

1 Nicolas K. Gvosdev, "Russia's Eurasian Union: Part of a Master Plan," http://

푸틴 집권 이후 러시아가 이처럼 일관되게 유라시아 통합 지향적인 정책을 추구해온 결과, 2014년 10월에 EEU의 구성 국가가 될 수 있는 12개의 구소련 국가 중 러시아, 벨라루스, 카자흐스탄이 해당 법률안을 비준하고 대통령이 서명하는 등 구체적인 EEU 구성에 뜻을 같이했다. 이후 아르메니아가 가입했으며 키르기스스탄도 가입 예정인 상태이다. 이러한 상황은 당초 목표에 비춰볼 때 만족할 만한 것이 못 됨을 지적할 수 있다. 여기에 더해 2014년 3월부터 크림반도 및 우크라이나 동부 지역에 대한 지배권을 둘러싸고 러시아가 우크라이나 및 서방국가들과 갈등을 벌이는 대립 국면이 지속되고 있어 EEU의 형성에 부정적으로 작용하고 있다.

유라시아 지역의 외교·안보 및 경제적 측면을 러시아가 주도하는 일련의 움직임은 글로벌 정치와 국제지역 수준에서의 이슈 설정과 대응책을 마련하는 데 여러 가지 중대한 의미를 제시한다. 그것은 첫째, 러시아의 유라시아 통합이 경제적인 연합뿐 아니라 안보 면에서도 통합을 기하려는 것인지에 대한 의구심을 불러일으킨다. 만일 푸틴 대통령이 궁극적으로 경제 외에 안보·국방까지도 러시아가 주도하는 통합 질서를 구상하고 있다면 그것이 과거의 '소련 제국'과 무엇이 다른가 하는 의혹을 제기할 수 있다. 둘째, 러시아 중심의 유라시아 경제 질서 형성이 다른 지역의 경제블록 또는 경제공동체에 미치는 영향이 무엇인가에 대해 살펴볼 수 있다. 즉, EEU가 세계경제 및 지역 수준에 미치는 파급효과와 영향력을 추정하기에는 아직 이르지만, 그 가능성에 대해서는 충분히 검토할 만하다. 셋째, EAU의 전 단계로서 EEU 형성이 세계경제의 주요 축으로 떠오르고 있

nationalinterest.org/feature/russias-eurasian-union-part-master-plan-10619.

는 동북아에 어떤 영향을 미칠 것인지에 대해서도 관심을 가질 수 있다. 특히 한국이 포함된 한반도 및 한반도 주변 국가들과 경제를 중심으로 관계 및 질서에 어떤 연관성을 갖는가에 대한 고찰이 필요하다.

이 글은 상기한 관점에 입각해 EEU의 성격과 주요 특성을 중점적으로 살펴보고 한국이 지향해야 할 정책적 시사점을 도출하는 것을 목적으로 삼는다. 한국에서는 그동안 유라시아 정책이라고 할 수 있을 정도의 대유라시아 정책이 별도로 존재하지 않았다. 다만 박근혜 정부가 이른바 '유라시아 이니셔티브'라고 명명한 일종의 구상 또는 제안이 존재한다. 이 글에서는 유라시아 이니셔티브 구상을 중점적으로 살펴볼 것이다. 이를 위해 EEU의 결성 현황을 살펴보고 한국의 대유라시아 정책의 내용과 문제점을 제시할 것이다. 이를 통해 한국이 향후에 수립해야 할 정책의 주요 지향점을 제공하려 한다.

2. EEU 결성의 현황

1) EEU 결성의 배경

푸틴 대통령이 구상하는 현 단계의 EAU는 EEU를 의미하며 EEU의 모체는 유라시아 '관세동맹'이다. 관세동맹은 러시아 주도로 2010년 카자흐스탄, 벨라루스와 함께 출범했으며 푸틴의 계획대로라면 2015년까지 중앙아시아와 흑해 연안의 구소련 국가들로 확대되어 단일 통화를 사용하는 단일한 거시경제 정책을 추구하는 EEU를 결성할 예정이었다. 푸틴이 이 같은 연합체를 구상하게 된 배경에는 무엇보다도 냉전 붕괴 이후 EU가 동유럽으로 확장되고 우크라이나를 위시한 구소련 지역으로 영역을 확대하고 있다는 인식이 작용했다. 동시에 동쪽에서 급성장하고 있는 중국의 거대한 경제성장 위력과 향후 발전 가능한 잠재성이 러시아의 자각을 일깨워준 점도 한몫했다. 이러한 생존의 위기 속에서 러시아가 강력하게 추진하고 있는 EEU는 구소련 국가들을 재결합시켜 EU, 미국, 중국 등 거대 경제권과 대등하게 경쟁할 수 있는 경제 영역을 구축해서 독자적인 생존을 모색하려는 푸틴의 전략적 승부수라고 할 수 있다(박상남, 2014: 1).

CIS 회원국을 대상으로 한 관세동맹의 시초는 1995년 러시아와 벨라루스 양국 간에 체결된 관세동맹이었다. 여기에 카자흐스탄, 키르기스스탄, 타지키스탄이 가입해 2000년 EurAsEC을 구성했다. EurAsEC은 지역 내 관세동맹과 단일 통화 창설에 역점을 두었고, 특히 자유무역, 관세, 공동시장이나 생산품, 서비스와 노동, 통화동맹의 다섯 가지 분야에서의 협력에 중점을 두었다. EurAsEC에 몰도바와 우크라이나는 2002년에 가입했고 아르메니아가 2003년에 참관국으로, 2006년에는 우즈베키스탄이 회원으로 가입했다. 소련 붕괴 이후 다른 협약과 비교할 때 EurAsEC은 비교적 명확하고 구체적인 목표를 가졌으며, 목표 실현을 위한 조직을 구성했다는 점에서 특징을 지닌다.[2]

2003년에는 러시아, 벨라루스, 카자흐스탄, 우크라이나 4개국이 '공동경제구역'을 설립했다. 러시아는 지정학적 이익에 입각해 공동경제구역

---

2 Евразийское экономическое сообщество, http://www.evrazes.com/about/history(검색일: 2014.9.20).

〈그림 8-1〉 공동경제구역(CES)의 포괄 범위

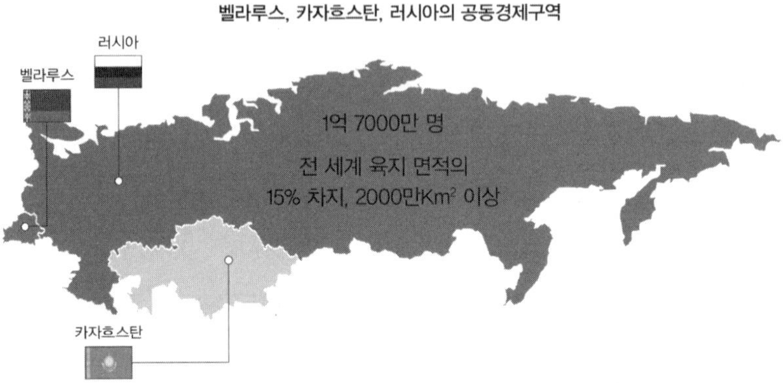

자료: Eurasian Economic Commission, http://www.eurasiancommission.org/en/Pages/ses.aspx (검색일: 2014.9.20).

을 전폭적으로 지지했다. 다른 경제통합에 비해 공동경제구역이 갖는 차별성은 이전까지 예비 단계의 경제협력을 거부했던 우크라이나가 참여한데 있다. 우크라이나는 2004년 정권 교체 이후 공동경제구역에 대해 거부 입장을 표명했다. 공동경제구역은 단일시장 실현이라는 목표는 있었지만 그 실천을 위한 구체적인 내용이 결여되었다는 큰 문제를 안고 있었다. 각국은 단일시장을 실현하기 위한 구체적인 행동 지침을 갖고 있지 않았고 참여 국가들이 단일시장에 대해 부여하는 해석도 불분명했다(박지원, 2013).[3] 결국 우크라이나가 탈퇴 입장을 명확히 하면서 2009년 11월 공동경제구역이 해체되고 이후 러시아, 벨라루스, 카자흐스탄 3국이 관세동맹 구성에 합의했다. 관세동맹은 2010년 1월에 출범했다. 관세동맹은 상품

3 박지원, 「CIS 경제통합의 전개와 한계」, ≪주간이슈분석≫(2013.7.26), www.emerics.org/boardfile.do?action=download&brdno=109(검색일: 2014.9.16).

〈그림 8-2〉 EU 대 유라시아 관세동맹 포괄 범위

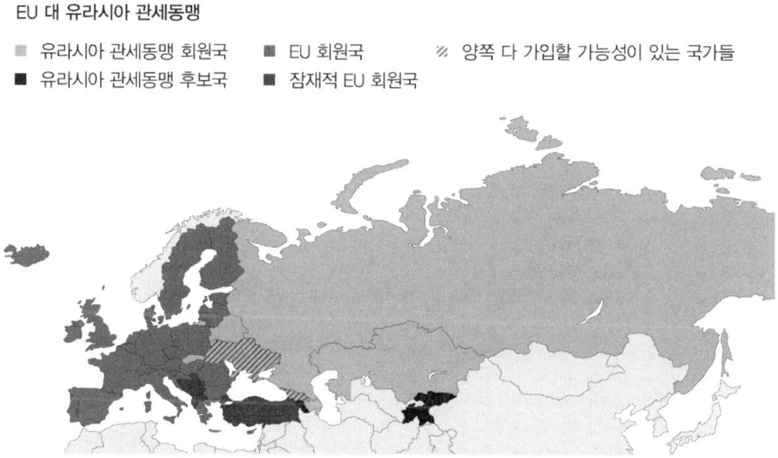

자료: "A brief primer on Vladimir Putin's Eurasian dream," http://www.theguardian.com/world/shortcuts/2014/feb/18/brief-primer-vladimir-putin-eurasian-union-trade/print(검색일: 2014.9.20).

과 사람, 서비스와 자금의 자유로운 이동을 위한 단일 공간 창설을 전제로 하는 통합의 새로운 단계였다.

관세동맹 결성에 이어 푸틴은 대선 출마 수개월 전인 2011년 10월에 언론 기고를 통해 EEU에 대한 구상을 밝히기 시작했다. 이는 러시아와 벨라루스, 카자흐스탄과 경제공동체를 설립한 이후 키르기스스탄, 타지키스탄을 동참시켜 EEU로 확대해나갈 것을 제안하면서부터다.[4] 푸틴의 구상으로 2013년 12월에 러시아, 벨라루스, 카자흐스탄 3국은 정상회담에서 EEU 추진 일정에 합의하고 2014년 5월 창설 조약을 맺으면서 EEU가 구

4 Путин, В. "Новый интеграционный проект для Евразии—будущее, которое рождается сегодня," http://izvestia.ru/news/502761#ixzz3DMv4tIUF(검색일: 2014.9.16).

제화되기 시작했다. 이 조약에는 2014년 말에 가입국 의회의 비준을 완료하고 2015년 1월에 정식 출범할 것이 명시되었다. 2014년 10월 러시아, 카자흐스탄, 벨라루스에서 각각 EEU 창설 조약의 비준에 관한 법률이 통과되고 대통령 서명이 이루어졌다. 아르메니아는 2014년 10월 10일 EEU에 참여하기 위한 협정에 서명했으며, 키르기스스탄은 2014년 말까지 가입 희망 의사를 표명했다.[5] 마침내 2015년 1월 1일 EEU가 공식 출범했으며, 2015년 2월 현재 러시아, 카자흐스탄, 벨라루스, 아르메니아가 가입한 상태다.

2) EEU 결성 현황 및 평가

앞서 보았듯이 소련 해체 이후 구소련 지역에서 경제통합 구상이 지속적으로 제기되었고 이를 실현하기 위한 노력도 계속되었다. 이러한 노력이 EEU라는 한 단계 높은 수준의 연합으로 진척될 수 있었던 데에는 푸틴의 집권이 불가분하게 연관되어 있다. EEU는 단일관세 공간 창설은 물론 거시경제와 경쟁력, 에너지, 교통의 총괄 조정까지 전제로 한다. 관세동맹 회원국들은 관세 조정 기준을 WTO 규정에 최대한 가깝게 조정했다. 이와 동시에 관세동맹과 장래 EEU 내 의사결정은 모든 회원국의 이해관계와 입장을 평등하게 고려한다는 원칙에 입각해서 이루어진다.[6]

---

5 "Nazarbaev Signs Law On Ratification Of 'Eurasian' Treaty," http://www.rferl.org/coontent/nazarbaev-ees-putin-eurasian-economic-union-belarus-treaty-law/266645.html(검색일: 2014.10.22).

6 "A brief primer on Vladimir Putin's Eurasian dream," http://www.theguardian.

〈표 8-1〉 EEU의 목표

순서	목표	내용
1	자유무역지대	자유무역지대를 구성한 회원국 간 면세 혜택. 이에 앞서 제3국에 대한 경제정책은 각자 결정
2	관세동맹	공동경제구역을 결성해 무역 장벽을 허물고 일반적인 관세 무역정책 구체화
3	단일시장 결성	상품 간의 무역뿐 아니라 서비스, 자본에 대한 자유로운 교류
4	경제연합 결성	회원국 간 대등한 경제정책 유지
5	완전 경제통합	회원국 간 통화·조세·무역·사회정책에 있어서 초국가기관을 통한 완전 경제통합

자료: "Что такое Евразийский экономический союз?," http://www.aif.ru/dontknows/file/1162396(검색일: 2014.9.22).

EEU는 원유 및 석유제품, 천연가스, 다이아몬드 등의 제품에 관한 수입 관세를 면제하고, 장기적으로 유로존과 같은 단일 통화 사용도 고려 대상으로 삼을 것이라고 밝히고 있다. 우선적으로 의약품과 의료 기기 등 관련 산업에 대한 통합 규정을 2년 내에 만들기로 합의했다.[7]

EEU 발족으로 가장 주목받은 나라는 카자흐스탄이며 특히 석유산업에 대한 협력 강화가 기대되고 있다. 이미 1992년부터 러시아, 벨라루스, 카자흐스탄 간에는 비관세로 무역을 진행시켜온 상태이며 관세동맹 발족 이후 회원국 간의 국경무역이 크게 증가했다. 러시아-카자흐스탄 국경이 CIS 내에서 가장 긴 국가 간 경계선이라는 점을 고려할 때, 동합의 초기 효

com/world/shortcuts/2014/feb/18/brief-primer-vladimir-putin-union-trade/print (검색일: 2014.9.20).

7 "유라시아로의 새로운 문 '유라시아경제연합'," KOTRA, http://www.globalwindow.org/gw/overmarket/GWOMAL020M.html?BBS_ID=10&MENU_CD=M10103&UPPER_MENU_CD=M10102&MENU_STEP=3&ARTICLE_ID=5016378&ARTICLE_SE=20302(검색일: 2014.9.20).

과는 이곳에서 가장 뚜렷하게 관측되고 있다. EEU 창설 조약 제4부에 따르면 상품시장과 금융시장에 관하여 미래에 실현될 합의 사항과 그 이행 기한이 명시되어 있다. 즉, 2025년경에는 3국 통합 금융 규제기관이 신설되며 '서명국들'은 단일화된 거시경제정책, 반독점 정책, 외환 정책 및 금융정책을 실시해야 한다. 금융 통합 및 경제정책 단일화 이후 11년 후에는 3국이 석유 및 가스 통합 시장을 형성할 것이다. 또한 러시아, 카자흐스탄, 벨라루스는 2019년경 통합 전력 시장을 조성할 계획이며 통합 의약품 시장 조성의 경우 더 빨리 진행되어 2016년 1월 1일경 마무리될 것이라고 한다.[8]

전문가들은 카자흐스탄 내 등록된 러시아-카자흐스탄 합작 기업의 수가 늘어나고 있다고 지적한다. 카자흐스탄은 행정·조세 규제 완화 조치를 통해 러시아 기업인들을 끌어들일 수 있었다. 관세동맹 발족 이후 기계 제작 부문에서 양국 협력은 카자흐스탄 내 공동 프로젝트 수립 및 생산 기지 설치 등을 통해 눈에 띄게 활발해졌다.[9]

이 같은 낙관론과 달리, 유라시아 관세동맹의 핵심 회원국인 카자흐스탄에서는 관세동맹과 경제연합 결성에 따른 경제적 실익이 적다는 비판이 제기되었다. 카자흐스탄에서 민족주의적 입장을 대변하는 세력은 관세동맹이 러시아의 제국주의적 야심을 표현하는 도구라고 비판하고 있

---

8 "Евразийский экономический союз," http://ria.ru/spravka/20140529/1009667833.html(검색일: 2014.9.22).

9 최근 3년간 관세동맹 역내교역량은 약 50%, 금액으로 230억 달러 성장했다(2013년에 교역량 662억 달러 달성). 러시아의 대외무역에서 EU와 중국의 뒤를 이어 벨라루스와 카자흐스탄이 공동 3위로 올라왔다(사모팔로바, 2014.6.6; 프릿친, 2014.1.21).

다. 이러한 주장에는 러시아와 카자흐스탄의 경제 규모가 너무 차이가 나기에 상호 호혜적인 이익을 취하기 어려운 구조이며 관세동맹이 경제적 합리성보다 지정학적 이해에 좌우되고 있다는 관점이 전제되어 있다.[10]

카자흐스탄은 관세동맹에 가입하면 역내무역이 증가할 것이라고 기대했지만 오히려 러시아로의 수출보다 수입이 커졌다. 여기에 더해 관세율 인상 품목이 증가해 수입재 가격이 상승하여 실질소득이 감소했다. 카자흐스탄은 그동안 가입을 추진해오던 WTO에도 2013년 7월 가입 불가 통보를 받았다. 관세동맹에 밝힌 관세양허와 WTO에 제출한 관세양허가 일치하지 않았기 때문이다(≪경향신문≫, 2013.10.14). 결과적으로 이 같은 사안은 카자흐스탄이 EEU의 중심 구성국으로 되는 데 부정적인 영향을 미치는 요소로 작용했다.[11]

카자흐스탄과 벨라루스는 대체로 경제적 측면에서의 지역통합 작업에만 초점을 맞추고 있는 듯하다. 이 두 나라의 지도부는 다른 사회 부문까지 모두 포함하는 통합 작업의 진행에 대해서 상당한 의문을 제기하고 있다. 특히 러시아가 지향하는 통합 작업의 목표와 방향이 자국의 주권과 독립성을 침해할 수 있다고 판단한다(한홍렬 외, 2014: 171~172). 국가주권에 관한 본질적인 문제는 향후의 진행 과정에도 영향을 미칠 수 있는 사안으로 남아 있다.

당초 공언했던 EEU 결성 시기가 가까워지자 러시아 내에서도 우려의

---

10 "Насколько значим Евразийский экономический союз?," http://inosmi.ru/russia/2014 0605/220809726.html(검색일: 2014.9.18).

11 "Евразийский союз на троих," http://www.svoboda.org/content/article/25407393.html(검색일: 2014.9.18).

목소리가 제기되고 있다. 그중에는 EEU를 체결할 때 협정에 명시되지는 않겠지만 동맹조약의 형식을 취하게 될 것이라는 견해나 당초 계획대로 경제연합을 결성하기 위해서 궁극적으로 러시아의 경제성장이 계속되어야 가능하다는 견해도 있다.[12]

경제적 측면 이외에 러시아의 EEU 정책이 대외적으로 가장 비판을 받는 점으로 러시아가 경제통합을 이용해 소련의 부활을 시도하고 있다는 의혹과 관련된 사항을 들 수 있다.[13] 이 같은 언급의 가장 대표적인 사례로서 힐러리 클린턴(Hilary Clinton) 미국 국무부 장관이 퇴임을 앞두고 구소련 지역의 통합이 미국에게는 '소련으로의 회귀(Re-Sovietization)' 시도로 보인다는 발언을 한 것을 들 수 있다.[14] 결국 러시아의 통합 정책은 지정학적으로 EU나 미국 및 중국과 같은 주변 세력으로부터 견제를 받을 수밖에 없는 여건 속에서 진행되고 있으며,[15] 러시아는 지역 강국이나 글로벌 파워를 가진 미국과 같은 국가의 의혹과 견제에도 불구하고 생존권을

---

12 "Деревянный станет золотым-Евразийский экономический союз может запустить единую валюту," http://www.gazeta.ru/business/2014/06/02/6056977.html(검색일: 2014.9.18).

13 "Eurasian Union: Putin's answer to the EU," http://www.dw.de/eurasian-union-putins-answer-to-the-eu/a-17669138(검색일: 2014.9.18).

14 Robert Bridge, "Clinton's 'Sovietization' comment attracts Kremlin's ire," http://rt.com/politics-russia-cis-peskov-371/(검색일: 2014.9.16).

15 2013년 11월 말 리투아니아의 빌뉴스에서 열린 EU의 '동부 파트너십(Eastern Partnership)' 정상회담을 둘러싸고 러시아와 EU 간에 갈등이 빚어졌고 이것이 우크라이나 사태의 시발점이 되었던 사례가 이를 입증한다. 중국은 중앙아시아 국가들을 전략적으로 중요한 에너지자원 조달 국가로 인식하고 있고, 중국의 상품 시장으로서의 가치도 중시하고 있기 때문에 러시아의 초국가적 통합체 창설 노력에 민감할 수밖에 없다.

구축하기 위해 EEU라는 야심을 포기하지 않고 있다.

3. 한국의 유라시아 정책: '유라시아 이니셔티브'를 중심으로

EEU는 추진 초기 단계에 있지만 이에 대비해 한국 정부가 수립한 구체적인 정책이나 여타 계획은 없는 듯하다. 다만 박근혜 정부가 집권한 이후에 2013년 하반기부터 거론되기 시작한 이른바 '유라시아 이니셔티브'라는 정책구상이 줄곧 회자되어왔다. 유라시아 이니셔티브는 박근혜 정부가 정부 출범 이후에 먼저 선보인 '한반도 신뢰 프로세스' 및 '동북아 평화협력 구상'을 잇는 일련의 통일 외교 안보 구상의 축이라고 할 수 있다.

한반도 신뢰 프로세스는 튼튼한 안보를 바탕으로 남북 간 신뢰 구축과 남북 관계 발전 및 한반도 평화 정착을 통해 통일 기반을 구축하려는 한국 정부의 공식 대북 정책으로 자리매김했다. 한반도 신뢰 프로세스는 남북 간 신뢰 구축을 최우선적으로 추진하면서 그 목표로 남북 관계 발전, 한반도 평화 정착, 통일 기반 구축을 설정하고 있다. 이를 위한 추진 과제로는 신뢰 형성을 통한 남북 관계 정상화, 한반도의 지속 가능한 평화 추구, 통일 인프라 강화, 한반도 평화 통일과 동북아 평화 협력 선순환 모색을 추구하고 있다(통일부, 2013: 7~8).

동북아 평화 협력 구상은 동북아 지역에 다자 협력의 질서를 만들어가기 위한 '과정(process)'을 의미한다. 이 구상은 동북아 국가 간 협력의 관행을 수립하기 위해서는 '신뢰'를 구축해야 한다는 점을 강조하고 있다. 신뢰 구축을 위해서는 재난 구호, 초국가적 조직범죄, 환경, 에너지 문제

같은 '비전통 연성 안보' 의제를 중심으로 동북아 지역 내 국가 간에 당장 논의가 가능한 이슈들부터 대화를 풀어갈 것을 전제하고 있다. 다자간 대화와 협력을 통한 신뢰 구축 메커니즘을 통해 지속 가능한 평화와 번영의 기반을 확보하고, 북한의 국제사회 참여를 유도하며 북핵 문제 해결에 기여하고자 하는 목표를 제시하고 있다.

한반도 신뢰 프로세스와 동북아 평화협력 구상은 상호 관계로 볼 때, 박근혜 정부가 추진하고 있는 신뢰 외교의 중요한 축을 구성한다고 강조되어 있다. 동북아 평화협력 구상은 한반도 신뢰 프로세스를 견인하면서 상호 추동하는 역할을 하고 있다. 즉, 동북아에서 신뢰가 회복되고 지역 평화에 대한 비전을 공유하게 된다면 역내 국가들도 북한의 변화를 이끌어 내려는 한반도 신뢰 프로세스에 자연스럽게 동참할 수 있을 것으로 간주하고 있다(외교부, 2014: 6~25).

2013년 10월 16일 서울에서 개최된 국제회의를 통해 박근혜 대통령이 제안한 유라시아 이니셔티브는 유라시아를 하나의 대륙, 창조의 대륙, 평화의 대륙으로 만들어나가기 위해 새로운 소통과 협력을 모색하려는 방안의 일환으로 제기되었다.[16] 이를 구체화하기 위해 부산에서 출발해 북한, 중국, 러시아, 유럽을 관통하는 전력망, 가스관, 송유관 등 인프라 연계 및 공동 자원 개발을 핵심 내용으로 하는 '유라시아 에너지 네트워크'

---

16 박근혜 대통령은 2002년 당시, 북한 김정일 국방위원장과 만나 남북 철도 연결 사업에 대해 의견을 교환한 뒤 유라시아 철도 연결에 강한 의지를 보였다. 2004년 총선, 2007년 대선후보 경선, 2012년 12월 대선 때까지 유라시아 철도 건설은 단 한 번도 빠진 적 없는 공약이다. 결국 2013년 10월 18일 발표된 '유라시아 이니셔티브'는 박 대통령이 10년 넘게 구상해온 유라시아를 향한 꿈의 종합판이라고 할 수 있다(≪동아일보≫, 2013.10.19).

〈그림 8-3〉 유라시아 이니셔티브 개념도

자료: ≪동아일보≫, 2013.10.19.

구축을 주장했다. 또한 한·중·일 FTA를 가속화하고 역내포괄적경제동반자협정(Regional Comprehensive Economic Partnership: RCEP), 환태평양경제동반자협정(Trans-Pacific Partnership: TPP) 등 개별 협정과의 연계를 통한 EU와 유사한 단일시장 구축을 제안했다(≪조선일보≫, 2013.10.17).

유라시아 이니셔티브는 앞서 언급했듯이 3개의 개념을 기본 축으로 설정하고 있다. 첫째, 유라시아 내 끊어진 물류 네트워크를 연결하고 교류를 가로막는 물리적 장벽을 극복해 하나의 대륙을 만들고 둘째, 유라시아인들의 창의성이 발휘되고 산업과 기술 및 문화가 융합될 수 있는 환경을 조성해 새로운 경제가 창출되고 새로운 문화가 어우러지는 시대를 열어나가는 창조의 대륙으로 만든다. 셋째, 유라시아 시대의 경제 통상과 문화 교류를 가로막는 안보 위험을 해결하는 평화의 대륙을 건설하자고 제시하고 있다.[17]

유라시아 이니셔티브는 한반도 신뢰 프로세스 및 동북아 평화협력 구상과 내적인 논리적 연관성을 지닌 것으로 강조되고 있다. 핵심적인 장애요인인 한반도 분단 현실 속에서 유라시아 이니셔티브가 성공하기 위해서는 한반도 신뢰 프로세스가 성과를 도출해야 한다. 유라시아 이니셔티브 구현을 위한 과제들이 대부분 남북한 간의 협력과 북한의 개혁·개방을 전제로 하기 때문이다.

유라시아 이니셔티브와 동북아 평화협력 구상은 양자 모두 신뢰 외교의 구체적 표현인 데 반해, 각각 유라시아와 동북아라는 지역을 대상으로

17 "'유라시아 이니셔티브'로 향하는 첫걸음," http://blog.president.go.kr/?p=25214(검색일: 2014.9.17).

하고 있다는 차이점을 가진다. 유라시아 이니셔티브는 유라시아라는 더 넓은 차원에서 정치, 안보, 경제, 문화를 아우르는 분야에서 협력을 확대하자는 더욱 광범위한 구상으로 인정되고 있다(외교부, 2014: 32).

한국 정부의 유라시아 이니셔티브 구상은 한국의 대유라시아 그랜드 전략으로서 나름대로 의미를 갖고 있으면서 동시에 일각에서 우려가 제기되는 등 장점과 단점을 동시에 지니고 있다. 그 각각의 측면을 살펴보면 다음과 같다.

유라시아 이니셔티브가 가진 의미는 크게 두 가지로 볼 수 있다. 첫째, 유라시아 이니셔티브는 정부 차원에서 처음으로 '유라시아'라는 개념을 사용해 한국의 대외 경제 진출의 활로를 모색했다는 점에서 의의가 있으며, 또한 통일 시대를 대비한다는 측면에서 시대적으로 시의성을 지니고 있다고 평가된다. 즉, 한국 외교가 오랫동안 막혀 있던 북방을 외교의 대상으로 인식한 이후 노태우 정부 이래 진행되었던 오랜 논의가 외교적 비전으로 정립되고, 실현과 가시적인 성과를 맺기 위한 노력을 기울이기 시작했다는 점을 의미한다(신범식, 2014: 21).

둘째, 유라시아 이니셔티브는 유라시아 물류 네트워크를 형성해 중국, 러시아와 경제적 협력을 강화함으로써, 동북아 전반의 경제력을 확대해 자연스럽게 북한의 시장을 열어 남북한 간 평화적 교류 협력의 기반을 구축하겠다는 의도가 전제되어 있다. 이 자체는 과거 남북한 간 직접적인 협력을 통해 북한의 변화를 기대했던 정책과 사안이 다르긴 하지만, 6자회담 같은 핵문제를 위시한 안보 현안에서 접근했던 정책과 비교할 때 주변국과의 관계를 통해 북한 문제를 풀어나간다는 점에서 합리적이라는 평가도 가능하다. 이 정책은 현재 북한이 가진 의도, 다시 말해 남북 관계에서 한국의 대북 정책 목표에 반발하면서 자신이 원하는 대로 지원을 해주길 원하는 북한의 반응과 관계없이 북한을 우회해 북한에 우호적인 중국이나 러시아 같은 주변국들과 경제협력을 강화하는 것을 말한다. 그렇게 함으로써 북한에 자연스럽게 영향을 미치도록 하겠다는 전략은 한국의 역대정권이 대체로 북한에 직접 촉구하거나 접촉해 대북 관계의 가시적인 성과를 만들어내고자 했던 노력과 비교해볼 때, 정권의 이익에 연연하지 않고 장기적으로 북한의 변화를 유도했다는 점에서 의의가 있다.

반면 유라시아 이니셔티브에 대해 우려되는 사항은 다음과 같이 요약할 수 있다. 첫째, 정치적·외교적 측면에서 유라시아 이니셔티브 구상에 대한 염려는 전통적인 한국의 대외 전략 기조가 '해양 지향적'인 데 반해, 유라시아 이니셔티브는 '대륙'에 편중하는 대외 협력을 명시하고 있다는 것이다. 게다가 이 구상 자체도 사실상 새로운 것이 아니라, 이미 여러 정부에 의해 반복적으로 주창되었던 구상 또는 개념을 재포장한 것에 다름 아니라는 점이 제기된다.

그간 한국 외교가 구축한 미국, 일본 등 해양 국가들과의 협력 관계를 유지하면서 중국, 러시아, 중앙아시아 등 대륙 국가와 연계성을 강화한다는 취지가 유라시아 이니셔티브 구상 속에 깃들어 있다는 점은 기본적으로 부인하기 어렵다. 그러나 이는 그렇게 단순한 문제가 아니다. 20세기에 이룩한 한국의 성장 동력은 대외적으로 볼 때, 태평양을 지향하는 대외진출을 가속화한 결과이며, 특히 미국을 제외하고는 설명하기 어려운 구조 속에 놓여 있다.

이와 더불어 또 한 가지 문제는 유라시아 이니셔티브 구상이 제시된 시점이 가진 시의성에 관한 것이다. 2013년 말에 처음 공개된 유라시아 이니셔티브 구상은 미국이 주도하는 '환태평양경제동반자협정'에 한국이 참여 의사를 밝히지 않은 상태에서 이뤄졌다. 이는 중국이 주도하는 '역내포괄적경제동반자협정'을 TPP와 함께 묶어 연계하겠다는 것으로 이때 동북아 인프라의 토대 구축이 함께 언급되었다. 중국이 후원자인 RCEP는 미국이 주도하는 TPP에 대항해 등장한 것으로서 박근혜 정부는 양자를 병렬적으로 놓은 데 이어, 유라시아 이니셔티브라는 단일시장 구상을 내세웠다. 이로 인해 미국, 일본 등의 이익과 반대되는 정책을 한국이 추구한다는 인상을 남길 수 있으며 아직 추진되지도 않은 장기적인 비전에 대한 구상만 갖고 외교적 손실을 초래할 수도 있다는 점이 지적된다.

유라시아 이니셔티브 구상은 김대중 정부의 '철의 실크로드 계획'과 노무현 정부의 '동북아 평화 번영 정책'과 유사한 측면을 지닌다. 특히 부산·서울·평양·블라디보스토크·파리·런던을 철도로 연결하고 출발지를 부산으로 정해 유럽과 한반도를 관통하는 철도를 만들겠다는 구상, 그리고 북한을 경유하고 러시아를 거쳐 중국 및 몽골과 연결하겠다는 구상 자체는 김대중 정부나 박근혜 정부의 공통된 취지이다. 단지 차이점을 든다면 유라시아 이니셔티브 구상에서 전제로 삼고 있는 "실크로드 익스프레스(SRX)"가 철도를 축으로 해서 해상, 도로, 항공이 결합된 경쟁력 있는 국제 복합수송망을 구축하는 데 비해 '철의 실크로드'는 단일 운송 수단을 가정하고 있다는 점이다(안병민, 2014.1.2: 17).

둘째, 유라시아 이니셔티브 추진 체계와 관련한 문제를 들 수 있다. 이와 관련해 일반적으로 거론되는 것은 유라시아 이니셔티브 구상이 말 그대로 구상 수준일 뿐, 뚜렷한 마스터플랜이나 전략 없이 구호에만 의지해 피상적인 정책이 추진되거나 일관된 거버넌스 체계 속에서 단계적·종합적으로 추진되지 않을 것을 우려한다. 이 같은 관점에서 거대 플랜을 구체화할 만한 작은 단위의 투자가 동시에 구상되어야 한다는 지적도 있다. 즉, 극동 러시아 진출을 추진하는 데 가장 문제가 되는 현지의 물류 인프라 및 서비스 부족 문제를 해결하거나 최소화할 수 있는 방안을 모색해야 한다는 점이 제기되는데, 이를 위해 항만 배후 지역에 대한 선행적 투자가 대안이 될 수 있다는 견해도 제시되고 있다(이성우, 2014.5.15).

그 밖에 유라시아 이니셔티브 개념 자체가 가진 문제점이 거론되기도 한다. 앞서 유라시아 이니셔티브와 동북아 평화협력 구상은 모두 신뢰 외교의 구체적 표현인 데 반해, 각각 유라시아와 동북아라는 지역을 대상으로 한다는 특성을 갖고 있다는 정부 측의 설명을 밝힌 바 있다. 그런데도 양 개념 간의 연관성 자체가 모호하다는 점이 남아 있다. 이런 점에서 동북아 평화협력 구상과 유라시아 이니셔티브 사이의 간극을 메우는 과제가 시급하다는 견해가 존재한다(신범식: 2014: 21~22).

한국 정부의 대표적인 유라시아 정책이라고 할 수 있는 유라시아 이니셔티브 구상의 내용과 장단점 등을 평가했지만, 이 구상은 한국이 꿈꾸는 유라시아 진출 및 협력안이라는 점에서 러시아가 주도하는 EEU와 공통점을 추출하기 어려운 상태이다. 한국은 EEU에 대해 정리된 공식 입장을 갖기에는 이른 상태인 데 반해, 러시아의 정부 관리들은 수차례, 한국의 유라시아 이니셔티브에 대해 환영의 뜻을 밝힌 바 있다. 따라서 양자는 현재 공동의 사유를 위한 준거점을 가지고 있지는 않지만, 한·러 관계가 좀 더 호혜적인 협력 관계를 지향한다면 양자 간 접합점이 생길 수 있는 여지도 있다. 다만 현재까지 유라시아 이니셔티브는 담론 수준에 머물러 있기에 EEU 창설과 유라시아 이니셔티브 간의 연계 방안 역시 구체화되기 어렵다는 한계를 갖는다(한홍렬 외, 2014: 204~206). 향후 EEU의 진로와 연관해 한국이 취할 수 있는 정책적 시사점을 제시하면 다음과 같다.

4. 정책적 시사점

EEU와 유라시아 이니셔티브를 연관해 생각할 때 제시할 수 있는 정책적인 시사점은 다음과 같다.

첫째, EEU와 한국의 경제적 연관성을 구체화하기 이전에 한국과 러시아 간 경제협력의 제도적 차원을 높이는 작업이 선행되어야 한다. 이를테면 과거에 한국과 러시아 간에 논의가 진행되었던 FTA 체결을 위한 검토부터 다시 실행하는 등 아직 한·러 간에 해결해야 할 현안이 많이 산적해 있고, 이를 해결하거나 최소화하려는 움직임이 지속될 필요가 있다. 사실 FTA의 경우, 과거에 검토 단계에서 중단되었다가 다시 논의의 움직임이 나타나고 있지만, FTA를 통해 한·러 간에 호혜적인 이익을 공유하기가 쉽지 않기 때문에 종국적으로 FTA의 성사 여부를 판단하는 것도 쉽지 않다(우평균, 2012: 127~153). 한·러 FTA 논의가 그동안 진척되지 못한 것은 러시아가 자국 산업의 피해를 우려해 협상을 일방적으로 중단했기 때문이다. 러시아가 판단할 때 한국이 얻을 이익에 비해 러시아의 이익이 상대적으로 적고 자국의 제조업 시장을 개방해야 한다는 부담감이 크게 작용했기 때문이다. 그러나 WTO 가입 이후 러시아 산업계 및 정부 측의 일부 인사들은 한·러 FTA 체결을 공개적으로 지지한다는 입장을 밝힌 바 있다.[18]

둘째, 유동적인 대외 전략과 더불어 국제 정세의 흐름을 반영해 유라시아 이니셔티브 및 내유라시아 정책이 시행되어야 한다. 유라시아 이니셔티브는 장기적 비전의 성격이 강하고 구체적인 단계별 계획이 부재하다. 더구나 장기 계획을 실현하는 과정에서 예기치 못한 국제 정세의 변화로 인해, 계획을 실행하는 데 난관에 부딪힐 가능성도 얼마든지 존재한다. 2014년 2월 이후 우크라이나에 대한 러시아의 개입 때문에 미국 및 서방 국가들로부터 러시아가 경제제재를 받고 있는 상황도 이에 해당된다. 따라서 장기 계획의 실현 자체에 매달리기보다 상황에 맞는 임기응변적인 방도를 수립해서 현상을 타개해나가려는 노력이 요구된다.[19]

유라시아 이니셔티브는 처음에 러시아와의 경제협력을 염두에 두고 추진되었다. 그 결과 2014년 2월 외교부가 유럽국 산하에 가칭 남·북·러 3각 협력 태스크포스(TF)를 신설했고, 통일부도 한·러 경제협력을 기조로 유라시아 이니셔티브 TF를 출범시킨다고 밝힌 바 있다. 그러나 아직 구체적인 사업 추진 성과는 알려진 바 없다. 일각에서는 당초에 러시아를 주 협력 대상으로 설정하고 구상했던 유라시아 이니셔티브가 러시아와의 협력이 여의치 않게 되자, 중국이나 중앙아시아와의 협력을 강화하는 데로 선

18 이와 관련해 한국이 러시아의 적극적 참여를 유도하기 위해 한·러 FTA에 에너지와 러시아 극동 개발 협력을 포함시키는 것이 필요하다는 견해가 일각에서 제기되고 있다. 한·러 FTA를 통해 러시아산 천연가스 도입을 보장하고 관세 인하 및 기타 규제가 완화된다면 한·러 FTA를 매개로 러시아는 극동 개발에 필요한 한국 정부와 기업의 투자를 적극 유치할 수 있다고 강조하고 있다(조한범 외, 2013: 35~37).

19 이와 관련해 2014년 7월 4일 서울에서 열린 박근혜 대통령과 시진핑 주석의 방한 회담 중 박근혜 대통령이 한국의 '유라시아 이니셔티브'와 중국의 '신실크로드 구상' 간에 연계를 모색할 필요가 있다고 언급하자, 러시아는 한국이 나진-하산(Khasan)을 통과하는 시베리아 횡단철도(TSR) 대신 신의주를 지나 중국과 몽골을 관통해서 이르쿠츠크로 가는 중국 횡단철도(TCR)에 투자할 것으로 계획을 선회한 것 같다는 관측을 하기도 했다(≪아시아투데이≫, 2014.7.28).

회하는 것에 대해 비판적인 시각으로 바라보고 있다. 그러나 상황이 여의치 않은 상태에서는 때론 우회하는 융통성도 필요하다고 여겨진다. 특히 서방의 제재를 받고 있는 러시아와는 기존의 협력 관계를 해치지 않는 범위 내에서 국제사회의 요구에 발맞추어 나가는 것이 중요하다. 또한 러시아가 현실적인 협력 대상이 되기 어려운 상황에서는 우회하여 중앙아시아와의 협력 강화를 가일층 추진하는 것도 하나의 방편이 될 수 있다. 유라시아의 국제 협력이 한국만의 구상은 아니라는 점에서 관련 국가 및 정부 간 기구를 포함해 여러 행위자를 고려한 한국의 정책적 추진 방향 설정이 필요할 것이다(조한범 외, 2013: 147~148). 한반도처럼 주변 국가의 이익이 교차하는 지역에서는 변화하는 국제 정세의 흐름을 간파하고, 그 흐름에 맞춰 우리의 대외 전략을 수정하는 능력이 요구된다.

셋째, 만일 한국의 EEU 참여 여부를 차후에 고려하게 된다면 면밀한 검토가 요구된다. EEU에 한국이 참여할지에 대해 국내에서는 회의적인 시각이 대세를 이루고 있다. 이 같은 시각의 근거로는 첫째, EEU의 성공 여부와 경제적 효과의 불투명성, 둘째, EEU를 EU에 대항적인 기구로 간주하려는 시각과 연계해 한·미관계에서 한국 정부가 직면할 정치적·외교적 부담, 셋째, 한국과 지역적·지리적 연관성이 다르다는 심리적 거리감, 넷째, 한국 참여에 대한 러시아 등 회원국의 찬성 여부 등을 들 수 있다(박상남, 2014). 유라시아라는 지리적 범위에 따라 향후 EEU 회원국이 CIS 외에 중국, 몽골, 이란 등으로까지 확대될 수 있다는 견해도 나오고 있지만 (Gleason and Marat, 2005: 275~277; 김병호, 2012: 121) 아직까지는 불명확하다. 따라서 아직 EEU 자체가 결성되어 궤도에 오른 상태도 아닌 만큼 EEU가 갖는 한계를 좀 더 면밀하게 조사할 필요가 있다.

5. 결론

이 글에서 러시아가 중심이 되어 추진하는 EEU의 현황과 한국의 대유라시아 정책이 가진 중심 문제들을 살펴보았다. 이를 통해 알 수 있는 점은 러시아 중심의 유라시아 통합 체제 형성과 한국이 미래 전략으로 구상한 유라시아 이니셔티브 간에 직접적인 연관성이 거의 없다는 것이다. 이 같은 현상의 근본적인 이유는 양자의 배경과 목적 및 내용의 상이성이다. 즉, 러시아가 EEU를 형성한 목적은 구소련 지역 국가들을 중심으로 경제통합을 이루어내려는 데 있으며 회원국 간 경제통합의 요건을 만들어내고 실현하는 데 있다. 반면 한국의 유라시아 이니셔티브는 물류를 중심으로 동북아 영역을 거쳐 유럽으로 연결되는 네트워크를 한국에서부터 시작하는 데 중점을 두고 있다. 따라서 러시아는 유라시아 이니셔티브가 실현되는 데 가장 중요한 중심에 자리한 나라로서 러시아와의 협력 없이 유라시아 이니셔티브 구상은 실현되기 어려울 정도로 비중 있는 국가임에 틀림없다. 그러나 러시아 역시 유라시아 이니셔티브에 있어 물류 네트워크상 하나의 구성 국가이다. 다행히도 러시아가 한국의 유라시아 이니셔티브 구상에 대해 긍정적인 반응을 계속 보여주고 있다는 점에서 고무적으로 판단할 수 있는 근거로 삼을 수 있다.

한국은 통일 시대를 대비하고 대외적 진로를 새롭게 모색하기 위해 북방 진출을 고려하는 단계에서 유라시아와의 관계에 대해 종합적인 사고를 해야 할 시점이 되었다. 이미 박근혜 정부의 북방 네트워크 틀 안에서 유라시아 이니셔티브를 제창하고 이를 실현하기 위한 예비적인 조치로 시행되는 것들이 있다. 북한의 나진과 러시아의 하산을 잇는 철도 복구 및 나진항 제3부두 현대화에 대한 한국과 러시아의 철도 및 항만 협력 사업이 대표적인 사업이다. 이에 유라시아 이니셔티브 1단계에 해당되는 출발이라고 의미를 부여하는 해석도 존재하지만 아직까지 한국은 부분적으로만 참여하는 실정이다. 러시아가 한국과 북한 사이에서 양쪽과 계약을 맺고 자신의 사업을 수행하는 등, 양자 협의를 주축으로 사업이 추진되고 있기 때문이다.

한국의 유라시아 진출 프로젝트는 단기간 내에 이뤄질 수 있는 성격의 사업이 아니다. 따라서 신정부의 대외 진출 전략으로 정부가 바뀔 때마다 구상을 새롭게 해 추진하기보다는 여야 합의와 국민적 동의에 바탕을 둔 국가 차원의 전략으로 유라시아 진출 안을 성립하고 계획해서 일관되게 추진할 수 있는 계기를 조성할 필요가 있다. 이를 위해서는 한국의 역대 정부가 그동안 제기했던 대외 정책 구상들과 조화를 이루는 것이 필요하다. 모든 역대 정부의 유사한 정책들이 한국의 대외관계 지평을 넓히기 위해 구상되었던 만큼, 유라시아 이니셔티브 같은 구상도 동북아 평화협력 구상과 맥을 같이하면서 한국의 역대 정부가 추진한 외교의 영역 확대와 연장선상에서 실현되어야 한다(조한범 외, 2013: 149~150). 또한 철의 실크로드나 유라시아 이니셔티브 같은 상징적인 표현을 활용해서 비전을 제시하면 대국민 홍보에는 유리한 측면이 있지만, 명칭에 관계없이 북방 정책의 일환으로 확립해나가는 과정도 필요하리라고 본다.

| 참고문헌 |

김병호. 2012.「'유라시아연합'의 정체성과 실현가능성: 향후 설립에 따른 정치·경제적 효과를 중심으로」. 서울대학교 러시아연구소. ≪러시아연구≫, 22권 1-1호.

박상남. 2014.「'유라시아경제연합'을 위한 변론과 한국의 참여 가능성」, ≪유라시아 시사분석≫, 27호.

사모팔로바, 브즈글라드. 2014.6.6. "EEU 출범으로 유라시아 경제통합 가속화." ≪RUSSIA 포커스≫.

신범식. 2014.「동북아 초국경 소지역 협력과 지역의 발명: "유라시아 이니셔티브" 실천 방향성에 대한 함의」. 제주평화연구원. ≪JPI 정책포럼≫, No. 2014-18.

안병민. 2014.1.2.「북방협력의 새로운 이정표, 유라시아 이니셔티브 실천하려면?」. ≪민족화해≫, 66호.

우평균. 2012.「러시아의 FTA 정책과 한·러 FTA」. ≪한국북방학회 논총≫, 17집.

이성우. 2014.5.15. "유라시아 이니셔티브, 첫 단추부터 잘 꿰어야." ≪한겨레 뉴스≫. 전문가 기고.

조한범 외. 2013.『유라시아 이니셔티브 구현을 위한 한·러 협력 방안』. 통일연구원.

통일부. 2013.『한반도 신뢰프로세스』. 통일부.

프릿친, 스트니슬라브. 2014.1.21. "유라시아경제연합(EEU) 출범을 바라보는 두 가지 시각." ≪RUSSIA 포커스≫.

한홍렬 외. 2014.『EEU 출범과 유라시아 국제관계 변화』. 대외경제정책연구원.

Gleason, Gregory and E. Marat. 2005. "Collective Security and Non-State Actors in Eurasia." *International Studies Perspectives*, Vol. 6, No. 2.

신문 기사

≪경향신문≫. 2013.10.14. "푸틴의 '유라시아연합 꿈' 깨지나".

≪동아일보≫. 2013.10.19. "박대통령, '유라시아 단일시장 만들자'".

≪아시아투데이≫. 2014.7.28. "유라시아 이니셔티브, 러 중심에서 중 중심으로 바뀌나?".

≪조선일보≫. 2013.10.17. "동북아 전력망·가스관·송유관 연결하자".

온라인 자료

박지원. 2013.7.26.「CIS 경제통합의 전개와 한계」. ≪주간이슈분석≫. http://www.emerics.org/boardfile.do?action=download&brdno=109(검색일: 2014.9.16).

외교부. 2014. 「동북아 평화협력구상: 아시아 패러독스를 넘어 평화협력의 동북아로」. http://www.mofa.go.kr/image/main/mofa_asiapeace.pdf(검색일: 2014.9.17).
청와대 블로그. "유라시아 이니셔티브'로 향하는 첫걸음." http://blog.president.go.kr/?p=25214(검색일: 2014.9.17).
KOTRA. "유라시아로의 새로운 문 '유라시아경제연합'." http://www.globalwindow.org/gw/overmarket/GWOMAL020M.html?BBS_ID=10&MENU_CD=M10103&UPPER_MENU_CD=M10102&MENU_STEP=3&ARTICLE_ID=5016378&ARTICLE_SE=20302(검색일: 2014.9.20).

"A brief primer on Vladimir Putin's Eurasian dream." http://www.theguardian.com/world/shortcuts/2014/feb/18/brief-primer-vladimir-putin-union-trade/print(검색일: 2014.9.20).
Bridge, Robert. 2012.12.19. "Clinton's 'Sovietization' comment attracts Kremlin's ire." http://rt.com/politics-russia-cis-peskov-371(검색일: 2014.9.16).
Eurasian Economic Commission. http://www.eurasiancommission.org/en/Pages/ses.aspx(검색일: 2014.9.20).
"Eurasian Union: Putin's answer to the EU." http://www.dw.de/eurasian-union-putins-answer-to-the-eu/a-17669138(검색일: 2014.9.18).
Gvosdev, Nicolas K. 2014.6.7. "Russia's Eurasian Union: Part of a Master Plan." *The National Interest*. http://nationalinterest.org/feature/russias-eurasian-union-part-master-plan-10619(검색일: 2014.9.20).
"Nazarbaev Signs Law On Ratification Of 'Eurasian' Treaty." http://www.rferl.org/coontent/nazarbaev-ees-putin-eurasian-economic-union-belarus-treaty-law/266645.html(검색일: 2014.10.22).
"Деревянный станет золотым-Евразийский экономический союз может запустить единую валюту." http://www.gazeta.ru/business/2014/06/02/60h56977.html(검색일: 2014.9.18).
"Евразийский союз на троих." http://www.svoboda.org/content/article/25407393.html(검색일: 2014.9.18).
"Евразийский экономический союз." http://ria.ru/spravka/20140529/1009667833.html(검색일: 2014.9.22).
"Евразийское экономическое сообщество." http://www.evrazes.com/about/history(검색일: 2014.9.20).
"Насколько значим Евразийский экономический союз?" http://inosmi.

ru/russia/20140605/220809726.html(검색일: 2014.9.18).
Путин, В. 2011.10.3 "Новый интеграционный проект для Евразии－будущее, которое рождается сегодня." *Политика*. http://izvestia.ru/news/502761#ixzz3DMv4tIUF(검색일: 2014.9.16).
"Что такое Евразийский экономический союз?" http://www.aif.ru/dontknows/file/1162396(검색일: 2014.9.22).

찾아보기

ㄱ

ㄴ

ㄷ

기타

지은이(수록순)

김영진

고려대학교 경제학과 경제학사

고려대학교 대학원 경제학 석사 및 박사

러시아 모스크바대학교 경제학부 교환연구원

영국 옥스퍼드대학교 St. Antony's College, Senior Associate Member

현 한양대학교 아태지역연구센터 HK교수

주요 논저 「러시아의 현대화, 지역정책, 그리고 극동지역 개발」(2014), 「러시아 자본주의의 형성과 발전: 석유·가스에 대한 의존과 국가-기업 관계를 중심으로」(2014), 「러시아의 시장경제화 과정에서 SNA로의 제도 이행의 경험에 대한 연구」(2013), 「소비에트 구성 공화국간 경제적 상호의존: 경제통합도와 자본이전을 중심으로」(2012), 『유라시아의 체제전환과 경제발전』(공저, 2012), 『한·중앙아시아 인적자원의 교류현황과 활성화 방안』(공저, 2011), 『유라시아 권위주의』(공저, 2011), 「유라시아 국가의 체제전환 불황과 경제성장 회복에 대한 연구」(2011), 「유라시아 국가의 권위주의와 경제발전: 민주화와 경제성장 간의 관계를 중심으로」(2010)

성원용

연세대학교 공학사

러시아 상트페테르부르크 국립대학교 경제학 석사

러시아 상트페테르부르크 국립대학교 경제학 박사

한국교통연구원 책임연구원

현 인천대학교 동북아국제통상학부 부교수

주요 논저 「러시아 농업개혁의 패러독스: 개인부업농과 상품·화폐관계의 공존은 가능한가」(2011), 「러시아 극동·자바이칼지역 개발 프로그램과 동북아 지역 협력」(2012), 「푸틴주의와 러시아 국가자본주의: 역사적 기원과 현대적 변용」(2014), 『체제전환 비용·편익 사례연구』(공저, 2011), 『CAREC(Central Asia Regional Economic Cooperation)의 현황과 한국의 협력방안』(공저, 2012), 『러시아 극동 바이칼 지역의 개발과 신북방경제협력의 여건』(공저, 2013)

이상준

러시아 IMEMO 경제학 박사

현 국민대학교 국제학부 교수

주요 논저 「러시아 권위주의 시장경제의 발전과 국제자본의 역할」(2014), 「'더 커지는' 러시아 경제공간과 한국의 경제협력 전략」(2014), 「러시아 경제와 현대화 전략: 주요 산업발전 전략과 정책」(2014), 『러시아를 움직이는 힘』(공역, 2013), 「국가는 우리에게 무엇을 해주어야 하는가? 모스크바 시민들의 국가에 대한 기대」(2013), 「체제전환 국가의 산업다각화 전략과 한국의 개발협력방안」(2013), 「Aid Effectiveness in Practice: A Case Study on the National Data Center in Mongolia」(공저, 2013), 「Russian Big Business Facing Challenges of the Global Crisis」(공저, 2013), 「Democracy and Economic Growth in Post-Communist Transition Countries」(공저, 2013), 「소련 및 동구권 몰락의 국제정치경제: CMEA를 중심으로」(2013), 「OECD DAC 성과평가기준을 이용한 ODA 평가: 한베산업기술학교 사례」(공저, 2012), 「Fiscal Federalism and Regional Economic Growth in Russia during 2000~2007」(공저, 2012), 『중·러 관계와 한반도』(공저, 2012), 「Entrepreneurship and Regional Economic Growth in Russia」(2012), 『글로벌 전망 2030: 러시아의 전략적 시각』(공역, 2012)

김상원

한국외국어대학교 러시아어과 문학사

한국외국어대학교 러시아동유럽 지역학과 석사

모스크바 국립대학교 경제학부 경제학 박사

현 국민대학교 국제학부 조교수

주요 논저 「유라시아경제연합과 중앙아시아」(2014), 「푸틴 시기 러시아 경제성장 요인」(2014), 「러시아 사유화와 기업시스템의 변화」(2013), 「러시아 노동시장 변화와 고용정책」(2012), 『중·러 관계와 한반도』(공저, 2012)

우준모

한국외국어대학교 대학원 정치외교학과 졸업, 정치학 박사

두뇌한국 21(BK21) 한국외국어대학교 정치외교학과 지역연구전략개발팀 박사 후 전임연구원(2004~2006)

우즈베키스탄 국립 동방학대학교 세계경제 및 국제관계학부 교수(2007)

현 선문대학교 국제관계학과 교수

주요논저 「쿠릴열도를 둘러싼 러시아와 일본의 영토갈등 쟁점과 함의」(공저, 2014), 「러시아의 영토의식과 지정학적 경계설정: 중국과의 국경설정 사례분석」(2012) 외 다수

박지원

한국외국어대학교 학사

한양대학교 국제학대학원 석·박사(러시아·유라시아 경제전공)

한국외국어대학교 연구교수

현 대한무역투자진흥공사(KOTRA) 연구위원

주요논저 『중앙아시아-투르크 경제권: 협력을 넘어 상생으로』(공저, 2014), 「우크라이나의 천연가스 에너지보조금 지급과 경제적 함의」(2015), 「우즈베키스탄의 수입대체공업화 전략: 자동차 산업의 사례분석」(2014), 「러시아 신 경제특구와 산업클러스터 전략」(2014), 「대외고립영토의 관점에서 본 칼리닌그라드의 경제성장과 발전」(2014)

강봉구

한양대학교 정치외교학과 정치학사

러시아학술원 산하 IMEMO(세계경제·국제관계연구원) 정치학 박사

현 한양대학교 아태지역연구센터 HK교수

주요 논저 『현대러시아 대외정책의 이해』(1999), 「러시아의 크림병합: 신냉전인가, 포스트 소비에트 시기의 종언인가?」(2014), 「'강대국'으로의 복귀?: 푸틴 시대의 대외정책(2000~2014)」(2014), 「대립인가 협력인가?: 우즈베키스탄과 타지키스탄 간의 로군댐 분쟁」(2013), 「중앙아시아 페르가나 지역의 국경분쟁」(2013)

우평균

고려대학교 정치외교학과 정치학사

고려대학교 정치학 박사

현 한양대학교 아태지역연구센터 HK연구교수

주요 논저 「크림 합병과 북한 급변 및 한반도 상황 간의 대비」(2014), 「동유럽 공산체제 해체와 북한 체제 붕괴의 연관성」(2014), 「현대 러시아의 통치 이념: 푸틴주의의 성격 및 평가」(2014), 『2014 동아시아 전략평가』(2014), 『북한, 그리고 동북아』(공저, 2014), 『FTA의 정치경제학』(공저, 2013)

한울아카데미 1784

유라시아경제연합

지역통합의 현실과 전망

엮은이 | 한양대학교 아태지역연구센터 러시아·유라시아연구사업단
지은이 | 김영진·성원용·이상준·김상원·우준모·박지원·강봉구·우평균
펴낸이 | 김종수
펴낸곳 | 도서출판 한울

편집책임 | 이수동
편집 | 조수임·허유진

초판 1쇄 인쇄 | 2015년 5월 6일
초판 1쇄 발행 | 2015년 5월 20일

주소 | 413-120 경기도 파주시 광인사길 153 한울시소빌딩 3층
전화 | 031-955-0655
팩스 | 031-955-0656
홈페이지 | www.hanulbooks.co.kr
등록번호 | 제406-2003-000051호

Printed in Korea.
ISBN 978-89-460-5784-5 93340 (양장)
ISBN 978-89-460-4992-5 93340 (학생판)

* 책값은 겉표지에 표시되어 있습니다.
* 이 도서는 강의를 위한 학생판 교재를 따로 준비하였습니다.
강의 교재로 사용하실 때에는 본사로 연락해 주십시오.